消费他者

全球化与资本主义的文化图景

Consuming Otherness

Globalisation & the Images of Capitalist Culture

金惠敏 著

创于1897 商务印书馆 The Commercial Press

2014年·北京

图书在版编目(CIP)数据

消费他者:全球化与资本主义的文化图景/金惠敏著.—北京:商务印书馆,2014
ISBN 978-7-100-09809-0

Ⅰ.①消… Ⅱ.①金… Ⅲ.①文化—研究—世界
Ⅳ.①G114

中国版本图书馆 CIP 数据核字(2013)第 029897 号

消费他者
全球化与资本主义的文化图景
金惠敏 著

商 务 印 书 馆 出 版
(北京王府井大街36号 邮政编码100710)
商 务 印 书 馆 发 行
北京市白帆印务有限公司印刷
ISBN 978-7-100-09809-0

2014年5月第1版 开本850×1168 1/32
2014年5月北京第1次印刷 印张11¼
定价:29.00元

目 录

前　言

似乎，一个“前言”总是多余的，它的多余在于它总是处在两难之中：如果它想象自身为全书的一个“代表”而试图取而代之的话，那么它总是无法达到其目的；而如果它放弃这僭越的雄心而转致于自我世界的建构，那么它单独行文好了，何必在不是它自己的地方先行露脸（pre-face）呢？

波德里亚要求我们“在一本书中……让一个思想更好地隐藏于其中，以至于读者与其擦肩而过却看不见它。”[1]这是大智若愚的艺术，隐藏不露的艺术，中国传统的“含蓄”的艺术。但另一方面，波德里亚显然要么是太理想了，要么就是太自信了：说他太理想是指他追求一种“独钓寒江雪”的境界，超凡脱俗，做纯粹的“艺术”家，而不像那些江湖卖艺人总在“显摆”、“显

1　让·波德里亚：《断片集——冷记忆3》，张新木等译，南京大学出版社，2009年，第127页。

能”。而说他太自信，则是指他太相信自己藏而不露的艺术终将激起更高的“回头率”。这真有孔夫子“人不知而不愠”的自负了。

其实波德里亚的全部著作都在告诉我们，“隐”的时代已经过去，而现在是“秀”的世纪，是竞相“显出”的世纪，是图像泛滥的世纪。这里是他给我们的一个画面及他的联想：

> 现实之于我们，有点像地面之于空中的杂技演员，他们身下准备一张保护网进行表演，却不知道在网的下面，地面已经消失。
>
> 于是，屏幕使现实得以消隐。同样，偶像使上帝得以悄悄溜走。[1]

“地面”没有了，“现实”没有了，“上帝”也无影无踪了，只剩下杂技演员、屏幕和偶像在那里“秀”啊“秀”着。古老刘勰的“隐”与“秀”的辩证法，如果在波德里亚看来，将就是无甚可隐，无甚可秀，因为真实、主体、个人天才甚至是人类[2]都早已遁逃。

不过，这并不妨碍波德里亚根深蒂固的古典趣味，对“艺术”的执着和痴迷。除去不少可见的证据外，我们一个简单的推理是，若无对“真实”的忧思难忘，何来他对“拟像”的精雕细

1 让·波德里亚：《冷记忆 5》，张新木等译，南京大学出版社，2009 年，第 34 页。
2 让·波德里亚在其“论消失”一文说道：“那么，就让我们讲一讲人类从中已消失了的世界吧。”（Jean Baudrillard, ‘On Disappearance’, in David B. Clarke *et al.* (eds), *Jean Baudrillard: Fatal Theories*, Routledge, 2009, p. 24）

刻、或漫画、或特写，带着偌多的投入，偌多的专注，偌多的狂热，近乎偏执了？

因而对于波德里亚来说，一个“前言”，若是想说出点什么，必将陷入进退维谷的窘境：“隐”也不是，“秀”也不是。一个真理被抽空的时代，从哲学说，无论“隐”或“秀”都是无“的”放矢；而从道德上看，“隐”将是假深沉，而“秀”则真炫耀。

那么，有可能既不“隐”也不“秀”吗？有的，但那是我们无由登入的佛家的寂灭世界。我们在尘世，在“所知障”中，就得不断地去“知”，就得有屈原的劲头，“路漫漫其修远兮，吾将上下而求索”。道家或许悟出了这一点，所以才在“道”（道路）中求“道”（真理）；而假使说求取真理就是人的生命需求和活动，那么虽然我们一直在“道”（道路）上，但我们是已经在“道”（真理）上、与“道”（真理）同一了。对此德里达没有彻底到道家的深度，他批判现代性认识论，可他自己却仍然执迷于这种认识论以之为根本的二元对立架构，否则哪里还有什么意义之“延异”？“延异”在延异的过程中，但延异就已经是“延异”的真理了。叔本华否认生命的意义，他举例说，寻找生命的意义就像剥洋葱，剥到最后才发现什么也没有。其实，不是没有生命的意义，而是你在剥的过程中已经扔掉了所有的意义，这意义已经给予你了，只是你没有签收而已。

明白了这一点，写个序也就释然了。序不是“代表”，而是“索引”，准确地说，是“指向”，是 refer to，是肯定了在它之外有一个不可被“代表”（represented）的独立的存在物的。别担心读者会把序言当成它之后的一切正文！然而，序文并不在指向他物的活动中失掉自身，即仅有工具性的意义，相反，它在指向他物中成就自身。它将是，在指向他物的过程中，它已经是，一个独立自足的生命存在。它自可以率性而为，自可以有所偏离，因为它还是它自身，以自身而非完全以他物为参照。符指本身就能构成意义，这一点可以从 signify 和它的派生词 significance 之关系中看出来：当 sign 在指示他物，在完成了对他物的指示，它也就将自身成就为一个 significance 即一个“意义”了。

好了，我们已经偏离得够远的，现在就回头来完成该序的“指向”任务吧！

本书由 13 篇论文外加 2 篇访谈文章构成，看似分散，但主题不外两个：文化研究与社会美学。其问题发生的语境也可以说有两个：资本主义及其全球化。因而在研究方法上，我是把文化研究和社会美学的问题置于资本主义和全球化的语境或视域来做考察的。我目前所达到的认识大致有以下几点：

第一，我以前论证过，“全球性”是超越或同时包涵了现代性和后现代性的一个新的哲学概念；而在此基础上，本书则进一步提炼出一个“全球对话主义”的哲学。其基本原则是：其一，作为“他者”的对话参与者是其根本；其二，“全球”不是对话的前提，甚至也不是目的，它是对话之可期待也无法期待的结果，因为，这样的“全球”以他者为根基，是“他者间性”之进入“主体间性”，是他者之间的主体间性的相互探险和协商，没有任何先于对话过程的可由某一方单独设计的前提；然则，其三，“他者”一旦进入对话，就已经不再是“绝对的他者”了，对话赋予“绝对的他者”以主体性的维度，我们知道，就其定义说，所谓“主体性”就是有能力去改变客体，而同时也将被客体所改变，顺便指出，“主体间性”的一个主要意思就是对主体之间相互改变的承认。

“全球对话主义”的国际意义是要求对他者和异质的尊重；其国内意义则是期待形成一种国际主义的视野，例如在人文思想和学术上，我们需要在国际上发出更多、更强劲的声音，而不能像过去那样只是将我们作为弱者、他者、其余和异类，或者倒过来视西方文化为腐朽没落、洪水猛兽、非我族类、蛮夷生番，等等。在全球化时代，中国所有的“外国研究”都应当转变为“国际研究”或“全球研究”，因而例如，如果说过去将“外国语大学”翻译成 foreign studies university，那么现在其与时俱进的译法则当是 international studies university。“外国”不外于我们，它们早就进入与我们的一个对话过程之中，尽管在这一过程有时还充满了不快和屈辱、血腥和暴力——我理解，这些是我们融入现代世界体系所必然付出的历史代价。衰落是谈不上什么代价的，而崛起则必须付出代价，因为我们有所得。

第二，后现代主义，或具体于德里达的解构论，并未完全丢弃现代性的认识论，它也从来不是一种虚无主义，而是一种激进的认识论，一种对文化的反思和批判，它以极端的形式——意义永远不可能被我们捕捉到，我们所能见到的只是意义的踪迹——提醒我们，在通往真理的途中，有层层的文化垃圾等待我们去清理。与其说解构论怀疑真理的存在，毋宁说它怀疑的是对真理的再现或代表。解构论致力于语言的批判，而其意图则是回到真理。有学者主张，我们不能将结构主义和后结构主义简单地描述为一种“语言论转向”；如果我们仍想坚持于此，那必须“增补”说，“语言论”仅是敲打真理的一把锤子，是工具，而非目的。对此，德里达一章有较为充分的展示。

第三，现代社会的形成或就是资本主义的发展存在着一个抽象化和文化化的过程，符号化、图像化或审美化乃资本主义商品经济的内在维度和必然逻辑，本书以“美学资本主义”称之，我们应当认清这一点；但另一方面也必须指出，仅有浪漫主义的“审美现代性”批判将是偏狭的，这种理论看不到在资本主义与文化或美学之间还有一种积极的建构关系。资本主义生产方式不只是与诗歌相敌对，而且其本身即蕴含着一种不是诗意但类似诗意的要素。对此，以前的理论尚未好好地辨析和界定过。例如阿多诺只是讲，艺术之被当做商品，就是用交换价值抹杀了其不可置换的使用价值。换言之，艺术的生命在于其使用价值，而向交换价值的转换将带来艺术的死亡。[1] 然而，转为交换价值

1　阿多诺在其“再论文化工业”一文指出：“主宰工业的文化商品的原则是，如布莱希特和苏尔坎普 30 年前所说的，它们之实现为**价值**，而非它们自身特殊的内容及和谐的形式。”（Theodor W. Adorno, *The Culture Industry, Selected Essays on Mass Culture,* ed. J. M. Bernstein, London & New York: Routledge, 1991, p. 99. 黑体为引加）在此“价值”指交换价值，而其特殊的“内容”和“形式”则是使用价值。理查德·沃林在讲到阿多诺关于艺术“商品化”的观点时辨认说：“阿多诺的‘商品化’指的是艺术由此而与其原来的传统地位发生异化的组织化过程，在此之前，它原本是一种**使用价值**、审美经验的对象，现在，它则变成了**交换价值**、首先并且最重要的是由市场关系决定其特征的对象。”（理查德·沃林：《瓦尔特·本雅明：救赎美学》，吴勇立、张亮译，江苏人民出版社，2008 年，第 199 页）

就失去了解放、自由、民主和共享，进而美学的意味吗？阿多诺的错误在于将艺术孤立于现代社会结构——这在骨子里当是一种贵族意识的残余。

需要声明，本书并不想在文化上简单地肯定资本主义，简单地肯定交换价值与审美价值具有某种正面的相关性，而是尝试提出一个更具整合性的“社会美学”概念，希望在此框架中探讨审美与资本主义、与社会/文化的内在紧张关系。这当然也是英国文化研究以文学与文化之争所呈现的问题了：阿诺德将文化视为人类“所思所言之精华”，以“甜美和光明”称颂之，其所针对的即是后来被法兰克福学派所放大了的资本主义“工具理性”。关于这一主题，本书只算个开题报告，真正的研究还有待展开。

笔者浸淫于后现代主义学说有年，曾将其视角应用于对孔子思想的观察，著有《后儒学转向》（河南大学出版社，2008年）。作为一种延续，本书“财产即再现”章是对老子财产观的后结构主义阅读。文章先给出老子财产观的对立面，即认为财产即人格（personhood）。这种理论在中国文化传统中有所表现，而在西方社会由于自由主义的推动而居于主流位置。老子将财产界定为分割、私有、圈定、排斥和占有，它是“有欲”，但更是“有名”，是“秀出”于无意识和日常生活，因而也就是在语言中的存在，是后结构主义的“再现”。在把老子财产观引入当代学术视野的同时，该章不得不做的另一项工作是，坚持推行老子后结构主义式命题“道可道，非常道”于其整个文本。这虽是前一项工作的基础和前提，但亦具独立意义，是对老子研究的一种突破。此堪列为本书的第四个贡献吧？

本书首篇论文“文化理论究竟研究什么？”试图勾勒“文化理论”的学科轮廓，是笔者漫长探索的一个结晶或升华，本应放在最末，但从另一方面看，它也是全书的研究纲领，一个“文化理论”的宣言，故置之卷首，以为导读。考虑到“文化理论”边界不清的现状，本文的界说对其作为一门学科的形成和发展应是有所助益的。这就算是本书的第五个贡献吧！

如果不嫌烦琐，我们还可以继续列出第六、第七、第八……等等，但最好还是把这些留给读者吧！我真正渴望的是，读者能够从我已说的之中读出我未说的，知识于是得以薪火相传并发扬光大。

我不是“道”（真理），没谁胆敢自封为“道”；我希望我还在“道”上，在路上，在正路上。但即使这个也只是我的“一厢情愿”而已，不讲他人了，就是我自己也可能在未来某个时刻拆毁我在本书中豪情满怀地铺设的道路。

前言不导向建构，反倒可能导向“解构”，但我们愿意将解构理解为知识的宿命与生命。如此，解构也将是生命的足迹，生命的建构！

文化理论究竟研究什么?

——日常生活、他者与现代化进程

随着文化研究的持续开展，文化理论日益呈现为一个横跨人文社会科学的巨大网络或新的跨学科。英语世界也出版了多种文化理论读本和导论。然而关于什么是文化理论的界说仍然游移不定，原因是，它们尚缺欠一个纲领性的文件。本文通过对文化理论研究对象的揭示而初步勾勒了文化理论的学科轮廓。文化理论的研究对象是日常生活和被抑制的他者（有内部的和外部的之分），其语境是资本主义生产或现代化进程。更简单地说，文化理论的任务就是研究资本主义或现代化的文化内涵或文化后果。

——阅读提示

“文化”之定义在当代一个最显著的变化是：它逐渐脱离文本而走向社会，脱离精神而走向生活，脱离精英而走向大众，脱离中心而走向边缘，等等。用“文化的日常生活化”或者“日常生活的文化化”来描述这一过程或趋向恐怕都不尽妥切，前者有自上而下因而居高临下的精英主义嫌疑，而后者似乎以文化为日常生活的归宿或目标、境界，亦难逃精英主义的藩篱。当代文化理论倾向于将文化视作日常生活，或者反过来，将日常生活视为文化，其特点是在文化与日常生活之间不再做壁垒森严的区隔。

霍加特、威廉斯、布尔迪厄以及许多文化人类学家是这一潮流的代表，而学界不大注意的是，海德格尔、伽达默尔亦在此潮流之中。海德格尔反复申明，不是我在说语言，而是语言在说我。如所周知，他这是在强调“传统”的作用，在强调伽达默尔所欣赏的理解和阐释的“前结构”；但是一旦“传统”固化，固化为布尔迪厄所说的“惯习”，那么非“日常生活”则无以担待之。这就是说，传统就是日常生活。束之高阁的经典，不形诸于日常生活的经典，构不成“传统”。任何主流意识形态如果不同时作为“道德无意识”就不可能牢固地占据其主流位置。

海德格尔在阐释梵高的绘画《农鞋》时指出，器具的器具性在于它的“有用性”（Dienlichkeit），在于它之被付诸使用，而不在于其被观察、被留心，其进入意识的世界。鞋具与农妇朝夕相处，但并不因此而成为她的认识对象；它是她未加注意却仍然真实地拥有着的日常生活。对海德格尔来说，《农鞋》是对认识论深度的拒绝，是存在论的，深度与它无缘或敌对。[1]杰姆逊不理解这一点，他竟令人惊讶地断言，海德格尔对《农鞋》的解读是"解释学性的"，即是说，《农鞋》被海德格尔视作一条线索或一种症候，其作用仅在于接通一个更加广阔的现实，且这一现实将取代作品而成为其终极之真理。[2]杰姆逊试图以梵高的《农鞋》与瓦侯（旧译"沃霍尔"）的《钻石灰晶鞋》的区别或对立建构其关于盛期现代主义与后现代主义的历史分期，他享有此自由，但要海德格尔通过其对《农鞋》的评论来支持他的这一做法，则实在是强人所难了。此非小节问题，因为它既关涉杰姆逊后现代主义理论的基础——基础不牢，则何以立论？——亦显露着海德格尔哲学之根本——不知其根本，则可能谬以千里！

文化已然成为我们的日常生活，或者说，文化的问题已然成为我们日常生活的问题，这是对当代社会状况和性质的一种描述，且同时也将绽放各种文化政治学之可能性。有对文化大众化的肯认，如英国文化研究学派等，也有对它的否认，如法兰克福学派以及阿诺德－利维斯家族，还有超然观潮的社会学家们，像费瑟斯通等，他们专意于捕捉社会的新变化，从而予以概念化，而不急慌慌对它们做价值评判；当然也有些声称是超然观潮的理论家如麦克卢汉、波德利亚等，其真实想法尚待辨析。

---

1 Vgl. Martin Heidegger, "Der Ursprung des Kunstwerkes (1935/36)", in : ders., *Holzwege, Gesamtausgabe*, Band 5, Frankfurt am Main: Vittorio Klostermann, 1977, S. 18-20.

2 See Fredric Jameson, *Postmodernism, Or, the Cultural Logic of Late Capitalism*, London & New York: Verso, p. 8.

众声喧哗，赫然推出一个巨大的跨学科或学科网络——“文化理论”。如今，人文学科，甚或，许多社会科学门类，都程度不同地变成了对作为日常生活的文化进行阐释的“文化理论”。人们尚未由此自觉意识到但它确乎就是一个事实：“文化理论”已成为当今人文社会科学的第一小提琴手。没有别的原因，“文化”是我们最日常的经验和最切己的存在。

编辑了四大卷《文化理论》文选、在伦敦大学哥尔德斯密斯（Goldsmith）任研究主任的戴维·奥斯威尔博士指出：“简单地说，文化理论既非‘纯理论性的’，亦非‘纯经验性的’；它是一种综合的书写方式，在鲜活的文化经验中追寻理念。”[1] 此话不止是对文化理论方法论的定义，在我们它更可以转绎为对文化理论场域的图绘和期待：文化理论**应当是**理论对现实和经验的关怀和介入；我们“在”（exist）哪里，哪里就应当有文化理论的研究场域；经验没有边界，文化理论也应当没有边界。换一角度，既然“文化无处不在”[2]，那么文化理论亦当无处不在。这进而也是呐喊，文化理论不能是文化理论家们的私家花园，所有学科都有权进入文化理论，只要它珍怀与“日常生活”相接触的愿望。

---

1 David Oswell, ‘Editor’s Introduction: Cultural Theory – Genealogies, Orientations and Territories’, in David Oswell (ed.), *Cultural Theory*, vol. I, Thousand Oaks & London: Sage, 2010, p. xlii.

2 Philip Smith, ‘Preface to the First Edition: About this Book’, in Philip Smith and Alexander Riley, *Cultural Theory: An Introduction*, 2nd edition, Malden & Oxford: Blackwell, 2009, p. vi.

文化理论是开放的，也许不那么开放的是我们一些习惯了专门化的“套中人”。以研究中国古代日常生活著称的理论家杜书瀛先生曾告诫年轻学者：“你不关心社会，也将不被社会所关心！”今日的中国哲学界咋就叫人有此感觉呢，以至于一些本来是谈论哲学问题的图书都羞于以哲学来标题了。远离生活的哲学真的没落了！这没落的一个反向标志是，“哲学”蜕化为一种生活或生活方式，如波德利亚所嘲讽的，“男人伪装深沉，女人伪装高潮”：话糙理不糙，他的意思是，人人都在“玩”解释学的深度模式，都在冒充和演示占有真理或为真理所占有的情状。

不能说不再需要理性，不再需要精英，不再需要经典、文本、美学、自主性，等等，而是这一切都必须在“文化理论”中定位，必须在与日常生活的动态协商中找到其新的感觉和生命力。其实，日常生活本身就是话语与生活的麇集以及在此麇集中相互协商的结果。

如何做好这协商工作，不只是当前哲学社会科学所面临的迫切任务，也是文化理论与生俱来的问题——当理性消释于日常生活之后，或许说，若是放逐了理性，批判和反思的任务将由谁来完成？但另一方面的困难在于，后现代之后，有谁又胆敢声称自己是理性的化身、绝对的客观？我们不能继续仿效康德，将人简化为“纯粹理性”，在书斋里做“纯粹理性批判”，那是“哲学”的活计，“文化”不予“理论”的。

文化理论关注康德的“实践理性”，关注他不可言说、不可呈现的“崇高”。事实上，康德不了解，“优美”也不是可以完全形式化的。所有感性的或美学的或诗学的东西，都有神秘莫测的一面。回到文化理论的“日常生活”，如前面指出的，它是话语与生活的麇集；由于话语并不总是充分表达、组织、引导生活，它们之间总是存在着仿佛“大地”与“世界”（海德格尔概念）之间的裂缝，存在着无休无止的“表接”（articulation）和“再表接”（re-articulation）关系，那么这也就是说，日常生活并非如我们想象的那样日常和熟悉，它有拒绝程式化的一面。**话语不抵抗，它只是“表接”、协商，甚至妥协；**能够抵抗的是话语的他者，是生命本能或无意识，它们不接受话语的导引和规训。[1] 弗洛伊德、拉康，甚至包括阿尔都塞，之所以深得文化理论的推崇，原因即在于他们揭示了日常生活水面下的“冰山”，那是被压抑、被侮辱、被损害却又无“由”诉说的遭遇和心理创伤。文化理论是这样一种学问，它起先研究非西方文明，而后愈来愈转向弱势群体、非主流群体、制度的零余者，一个词，他者。在文化理论的总名下，有后殖民主义、女权主义、青年亚文化、环境主义、文学研究（当然庙堂文学除外）、前卫艺术等“反文化”（counter-culture）——有主流文化，就一定有与它反方向的“反文化”。

何以有此“文化理论”？从其研究的对象上看，日常生活所以呈现为一个文化的问题，他者所以被凸显为主体的一个对立面，都是资本主义生产发展及其在全世界扩张的结果。资本主

1 See Huimin Jin, *Active Audience: A New Materialistic Interpretation of a Key Concept of Cultural Studies*, Bielefeld: Transcript, 2012.

义当然并非多么偏爱日常生活，更非胸有提升全社会生活水准的抱负。它发现：人们其实并无日益增长着的物质需求，超出基本生活的需求都是文化性的、精神性的。这就是说，只有文化需求才会日益增长、无限增长。因此只有属意于文化，增加商品的文化附加值，才能无限地提升消费需求，无限地要求资本主义的生产。受马克思“交换价值”概念的启发，波德利亚发展出“符号价值”，将符号生产或美学生产作为资本主义一直以来就在谋求着的霸业。“文化资本主义”或“美学资本主义”不是将文化或美学硬贴在资本主义身上，而是其最内在的冲动和要求。尽管整个社会的文化化或美学化有种种原因，例如麦克卢汉所指出的印刷术的发明，但资本主义商品生产无疑是其中最为重要的推动力量，是其唯以“交换价值”或“符号价值”为骛的必然结果。[1]

资本主义生产的天经地义是谋求资本增殖，而资本增殖还意味着不承认任何边界（不限于国界）、约束。如历史学家布罗代尔所证明，资本主义一开始就是跨界的和世界性的，而且从未改变过。特里·伊格尔顿也发现：“现实中真正没有国界之分的是资本主义。”[2]的确，不只是到了其帝国主义阶段，资本主义一直就是全球性的或致力于全球性的。但我们并不总是明白，所谓“普遍价值”实质上就是为此“全球性”张目的意识形态，或者

---

1 参见金惠敏：“图像－审美化与美学资本主义——试论费瑟斯通‘日常生活审美化’思想及其寓意”，《解放军艺术学院学报》2010年第3期。

2 特里·伊格尔顿：《马克思为什么是对的》，李杨等译，北京：新星出版社，2012年，第222页。

说，“普遍价值”是为资本主义鸣锣开道的意识形态；而其对立面则是异域文化、他者文化——扩大而言，一切妨碍资本主义生产及其世界化的因素都将被视为异类、他者、撒旦。尽管我们绝不可以说，基督教的“普世主义”是资本主义的历史衍生物，因为基督教产生在资本主义之先，但资本主义一旦兴起就开始拥抱基督教的“普世主义”精神——在启蒙时期，它被称作“理性”。其实，**理性并不十分反对宗教，真正反对宗教的是偶然、无序和不确定性**。康德在经验中寻找普遍性与其从后门迎进上帝原不矛盾，二者并行不悖！同样，对于科学家牛顿之说出“从事物的表象来论上帝，无疑是自然哲学份内的事”[1]，我们亦不应感到什么诧异。

研究文化理论需要结合着资本主义的性质，就此而言马克思确乎指明了许多可据以前行的道路。在文化理论领域，尚不可轻言告别马克思——其对研究资本主义文化的启示远未被穷尽，远未被发展出来——尽管我们也不能废弃其他资源。

说着说着，文化理论的学科框架就展露出来了：其对象是日常生活和被抑制的他者（有内部的和外部的之分），其语境是资本主义生产或现代化进程。换言之，文化理论的目标就是研究资本主义或现代化的文化内涵或文化后果。然而，这仅仅是一个框架，一个轮廓，一个宣言，需要整合已有的各种理论成果，需要大家一起来丰富它，发展它，为迎接一个公正、和谐的社会的到来而尽我们学术之绵薄。文化理论大有作为！

1　牛顿：《牛顿自然哲学著作选》，王福山等译，上海译文出版社，2001 年，第 63 页。

走向全球对话主义

——超越"文化帝国主义"及其批判者

文化研究已经从它的国内阶段发展到现在的国际阶段，因而也相应地提出了新的理论要求，换言之，国际文化研究应该有国际文化研究的理论纲领。本文以"文化帝国主义"论争为切入点，将文化研究分作两种模式，"现代性"文化研究与"后现代性"文化研究，分别考察了它们的长处和短处，提出了超越这两种模式的第三种模式，即"全球性"文化研究模式，其灵魂是扬弃了现代性和后现代性哲学的"全球对话主义"哲学。

——阅读提示

一、全球化作为一种新的哲学

学界正在认识到，全球化不仅是我们必须面对的一个对象，它就在我们眼前，似乎伸手可及，而且也必须成为我们考察一切现象所由以出发的一个视点。这就是说，在全球化的诸类后果之中，还有一个日益明晰下来的哲学后果：全球化将作为一个超越了现代性与后现代性之对立的新的哲学概念。它是现代性，也是后现代性，更重要的是，它同时就是这二者，以及这二者之间复杂的动态关系。

这一或许本应由哲学家来提炼的时代命题，现在却是由社会学家为我们暗示了出来的。在其《现代性的后果》一书之末章，吉登斯概括指出："现代性的根本后果之一是全球化。它远不止是西方制度向全世界的弥漫，其他文化由此而被摧毁；全球化不是一平衡发展的过程，它在粉碎，也在整合，它开启了世界相互依赖的新形式，其中'他者'再一次地不存在了。……从其全球化之趋势看，能说现代性特别地就是西方的吗？不能。它不可能如此，因为我们在此所谈论的，是世界相互依赖的新兴形式与全球性意识。"[1] 吉登斯没有否认全球化的现代性方面，即将西方制度向全世界推广的帝国主义计划，但他更倾向于看到这一帝国主义计划在实施过程中的失败以及由此所带来的各民族和国家的相互依赖——与吉登斯不同，我们称此为全球化的"后现代性"维度，这也是他在别处所断言的，全球化将导致一个"失控的世界"。[2]

---

1 Anthony Giddens, *The Consequences of Modernity*, Stanford: Stanford University Press, 1990, p. 175.

2 Anthony Giddens, *Runaway World, How Globalisation Is Reshaping Our Lives*, London: Profile Books, 2002, p. xxxi.

关于全球化之为“后现代性”，汤姆林森的激进立场可能令每一位严肃的学者瞠目结舌。他那本轰动一时的《文化帝国主义》（该书初版于 1991 年）专论，对于全球化之为“现代性”的观点，大有将其赶尽杀绝之势：“全球化之有别于帝国主义之处可以说在于它是一个远不那么前后一致的或在文化上被有意引导的过程。帝国主义这个概念虽然在经济的与政治的涵义间游移不变，但它至少意指一个目标明确的计划：有意将一种社会制度从一个权力中心推向全球。而‘全球化’的意思则是说全球所有地区以一种远不那么目标明确的方式所发生的相互联结和相互依赖。它是作为经济和文化实践的结果而出现的，这些实践就其本身而言并无目的于全球整合，但它们还是生产出这样的结果。更关键的是，全球化的效果将削弱所有单个民族国家的文化一致性，包括那些经济大国，即前一时代的‘帝国主义列强’。”[1] 但是，汤姆林森无法向我们稍微证明，且不论其后果如何，难道全球化是一个没有推动者的自然过程吗？若此，全球化除非与人无关。显然，汤姆林森的错误是用“后果”否定“意图”，他似乎不知道“意图”是主观的，而“后果”则是客观的。全球化既然是由人来推动的，那么其“现代性”便不容否定。看来，还是吉登斯的“失控的世界”意味深长，它既肯定有人控制，又看见其于结果上的无法控制。

借用一个日语词（dochakuka），罗伯森将全球化描述为

1 John Tomlinson, *Cultural Imperialism : A Critical Introduction,* London/New York: Continuum, 2001, p. 175.

"球域化"（glocalize/glocalization）[1]，即是说，全球化是"全球"与"地域"的双向互动，"其核心**动力学**包含了普遍的特殊化与特殊的普遍化这一双重的过程。"[2] 罗伯森的全球化研究多从宗教、意识形态和文化入手，因而也更多地具有哲学的相关性。在一个全球化时代，我们既无法坚守地域性，也不能以全球性完全吞噬地域性，它们是一个普遍性与特殊性的哲学问题，体现在任何一个具体的事例之中。[3]

---

1 Roland Robertson, *Globalization: Social Theory and Global Culture,* London: Sage, 1992, pp. 173-174. 后来他也使用其名词形式，*glocalization*，并做了进一步的考辨，见 Roland Robertson, 'Glocalization: Time-Space and Homogeneity-Heterogeneity', in Mike Featherstone, Scott Lash & Roland Robertson (eds), *Global Modernities,* London: Sage, 1995, pp. 25-44.

2 同上，pp. 177-178.

3 英文版此处添加了如下内容：

Comparably with Robertson's 'glocalization', Mimi Sheller and John Urry see that 'All the world seems to be on the move' (Sheller and Urry, 2006: 207; also see Urry, 2000) and then propose a 'Mobilities Paradigm' for the traditionally 'static' social sciences they identify. This paradigm, as they present it, is 'aimed at going beyond the imagery of "terrains" as spatially fixed geographical containers for social processes, and calling into question scalar logics such as local/global as descriptors of regional extent' (209). However, it is not 'simply a claim that nation-state sovereignty has been replaced by a single system of mobile power, of "empire": a "smooth world", deterritorialised and decentred, without a centre of power, with no fixed boundaries or barriers' (209) as imagined by Hardt and Negri (2000). The philosophical implication of this paradigm of sociology is to break a sedentarism loosely derived from the *philosopher* Heidegger who locates dwelling (*Wohnen*) place 'as the fundamental basis of human identity and experience and as the basic units of social research human identity' (208-209); simply put, the subject, or broadly, the modernity, which is based upon 'place', is coming to its demise. In a global context of, say, 'mobilities', or the 'liquid modernity' (Bauman, 2000), or, in a 'glocalization' 'on the move' as said previously, a sociologist can no longer speak only of the local, nor can s/he replace the local with the global, the dialectic of which indicates a philosophical question of universality and particularity reified in any specific instance.

本段参考文献如下：

1. Bauman, Zygmunt (2000) *Liquid Modernity*. Cambridge: Polity.
2. Hardt, Michael and Antonio Negri (2000) *Empire.* Cambridge, MA: Harvard University Press.
3. Mimi Sheller, John Urry (2006) 'The New Mobilities Paradigm', in *Environment and Planning A,* vol. 38, pp. 207-226.
4. Urry, John (2000) *Sociology beyond Societies: Mobilities for the Twenty-First Century.* London: Routledge.

更明确地说，社会学视野中的全球化已经为我们勾勒出一幅完整的现代性与后现代性之复杂关系的哲学图谱：现代性就是自笛卡儿以来的主体性哲学，后现代性则是胡塞儿意识到主体性哲学的唯我论缺陷之后所提出的“主体间性”概念，是后来为哈贝马斯由此所发展的“交往理性”。不管是否采用“后现代性”一语，凡是对现代性主体哲学的批判，都可以视为一种超越了现代性的“后现代性”意识。“后现代性”曾被一般人误认作一种虚无主义，包括吉登斯、哈贝马斯等，其实它不过是一种较为激进的胡塞尔主义，例如在德里达那儿，它提醒，我们的意识、我们的语言、我们的文化等等一切属人的东西是如何遮蔽了我们应该追求的真实，它们应该被“悬置”起来，以进行“现象学还原”。因而，后现代性就是一种穿越了现代性迷雾的新的认识论和新的反思性。如果说“后现代性”由于过分投入对理性的批判而使人误以为它连理性所对应的真理一并抛弃，那么全球化作为一种新的哲学则既坚持现代性的主体、理性、普遍、终极，但同时也将这一切置于与他者、身体、特殊、过程的质疑之中。或者反过来说，全球化既不简单地认同现代性，也不那么地肯定后现代性，而是站在它们之间无穷无尽的矛盾、对抗之上，一个永不确定的表接（articulation）之上。缺少其中任何一个维度，都不是“全球化”，都将无法正确认识全球化这个新的对象，以及发生在全球化时代的任何现象。

二、全球化时代的“全球性文化研究”

文化研究的英国史，即使仅从威廉斯之发表《文化与社会》的1958年算起，也已经跨越整整半个世纪的年头了。文化研究最初是一项英国国内的事业，致力于解决其国内的文化政治问题，如大众媒介、流行文化、青年亚文化、消费社会，其中马克思主义、意识形态、霸权、抵抗、链接一直是其关键词，如果也可以说是其灵魂的话。大约从上世纪90年代以来，文化研究的议题迅速国际化。霍尔开始高频率地谈论身份、混杂、新族性、英国性、全球化，尽管他早年也不时有此讨论。检视莫利的话题史，80年代不出“全国”（受众）、“家庭”（电视），那么90年代就转向了“全球媒介、电子图景、文化疆界”等这些显然只有全球化时代才有的课题。近些年，“全球文化”、“全球公民”、“全球公共空间”等等“叫词”（buzzwords），还有从美国响起的对“全球化文化研究”（*globalizing Cultural Studies*）的径直呼喊[1]，则更是将文化研究的全球性渲染得姹紫嫣红、春意盎然。《国际文化研究》的创刊（1998年），文化研究课程和系科在全世界的遍地开花，加之也多有以“国际文化研究”相标榜的研究和教学机构的出现，这些终于从体制上将文化研究纳入了全球化语

---

1 See Cameron McCarthy, *et al.* (eds), *Globalizing Cultural Studies: Ethnographic Interventions in Theory, Method, and Policy,* New York & Washington, D. C.: Peter Lang, 2007.

境之中。

种种迹象表明，文化研究已经**自觉地**进入了一个全球化时代。但是这并不必然是说，文化研究就已经取得了正确的“全球意识”。没有谁会否认，未来的文化研究必定是全球性的，但这同时也是一个更深层的要求，即，全球化时代的文化研究必须以一个与时俱进的如上被翻新了的作为哲学概念的“全球化”或者“全球性”为其理论，为其胸怀，为其眼界，否则就仍旧是“现代性”的文化研究，或“后现代性”的文化研究，而不是综合和超越了现代性和后现代哲学的“全球文化研究”或“全球性文化研究”。

以下，我们将以关于“文化帝国主义”的论争为例，分别阐明何谓“现代性”的文化研究，何谓“后现代性”的文化研究，其各自的问题是什么；最后，以“全球性”这一被更新了的哲学概念，我们愿意将其凸显为“全球对话主义”，重新审视“文化帝国主义”论争所指涉的文化流动现象——这现象可不是今天才有的，也许我们甚至能够说，它自遥远的柏拉图时代或孔子时代就开始了。文化从未停止过流动，文化“们”总是在碰撞，在裂变，在融合，在寻找新的融合。今日所有的民族文化都不是天生独一的，就连民族本身也并不是单一来源的。不过，全球化则使这一古老的现象以其从未有过的速度和规模上向我们呈现出新的迫切性和问题性。对它，我们不能不急切地面对。

三、“后现代性”文化研究不承认“文化帝国主义”

现在，我们先考察“后现代性”文化研究，其主要表现和存在的问题。

汤姆林森的《文化帝国主义》一书，如果我们可以将它归纳为“后现代性”文化研究的话，那么在这一视点上它对“文化帝国主义”话语的批判堪称范例。它系统、深入、思辨，对其论敌具有极大的杀伤力。自此以后，“文化帝国主义”似乎一蹶不振，在文化理论界再也没有过出头露面的日子。

所谓“文化帝国主义”论题，简单说，就是认为一种文化，当然是西方文化，或者，美国文化，完全征服和重组了另一种文化，当然是弱势文化，尤其是第三世界文化，结果将形成某种单一的“帝国”文化。对此论调，汤姆林森使用的武器有多种，其中比较有力的，应属来自于解释学或者接受美学的文本与读者的互动理论。汤姆林森并非视而不见，以迪斯尼卡通、好莱坞大片、麦当劳快餐、牛仔裤等等为表征的美国文化之大量地出现于其他文化，这是谁也无法否认的事实；但是，汤姆林森话锋一转，提出质疑：“难道这种出现就代表了文化帝国主义？”他认为，“单是这一纯粹的出现并不能说明什么。”原因是：“一个文本除非被阅读就不会发生文化上的意义，一个文本在被阅读之前无异于一张进口的白纸：仅有物质的和经济的意义，而无直接的文化的意义。在这一层次上进行分析，那么，阅读帝国主义文本在判别文化帝国主义上就成为至关重要的问题了。”[1] 在汤姆林森所理解的阅读理论看来，什么“文化帝国主义”的文本，在被阅读之前，几乎毫无意义可言；而一经阅读，即便说它有意义，那也不再是原有的意义。文本的文化意义是接受者的后来创造。

汤姆林森选择泰玛·利贝斯和埃利胡·卡兹对电视剧《达拉斯》（*Dallas*）的效果研究来支持他对“文化帝国主义”的否定。据利贝斯和卡兹描述，“《达拉斯》这一名字在 20 世纪 80 年代成为一部美国电视连续剧征服全世界的象征。《达拉斯》意味着一次全球观众的集会（历史上最大的集会之一），人们每周一次地聚集在一起，以追随尤因王朝的传奇——它的人际关系与商业事务。”[2] 这一《达拉斯》效应通常被视为一个典型的“文化帝国主义”事件，是美帝国主义“文化意义”的输出和接受，其流程按照“文化帝国主义理论家们”的观点是：“霸权信息在洛杉矶被预先包装，然后被运往地球村，最后在每一个天真的心灵中被解开。”[3] 对于“文化帝国主义”论者的观点，利贝斯和卡兹试图通过自己对观众实际反应的调查研究予以检验。汤姆林森十分欣喜地看到，他们的实证研究表明，“观众比许多媒介理论家所假定的都要更加活跃、更加富于批判精神，他们的反应都要更复杂、更带反思意识，他们的文化价值对于操纵和‘入侵’都要更

---

1 John Tomlinson, *Cultural Imperialism: A Critical Introduction*, p. 42.
2 泰玛·利贝斯、埃利胡·卡兹：《意义的输出：<达拉斯>的跨文化解读》，刘自雄译，华夏出版社，2003 年，第 3-4 页。
3 泰玛·利贝斯、埃利胡·卡兹：《意义的输出：<达拉斯>的跨文化解读》“前言”，第 1 页。

具抵制力。"[1] 确实利贝斯和卡兹的效果研究证实"解码活动是观众文化与生产者文化之间的一个对话的过程"，[2] 这因而也就是颠覆了前引"文化帝国主义理论家们"关于文本意义之"文化帝国主义"性即视其为一个线性传输过程的假定。

但是汤姆林森忘记了，或许就不知道，解释学或接受美学，属于现象学，而非简单的"后现代"。意义是文本与读者互动的结果，它产生在文本与读者之间，而非仅在读者一极。任谁，只要他多少涉猎过伽达默尔和伊瑟尔、尧斯的著作，将都不会创造出这样无意义的误解。而即使"后现代"，那些严肃的"后现代"理论，对于文本，也决不是"怎么都行"的，例如在德里达的解构那里，倒是"汤氏后现代"是个例外。

不过，倘使它只是一个孤例也就罢了，严重的是这种通过解释学阅读而否定"文化帝国主义"的论调，经过汤姆林森看似雄辩有力的论证，如今仿佛已成媒介研究领域的一个权威观点，而"文化帝国主义"话语的头颅则被高悬城门，在寒风猎猎中，向过往行人宣示"后现代性"文化研究之不可冒犯的正义和统治。

我们深感惊讶，就在近些年，也就在有深厚现象学传统的德国，竟然有学者跟随汤姆林森的偏激和肤浅而加强和突进对全球文化的后现代理解。慕尼黑大学社会学教授乌尔里希·

---

1 John Tomlinson, *Cultural Imperialism : A Critical Introduction*, pp. 49-50.

2 泰玛·利贝斯、埃利胡·卡兹：《意义的输出：<达拉斯>的跨文化解读》"1993年版导言"，第5页。

贝克（Ulrich Beck）在新发表的一篇文章[1]中，指出“**美国化**（*Americanization*）这一概念建基于对全球化的一个民族式的理解之上”，他批评，这是“方法论的民族主义”（methodological nationalism）。作为一种替代方案，他主张，全球化必须被理解为“能够反映一个新的超民族（transnational）世界”的“全域化”（*cosmopolitanizaion*）。[2]据他考证，该词的核心部分*cosmopolitan*由两个词根合并而成，“cosmos”和“polis”，前者的意思是“自然”（nature），后者是“城／邦”（city/state）。“全域”（cosmopolitan）一语表明，人类个体生来就扎根于两个世界：一个是自然，一个是不同的城市、疆域、种族、宗教。全球化作为“全域化”的原则不是“非此即彼”（either/or），而是“亦此亦彼”（this-as-well-as-that）。“全域主义生产出一种非排他性对立的逻辑”，据此，“自然与社会相接，客体是主体的组成部分，他者的他性被包括在一个人本身的自我身份和自我界定之中，于是排他性对立的逻辑就被抛弃了”，取而代之的是“内涵

1 Ulrich Beck, ‘Rooted Cosmopolitanism: Emerging from a Rivalry of Distinctions’, in Ulrich Beck, Natan Sznaider & Rainer Winter (eds), *Global America? : The Cultural Consequences of Globalization,* Liverpool: Liverpool University Press, 2003, pp. 15-29. 贝克在其它地方，如《世界风险社会》（Ulrich Beck, *World Risk Society,* Cambrideg: Polity, 2000）、《全球化时代的权力》（Ulrich Beck, *Power in the Global Age,* trans. Kathleen Cross, Cambridge: Polity, 2005）和《贝克谈话录》（Ulrich Beck and Johannes Willms, *Conversations with Ulrich Beck,* Cambridge: Polity, 2003）等，对“全域主义”也有阐述，但以此处最为集中、鲜明和系统，故本文讨论以此为本，除非另有注明，引用贝克均出此文。

2 该词旧译“世界化”，同源派生词有“世界主义”等，但现代汉语的“世界”不含地方性的意思，这与其英文和德文的对应词（world, Welt）是一样的。“世界”总是在总括的意义上说的，如歌德和马克思的“世界文学”（Weltliteratur）概念，其中地方性是要被排除的。现改译为“全域化”，以将原词的合成含义表达出来。

式对立”(inclusive oppositions),即一切对立都被包涵在一个更大的框架之中,这个更大的框架就是“自然”,或“宇宙”,或“大全”(universe),贝克生怕被误解为一种改头换面的普遍主义,于是赶在“全域主义”之前加上“有根的”(rooted)一词而成“有根的全域主义”,以突出这种“大全”对差异、对立、个体性和地方性的容纳。由于强调“大全”,强调“大全”对多元的统摄,贝克就不容许把全球化想象成为一种民族与民族作为独立单元的相互联系,例如英国社会学家大卫·黑尔德(David Held)的“相互连接”(interconnectedness)概念,更不必说我们早已习惯了的“国际”(international)一词,必须被当作“方法论的民族主义”而唾弃。

但是贝克的难题在于,第一,这种“大全”不过是一种“想象的共同体”,即使它真有,也一定要通过“有根”的个体通过想象来建构,它不能不是地域的、历史的、民族的和意识形态的,因而就难以纯粹,难以客观,难以获得全体个体之认同。这就是说,第二,在其最终的意义上,个体不可能被废弃,因为一个简单的道理的是,任何意识,比如“大全”意识,必须有所寄寓;意识是个体的意识,若是没有个体,那谁来想象“大全”?即使将来真有一天,世界大同了,个体的个体性、独一无二性也不会在这大同中消失。

通过赋予新义的“全域主义”,贝克否定了以民族为单元思维的“美国化”,这也是对同样性质的“文化帝国主义”的拒绝,但是,第三,“全域主义”仍然假定有民族、地方之间的矛盾和对立存在其内，那么如果其中各方如果不是势均力敌、旗鼓相当，则一定就有优势的一方对另一方或其他各方发挥较大的作用，无论这作用是柔性的葛兰西的“霸权”或者列宁的暴力专政，都将有“文化/帝国主义”的存在。不错，“美国化”或“文化帝国主义”是以一个对全球化的民族式理解为其前提的，但是要去掉这一前提，除非无视全球交往所产生的民族矛盾和冲突，除非将个体解除，将人类解除，如此方可回到原始的、洪荒的、天地不分的“大全”。在一个全球化的时代，“文化帝国主义”的仍然有效性在于，它假定了民族、地方在全球交往中的不可祛除性，更进一步，也假定了个体存在的永恒性。“第二次现代化”的“超民族性”不可能终结“第一次现代化”的“民族性”，至少在目前，在可见的未来。“现代性”将穿过“后现代性”而进入“全球性”，它当然会在对后现代状况的适应中对自身进行重新定位。

必须注意，贝克的“全域主义”虽然于其表面上似乎仍然承认对立、差异、民族、个体，但由于他将这一切都“囊括进”（include into）一个“自然”（cosmos），一个“大全”之内，而使这一切都成了所谓的“内涵式对立”（inclusive oppositions），即是说，这些对立元素已经失去其先前的意义，它们不再是其自身。在贝克，“全域主义”的另一表述是“超民族性”（transnationality）。同理，虽然在超民族的逻辑中仍然有民族，但由于这些民族相互之间不再是“一对一的应和关系”（one-to-one correspondence），它们可以相互说话，而是都要跟一个

"大全"说话，其先前的相互说话被提升为同时即是跟"大全"说话，即超越民族自身而与"大全"对话，接受"大全"的规范和制约。民族被超民族化，被全域化，这结果也就是"去民族化"，即民族的消失。具体说，甚至"一旦引进欧元"，一旦涉及"欧洲"概念，各别的欧洲国家如德国、法国和意大利等等便无复存在了。[1]贝克争辩，"全域主义"作为一个位于更高抽象级别的概念，其"在此的前提是，民族的不再是民族的"，它是对各个具体民族的抽象、超越，因而否定。进入"全域"，进入"全球"，就意味着放弃民族或国家的"主权"和"自主性"，——一个全球化时代的"国将不国"现象。

在这一点上，可以说，贝克是非常地后现代，他通过后现代哲学一个惯常的做法，即将现代性"主体"置入"结构"，更准确地说，置入德里达"无中心之结构"，而取消其"主体性"，其对他者的压制和整合，在社会学的意义上便取消了"美国化"以及"文化帝国主义"。"结构"，我们知道，总是"超越"于"个体"或"主体"的。借着这样的"结构"，贝克"超越"性地否定了"民族"或"国家"作为各别的实体存在。贝克终于可以祭出狠狠的一剑了，他一剑封喉：既然连"民族"或"国家"都不存在了，哪里还有什么"美国化"？哪里还有什么"文化帝国主义"？因为，在"全域主义"看来，压根儿就缺少实行"美国化"

1 Ulrich Beck, *Power in the Global Age,* trans. Kathleen Cross, Cambridge: Polity, 2005, p. xi.

的那一主体“美国”，那一实行“文化帝国主义”的“民族”！“全域主义”不承认“美国”，不承认任何独立自主意义上的“国家”概念。趁便指出，在汤姆林森取消“文化帝国主义”的诸多理由中，前文无暇顾及，也有这么一个釜底抽薪的后现代做法，即把“民族”、“民族国家”、“个体”和“主体”先行删除，让“无以/谁”“美国化”，“无以/谁”进行“文化帝国主义”。

如果说贝克是通过取消哲学的“主体”和社会学的“民族”而取消了“美国化”或“文化帝国主义”，那么，令人困惑的是，德语界著名文化理论家海纳·温特（Rainer Winter）教授则是通过对“主体”、“个体”、“语境”——总之，一个我愿称之为的“解释学情境”——的认定而取消了“文化帝国主义”。“道”不同，何以相为谋？要知道，此“道”者，非彼寻常之“术”也。

在其与贝克出现于同一文集的一篇论文[1]里，针对有人之担忧以美国为主导的大众文化将带来文化的标准化和刻板化，以及地域文化之特殊性的消解，温特旁征博引各种文化研究资源，以《兰博》、《达拉斯》，尤其是他个人所调查的被美国文化工业极力推销的hip hop音乐之传播和接受为例，证明这些全球媒介产品并未导致如上担忧的情况出现，正相反，他援用阿俊·阿帕

1 Rainer Winter, 'Global Media, Cultural Change and Transformation of the Local: The Contribution of Cultural Studies to a Sociology of Hybrid Formations', in Ulrich Beck, Natan Sznaider & Rainer Winter (eds), *Global America? : The Cultural Consequences of Globalization,* pp. 206-221. 下引温特均出此文，除非另有注明。

杜莱（Arjun Appadurai）一个有名的观察，“大众媒介在全世界的消费所激起的常常是抵抗、嘲讽、选择，以及总起来说，**能动性**（*agency*）”。[1] 温特坚信，去消费，就是进入“解域、调和与杂交的过程”；去接受，就是去挪用（appropriate），去表达，去生产，去实践。对所谓“文化帝国主义”文本的消费和接受，让温特感兴趣的是，呈现为一个积极的反向过程，一个反客为主的自我建构过程。这就是“全球化的辩证法”，或者，如他（与另一作者在该文集导言中）所称的，“全球化的文化后果”——“开始于美国化这种现象”，而继之以“全球化的文化后果”。[2] 对此，温特和其他文化社会学家都已经通过大量的实地调查做了充分的令人信服的展示，但是，我以为，或许在理论上应该予以确认的是，我们需要刨根究底，“文化帝国主义”何以会产生如此始料不及的后果呢？能够对“文化帝国主义”进行抵抗的力量究竟来自何处？文中温特没有直接回答这类问题，但仔细推敲其行文，我们似可从中引申出如下几点：第一，消费者是一“主体”或者“个体”，再或者，“个体主体”，他是有自己利益和智识的个人。第二，消费者有自己的“语境”和“地方”，而且这“语境”和“地方”决不只是他赖以活动的外部环境，它们早已内化

1 Arjun Appadurai, *Modernity at Large, Cultural Dimensions of Globalization,* Minneapolis & London: University of Minnesota Press, 1996, p. 7. 不过，阿帕杜莱也同时指出：“这并不意味着消费者是**自由**的能动者”（同上）。

2 Natan Sznaider and Rainer Winter, 'Introduction', in Ulrich Beck, Natan Sznaider & Rainer Winter (eds), *Global America? : The Cultural Consequences of Globalization,* p. 2.

为消费者作为“个体主体”最本己的生命存在；第三，消费者有自己的语码系统，但更有自己的日常生活实践。归结起来，消费者必须被认作“个体”。正是在这一根本的意义上，温特从自己的人种志调查中得出结论，hip hoppers 使用 hip hop 这种音乐风格来“界定他们自己的个人身份，因而也就是为了**个体化**（individualization）”（黑体为引者所加）。对温特当不言而喻的是，消费者只有作为“个体”才能对媒介商品进行“个体化”。

对于贝克之以“全域主义”解除“文化帝国主义”，我们可以毫不犹豫地称其为“后现代性文化研究”，因为他解构了作为现代价值之核心的“个体主体”观念；而对于温特和他援引的一些同道者，包括有时也站在这一“解释学情境”之上的汤姆林森，我们便不可笼统论之了。区分说来，对文本与接受两方，温特们使用了不同的研究视角：为了寻找对于“文化帝国主义”文本之改造、抵抗或颠覆的力量，他们对消费者做了“现代性”的认定，即把消费者作为自在和自觉的“个体”或“文化个体”；而对“文化帝国主义者”作为编码者一方之同样应该作为“个体主体”，温特们则只字不提，倒是热衷于“后现代地”将其置于一种“主体间性”，或者对于贝克，毋宁说是“超主体性”，从而对其进行了“去主体化”的处理。

因而对于温特们来说，只要像对待消费者那样对待“文化帝国主义者”，那么结果就必然是走向对“现代性”文化研究的承认。但是，困难在于——

四、有“现代性”文化研究，便有“文化帝国主义”

这是一个铁的逻辑。或许温特们不是忽略了“文化帝国主义者”之应该作为“个体主体”，而是一旦如此，其反“文化帝国主义”的理论便面临着瓦解的危险。但是，我们不能为着一个理论的完整性而否认一个事实的完整。在全球化时代的文化研究中，我们还不能轻易放弃“现代性”文化研究，应该看到，它自有其不可全盘否定的依据。

对于“现代性”文化研究，其实简单的是，只要承认全球编码者与地方解码者分别都是有限的“文化个体”，承认他们各自作为“民族”的存在，那么就势必存在“美国化”或“文化帝国主义”。

贝克乞灵于一个“自然”来瓦解“城/邦”，一个“超民族性”来解除“民族性”；但是，站在“现代性”文化研究立场上的学者却常常能够成功地指出“自然”、“超民族”和其他一切打着“普遍主义”旗号的理论的虚妄。马克思主义者坚持，社会存在决定社会意识，经济基础决定上层建筑，不管它们之间有多少曲折的环节，普列汉诺夫说“社会心理”，威廉斯说“文化”，但都改变不了前者对后者之最终的决定性。因而，可以认为，任何试图超越一定社会存在和经济基础的理论、主张，说到底，都不过是对其所由以产生的社会存在和经济基础的某种反映，都是“意识形态”。经典马克思主义者，早就揭穿了资产阶级“自由”“平等”“博爱”的虚伪；而今，在一个全球化时代，“马克思的幽灵们”（德里达语），无论在中国这样的第三世界或者在英法这样的发达国家，都在证明美国和西方所标榜所谓“普世文化”的美国性、西方性，简言之，“地方性”，进一步，都在戳穿所谓“全球价值”不过就是“全球利益”，“全球价值”总是被作为“全球战略”的一个棋子。这当然不是什么秘密了，在国际外交中，没有人不知道或不理解、不接受“国家利益至上”的原则；而“国际”外交决不等于什么“国际主义”，它根本上不过就是在与他国的协调中达到自身利益的最大化。耶稣说，你的钱在哪里，你的心就在哪里；而我们要说，你的钱在哪里，你就在哪里说话。一切围绕着利益，话语也不例外。

在这一点上，或许我们能够指出，与马克思主义临时结盟的是，尼采和20世纪的后现代理论家们，也早已将“解释”与“事实”、“话语”与“真理”、“叙述”与“历史”、“能指”与“所指”、“文化”与“自然”等分开看待了。他们发现，存在于前者与后者之间的错位和矛盾是先天性的因而无法克服的，而其中福柯更是历史地证实，“话语”本质上就是“权力”，是“权力意志”，是“生命意志”，与“真理”并无必然之应和关系。按照叔本华的观点，表象不过是意志的自我表象。叔本华的“表象”被福柯的“话语”复活了。一切都是欲望在说话，借着“话语”在说话。

英国文化研究与后现代理论的关系一直比较暧昧。似乎在对高雅文化的解构上，在对差异和杂交的强调上，在对西方中心主义的批判上，在对“文化工业”概念的拒绝上，等等，英国文化研究与后现代理论同气相求、互为知音，但是必须看到二者这种目标相同所掩盖着的出发点的相异：后现代理论的主要来源是索绪尔的符号学，特别是其中所蕴涵的对于“主体性”进行解构的倾向，能指只能达及作为观念的所指，而无法进入现实，能指所指向的不过是另一能指，意指活动不过是一条纯粹由能指所构成的漂浮的链条，即能指链，因而所谓的“主体”在言说结果就成了被言说——被能指所言说，被文化所言说，被传统所言说，等等，它是代言人，代他人言说而不能自己言说或者言说自己。在现代性哲学中，如在康德那儿，主体之决定客体，因而它才是“主体性”，被后现代理论翻转为被客体所决定，主体于是便不再是主体了。是否承认主体性是现代性与后现代性在哲学上最基本的分野。而英国文化研究，虽然并非总是如此（因其对理论的实用主义态度而导致不太注意理论本身的内在统一性），但至少就其与“文化帝国主义”相关的媒介受众研究而言，其最重要的理论支撑则是对主体性的坚持，具体说，就是将媒介受众作为话语主体，更关键的是，作为个体主体。后来以“积极受众”而名世的大卫·莫利早在20世纪70年代初期就指出：“我们不能将受众视为一个不加区别的大众，相反，它是一个复杂的结构，由一些相互重叠的亚群体构成，每一群体都有其自身的历史和文化传统。”[1] 他要求去调查受众的“在阶级结构中的位置”、

1 Dave Morley, ‘Reconceptualising the Media Audience: Towards an Ethnography of Audiences’, Stenciled Occasional Paper, CCCS, University of Birmingham, 1974, p. 8.

“地区所在”、“种族来源”、“年龄”和“性别”等这些作为社会学基础的要素。[1]这也就是说，他需要一个更加具体的“受众”概念。虽然受霍尔的直接影响，间接的是受阿尔都塞的影响，年轻的莫利不是十分赞同把受众进一步作为各别的个体，[2]但在他后来的“全国受众”和“家庭电视”研究中，他实际上已经把社会学分析与个体分析结合了起来。更重要的是，他将受众的接受语境本体化，即作为受众的本体存在。对于私人化阅读，霍尔是坚决反对的[3]，但当他说“不同的人群和阶级将实施不同的阐释框架”[4]时，他无疑是已经把受众作为“社会个体”或者“个体集合”了。在莫利的媒介受众研究上，在霍尔的编码/解码理论上，在他们将受众作为“主体”上，可以说，英国文化研究就是“现代性”文化研究。

如果将早期（1970年代）英国文化研究的受众理论从其国内语境移向对于全球媒介的观察，也就是温特所做的，将文化研究置于研究当代杂交形式的社会学，那么它一定就是反对“文化帝国主义”的。但是，这种对“文化帝国主义”的“挪用”和“抵抗”是完全不同于贝克和汤姆林森以解构“主体性”为前提的“后现代性”文化研究的。霍尔总也没有放弃阿尔都塞的“结

1 See ibid., pp. 8-9.
2 See ibid., p. 1.
3 See Stuart Hall, ‘Encoding and Decoding in the Television Discourse’, Stenciled Occasional Paper, CCCS, University of Birmingham, 1973, p. 14 and p. 15.
4 Stuart Hall, ‘The “Structured Communication” of Events’, Stenciled Occasional Paper, CCCS, University of Birmingham, 1973, p. 12.

构”，传播中的一切协商性和对抗性的解码都在这样或那样地接受“传播结构”的制约：“电视信息的生产和接受……并不一致，但它们是相联系的：它们是处在由完整的传播过程所构成的整体性（totality）之内的不同时刻。”[1] 后来进入对“全球大众文化”的考察，霍尔仍是早年的结构观，[2] 他看到，一方面，“它以西方为中心，它总是讲英语”，而另一方面，这种英语又不再是“女王英语”或“博雅（highbrow）英语”，它是“一种全然不同的国际语言”，英语被涣散了；进一步，“它是文化再现的一种同质化形式，具有极大的吸收力，然而这种同质化却从未绝对地完成过，它就是不能完成的。”[3] 霍尔也将此结构，阿尔都塞之“结构”，称之为葛兰西的“霸权”，是有“霸权”，企图将一切都包括进自身，但“霸权”从未完全实现过。[4] 同理，对于霍尔来说，如温特所注意到的，霍尔一方面尽管并不认为符号、信息和图像的全球流动会生产出一种标准化的文化，而另一方面却也看到

1 Stuart Hall, 'Encoding and Decoding in the Television Discourse', Stenciled Occasional Paper, CCCS, p. 3.

2 麦克罗比在霍尔特别赞赏的一篇评论文章中就使用了“全球化的‘控制结构’”（'the "structure in dominance" of globalisation', from Angela McRobbie, 'Stuart Hall and the Inventiveness of Cultural Studies', in her book *The Uses of Cultural Studies*, London: Sage, 2005, p. 29）一语，这说明她也看到了霍尔将早年电视研究的理论框架运用到全球化研究上来了。

3 See Stuart Hall, 'The Local and the Global: Globalization and Ethnicity', in Anthony D. King (ed.), *Culture, Globalization and the World-System, Contemporary Conditions for the Representation of Identity*, Department of Art And Art History, State University of New York at Binghamton and Macmillan Education Ltd., 1991, p. 28.

4 See Stuart Hall, 'Old and New Identities, Old and New Ethnicities', in Anthony D. King (ed.), *Culture, Globalization and the World-System, Contemporary Conditions for the Representation of Identity*, p. 68.

一种新型的同质化正在通过全球商业化过程而浮现出来。显然，在“结构”、在“霸权”，或者在霍尔的另一说法“全球文化的新的辩证法”[1]并不遥远的背后，就灼灼有霍尔对于现代性“主体”哲学的顽强信念。这一点与阿尔都塞有所不同，霍尔在借来的“结构”中赋予了差异、矛盾、斗争因而也就是结构的无终结的开放性，——他以现代性而“解构”了后现代指向的“结构－解构”。霍尔预言，在全球化的各种新形式中，仍是一如既往的控制和反控制——“那个古老的辩证法没有终结。全球化不会将它终结掉。”[2]究个中原因，乃是控制者与反控制者作为“有根的”个体的永恒存在。“个体”、“主体”只要一天不能被根除，那么“现代性”文化研究就一天不会停止其“抵抗”和“斗争”的理论。

霍尔的“结构”文化观规定了英国文化研究的方向，即作为“现代性”的文化研究，具体说，也规定了莫利的“积极受众”的性质，但我们暂且搁下霍尔，先来讲莫利吧！不错，莫利的“积极受众”之平移于全球媒介，确也可以成为一种反对“文化帝国主义”的理论，但是它所面临的问题有二：第一，它只是**从其效果上**，而**不能从其意图上**，去否定“文化帝国主义”的存在，因为“文化帝国主义”的推动者也如受众一样是地域的、个

1 Stuart Hall, ‘The Local and the Global: Globalization and Ethnicity’, in Anthony D. King (ed.), *Culture, Globalization and the World-System, Contemporary Conditions for the Representation of Identity*, p. 19.

2 Stuart Hall, ‘The Local and the Global: Globalization and Ethnicity’, in Anthony D. King (ed.), *Culture, Globalization and the World-System, Contemporary Conditions for the Representation of Identity*, p. 39.

体的和主体的，对于他们，我们不能设想有“文化帝国主义”行动，而无“文化帝国主义”意图，这既违背人是理性的动物的命题，也不符合事实，无论历史的或者当前的。因而，“积极受众”就必须承认在国内层面上“文化工业”的资本主义图谋，与在国际层面上“资本帝国主义”的文化战略，一个为利益驱动的文化战略。换言之，“积极受众”既不能取代“文化工业”，也不能完全否认“文化帝国主义”。

第二，在理论上更根本的是，必须将它所坚持的“个体”或“主体”，置于“主体间性”的框架。只要将编码者也作为主体，接受就一定是一种“主体间性”事件；而一个主体只要进入“主体间性”，进入与另一主体的对话过程，那它就一定会不同程度地发生改变。而且，这不是一个主观上愿意与否的事情，另一主体或者一个他者的出现将客观地改变前一主体的存在环境，而环境是生命本体性的。符号学地说，“文本间性”的出现将一个“背景文本”（context，通译“语境”）给予“文本”，于是文本的自足性就被打破了，即文本不再是从前的文本了。编码者的“全球”文本与受众的“地方”文本也存在同样的关系。

我们回头再看霍尔。比莫利沉稳和老练的是，霍尔在一个动态的“结构”概念中将文化帝国主义与对它的抵抗、将全球与地方相互间的辩证运动一次性地包容了进来，并预见了未来文化的形态，以他说的现代音乐为例，“杂交的美学，交叉的美学，流散的美学，克里奥耳化的美学”。[1] 霍尔对全球文化的文化研究，就其对主体性原则的坚持和贯彻而言，是归属于现代性哲学一边的，我们高兴地看到，他在一个“结构”概念中将现代性对于全球文化的洞见发挥到了它的极限处，即是说，在一个现代性框架之内，预言了文化帝国主义计划的最终破产，这因而也就是超越了现代性而具有了后现代性的色彩，当然这不是法国后结构主义者那样的后现代。

不过，对于更广大范围的全球化来说，霍尔的视域可能就嫌狭小了一些，他在一个殖民化的过程中——这是现代化进程的一种表现形式——看见了在前殖民地和前宗主国所出现的种种混合文化；那么，在其他国家和地区呢？尤其是那些走着不同现代化道路的国家和地区呢？这种有限的视域，即后殖民主义的视域，将带来且实际上已经带来对未来文化形态的某种盲视，例如说，混合仅仅是作为一种完成态吗？在一些前殖民地可能如此，在美国这个最大的前殖民地可能部分地如此，但在宗主国就未必如此了，在中国、日本这样的国家，霍尔的“杂交”甚至可能具有完全不同的意义。但对我们最有帮助的是，霍尔已经强烈地暗示了一种超越现代性与后现代性的全球化理论。感谢霍尔！

我们必须超越“现代性”文化研究，霍尔已经有所尝试了；

---

1 Stuart Hall, ‘The Local and the Global: Globalization and Ethnicity’, in Anthony D. King (ed.), *Culture, Globalization and the World-System, Contemporary Conditions for the Representation of Identity,* pp. 38-39. 其中“克里奥耳”，原指出生于美洲的欧洲人，也指其与黑人的混血儿，霍尔借指文化间的混合。

我们也必须超越“后现代性”文化研究，贝克和汤姆林森代表了其明显的局限；我们必须汲取他们的经验教训而探索走向一个新的理论阶段的可能性。

结语：走向全球对话主义

全球化内在地同时就是现代性的与后现代性的，即是说，它同时即超越了现代性和后现代性，因而可成一新的哲学概念。罗伯森的“球域性”、贝克的“全域主义”和汤姆林森对于“文化帝国主义”的专题批判，都在努力概念化我们这个全新的时代——我赞赏他们的努力。作为对他们的一个回应，我这里与他们的区别在于，第一，对于全球化之现代性维度的坚持，在此我赞成霍尔对矛盾和斗争的坚持；第二，由此，我所看到的后现代性就是现代性的后现代性，为现代性所约制的后现代性；第三，必然的是，我将不会看到在后现代性的全球化中个体或主体的彻底消失，它只是在与另一主体的对话中，在一个“主体间性”中改变自身；第四，我们于是也就不能去预先设定什么在我们作为“国民”之上的“大全”；由于主体的不可消除，因而“民族”的不可消除，“国际间性”（internationality）和“地域间性”（interlocality）[1]就不可能被“全域主义”或者一个意在“全球整

1 See Huimin Jin, ‘Redefining Global Knowledge’, in *Theory, Culture and Society*, London: Sage, vol. 24, 7/8, 2007, pp. 276-280.

体”的“球域性”所取代；[1] 在一个全球化的时代，每个民族，每种文化，都有话说，我们不能预先就规定他们说什么——这涉及到一个更复杂的哲学问题：我们能否进行没有前提的对话？一个的简短的回答是，只要个体不能被彻底地象征化（拉康）、意识形态化（阿尔都塞）、殖民化（斯皮瓦克），我们就只能承认无前提的对话。在当代理论中，这种观点几乎不可思议，但在两千五百多年前的孔夫子却早已是一个人际交往的基本原则了。孔夫子不想什么“宏大”前提，他只想虚席以待他者的出现。

将他者作为他者，将自己也作为他者，即作为有限的主体，将“主体间性”更推进为“他者间性”，推进为本体性的“文化间性”，——唯如此，全球化时代的文化研究才可能筹划一场真正意义上的“对话”，而此对话的效果则是对话者对自己的“不断”超越，对自己的“不断”否定，对自己的“不断”重构，之所以是“不断”，是因为对话者永远保留有无法被表述的本己，无论经过多少轮的对话，一方对话者都不可能变成另一方的对话者。君不见，即使长在一棵树上的叶子，经过百年、千年的“对话”，它们又何尝变得一模一样了呢？自然教导我们，在终极的意义上，人归属于自然。人“文化地”对话，但人也“自然地”

1 对于全球化时代所出现的“球域化”现象可以有多种解释，例如霍尔就提供了一种不放弃差异和多元的立场（See Stuart Hall, ‘The Local and the Global: Globalization and Ethnicity’ and ‘Old and New Identities, Old and New Ethnicities’, in Anthony D. King (ed.), *Culture, Globalization and the World-System*, London: Macmillan, 1991），而罗伯森的“球域性”概念则期待于全球整合，将全球作为一个整体。

拒绝对话，以其“自然”而拒绝对话。

我们拟以“全球对话主义”作为我们的结语，其中，第一，作为“他者”的对话参与者是其根本；第二，“全球”不是对话的前提，甚至也不是目的，它是对话之可期待也无法期待的结果，因为，这样的“全球”以他者为根基，是“他者间性”之进入“主体间性”，是他者之间的主体间性的相互探险和协商，没有任何先于对话过程的可由某一方单独设计的前提；然则，第三，“他者”一旦进入对话，就已经不再是“绝对的他者”了，对话赋予“绝对的他者”以主体性的维度，我们知道，就其定义说，所谓“主体性”就是有能力去改变客体，而同时也将被客体所改变，顺便指出，“主体间性”的一个主要意思就是对主体之间相互改变的承认。回到本文的开头，全球化，作为“全球对话主义”，将既包涵了现代性，也开放了后现代性，它是对二者的综合和超越。“全球化”是一种新的哲学，如果需要再给它一个名字的话，“全球对话主义”将是一个选择。

未来的文化研究是否将以“全球对话主义”为其理论基础，我们不能预先提出要求，这不符合“全球对话主义”精神，但是，目前可以肯定的是，“全球对话主义”至少在解决例如“文化帝国主义”这样全球时代文化研究的重大问题时，将能够同时避免“大全”（“全域主义”）和“整体”（“球域化”）的文化帝国主义嫌疑，以及由于对受众能动性的强调而导致的对“文化帝国主义”的全然无视。甚至，或许也不是不可以期待在霍尔之后重新阐释“文化间性”尤其是它在未来的种种新的可能性。[1]

1 英文版在此添加了如下内容：

Finally, it is paramount that we maintain the distinction between *global dialogism* and the ‘dialogism’ of Mikhail Bakhtin. For Bakhtin, ‘dialogism’ is essentially an outgrowth of poetic or literary theory, one that concerns the relation between double or multiple *voices,* and texts. If you wish, it may be regarded as ‘a philosophy of *language*’ (Clark and Holquist, 1984: 212. My emphasis), or, applied to ‘relationships between distinct cultural and ideological units’, and ‘conflicts between nations or religions’ (de Man, 1989: 109)— in this regard, it is a toolbox for cultural analysis, functioning much like *global dialogism*, as demonstrated above. However, according to Bakhtin’s dialogism, it is only at the discursive level that dialogue can be achieved. It is then reasonable for Julia Kristeva and Tzvetan Todorov to develop Bakhtin’s dialogism into their term ‘intertextuality’ which ‘belongs to discourse’ (Todorov, 1984: 61). As Todorov quoted from Bakhtin, ‘Dialogical relations are (*semantic*) relations between all the *utterances* within *verbal* communication’ (Quoted in Todorov, 1984: 61. My emphasis). Although Bakhtin does not overlook the author or creator of the utterance, and therefore ‘the dialogical reaction endows with personhood the utterance to which it reacts’ (Quoted in Todorov, 1984: 61), Todorov insists, ‘this does not mean, [...] that the utterance gives expression to the inimitable individuality of its author. The utterance at hand is perceived rather as the manifestation of a conception of the world, while the absent one as that of another conception; the dialogue takes place between the two.’ (Todorov, 1984: 61) Bakhtin’s concept of ‘*Exotropy*’, or, ‘outsideness’ (Morson and Emerson, 1989: 52), radical as it may be, and as much as it may lead us ‘from the intralinguistic to intracultural relationships’ (de Man, 1989: 109), remains dialogical and therefore discursive. In sum, the dialogue, in terms of Bakhtin’s dialogism, is *discursive*, which appears only between discourses, conceptions, or in Sausure’s terminology, signifiers. While Bakhtin’s dialogism is basically linguistic and epistemological, *global dialogism* goes beyond conceptualisation, signification, interpretation, and is based upon a life-ontology. It is a philosophical approach in which voices or texts involved in dialogue are understood as individual subjects that are constituted not only by discourses, and ideology, as Althusser would have it, but also by their material existence, and their *réel* as Lacan would remind us, and which can never be fully penetrated by discourses. To repeat, the *global dialogism* is based on both modernity and postmodernity, both subjectivity and intersubjectivity, on their dynamic relations, and ultimately, their dialectical synthesis.

本段参考文献如下：

1. Clark, Katerina and Michael Holquist (1984) *Mikhail Bakhtin*. Cambridge, MA: The Belknap Press.
2. de Man, Paul (1989) ‘Dialogue and Dialogism’, in Gary Saul Morson and Caryl Emerson (eds), *Rethinking Bakhtin: Extensions and Challenges*, pp. 105-114. Evanston, Illinois: Northwestern University Press.
3. Morson, Gary Saul, and Caryl Emerson (1989) ‘Introduction: Rethinking Bakhtin’, in Gary Saul Morson and Caryl Emerson (eds), *Rethinking Bakhtin: Extensions and Challenges,* pp. 1-60. Evanston, Illinois: Northwestern University Press.
4. Todorov, Tzvetan (1984) *Mikhail Bakhtin: The Dialogical Principle.* Trans. Wlad Godzich. Minneapolis: University of Minnesota Press.

全球知识的再界定

——费瑟斯通和他的新百科全书计划

2006年6月由费瑟斯通领导推出的《新百科全书计划·导论卷》将被证明是全球知识界的一个重要事件，同年9月围绕该书在开封河南大学召开的“挑战全球知识”中英论坛也将被证明是中国知识界的一个重要事件。应费瑟斯通之请，笔者评论了该书的哲学创意，着重引申和发挥了如下思想：第一，全球化不是“球域化”，而是“互域化”；第二，现代性全球化之根本错误是将时间性凌驾于空间性之上；第三，“物自体”应当改写为“物彼此”；第四，真正的“全球知识”应该是一个各知识间无限协商的过程。

——阅读提示

弗里德里克·杰姆逊曾经悲观地预言，在一个后文字的时代里，任何大型的集体计划都是不可能的。他说的是一个以多元主体为特征的"后现代"时代，但恰恰是在这样一个时代，且其本身堪以"后现代"命名的，由迈克·费瑟斯通（Mike Featherstone, 1946-）所主持的《新百科全书计划》，竟煌煌然由"圣人"（Sage）出版公司推出了它的"导论"卷：篇幅有616页之巨，撰写者有百人之多，几乎来自全世界的每一个角落，内容涉及当代世界观念的所有主要图景，从"元概念"（如"分类"、"语言"、"时间"、"空间"、"身体"、"媒介"、"网络"等）到"元叙述"（如"文明"、"时间性"、"启蒙"、"民族"、"市场"等等），再到"场所与机构"（如"大学"、"医院"、"博物馆"、"图书馆"等等），一派"百科全书"的盛大气象，况且，这仅仅是其第一卷！本书主题如其标题所示，是"挑战全球知识"（*Problematizing Global Knowledge*，或可直译为"问题化全球知识"），按照让－弗朗索瓦·利奥塔在其《后现代状态：关于知识的报告》的著名界定，反全球知识的知识毫无疑问就是"后现代"知识。"后现代知识并不仅仅是政权的工具。它可以提高我们对差异的敏感性，增强我们对不可通约的承受力。它的根据不在专家的同构之中，而在发明家的误构中。"[1] 而所谓"后现代"，"简化到极点"，就是对"元叙事的怀疑"。[2] 如此说来，问题就是：是杰姆逊的预言落空了，还是费瑟斯通的庞大计划将被

1 让－弗朗索瓦·利奥塔：《后现代状态：关于知识的报告》，车槿山译，三联书店，第3-4页。

2 同上，第2页。

证明是不成功的，如果它出现在后现代时代且本身还是后现代性质的？但是如果说杰姆逊错了，即是说在所谓“后现代”时代，一个哈贝马斯的现代性计划尚未完成因而仍然有效，那么费瑟斯通的“反全球知识”之后现代性企图也将是如堂·吉诃德大战风车那样的脱离现实的幻觉和有悖常理的疯癫。

非也，费瑟斯通的大书是编成了，出版了，如我们所简单地看见的那样，并开始引起学者们的关注和讨论，因此，这情况就只能是我们的问题化，我们的问题化框架，出现了问题：在一个全球化时代，我们不能将自己局促于现代性与后现代性之间简单的二元对立模式，而必须在一个更高的综合中予以超越。实际上“全球化”一语已经为我们昭示了超越现代性与后现代性及其对立的新的道路。

一、“知识”首先就是“全球知识”

“全球的”或“全球知识”在费瑟斯通的语汇中首先就是“普遍主义”，它是“普遍而通用的知识——对所有时代、所有地区的人都行之有效。”[1] 在这个意义上，“全球知识”又是启蒙运动以来一直被奉为知识典范的“百科全书”以及在背后支撑着它的理性主义精神。如果说辞书提供标准的语义，那么百科全书则

1 *Theory, Culture and Society, Special Issue on Problematizing Global Knowledge*, vol. 23, no. 2-3, March-May 2006, London: Sage, 2006, p. 2. 此书以下简写为 *PGK*。

是对世界的规范阐释。在启蒙哲学家看来，对世界的阐释只有正确与错误之分，而不会有别样的知识，这是因为，他们深信，自然是唯一的，本质是唯一的，相应地，理性也是唯一的，即，是唯一正确地反映这自然或本质的能力，反之就是蒙昧或迷信。于此由康德所开创的德国观念论哲学，其实并无多少进步，它只是在一个更复杂、更精致的层次上再次肯定了理性的普世主义特征。

不过，重复总是意味着被重复者的永恒性和真理性。我们需要这样的“百科全书”，通过它我们才能统一认识、协调行动，成为一个“共同体”。费瑟斯通发现，无论是狄德罗等的“百科全书”，抑或随后的《大不列颠百科全书》（*Britannica*），都具有“团结”和“社会化”的功能：前者“可被视为对于欧洲市民社会之建立的一个重要的介入，在这个社会里出现了自由讨论、对话、宽容和文化权力的问题”[1]——尽管费瑟斯通在此所着重的是它对专制政治和宗教迷信的颠覆作用，而我则愿意将此理解为一种“再社会化”的功能，即由于它而形成了现代社会的观念架构；毋需再绕着圈子发挥，后者“对于传记和历史的聚焦……意味着它不仅可被当作一部艺术和科学的辞典使用，如早先的百科全书那样，而且它还把百科全书调校为创造民族文化和传统的一个新的方法。”在此“百科全书的功用从选择和呈现有价值的知识扩展到促成民族想象的形成。”[2]

---

1 *PGK*, pp. 6-7.
2 *PGK*, p. 7.

在中国甚至整个东亚地区例如韩国、日本，这种凝聚社会、构建民族身份的功能主要不是由百科全书而是由历史和神话来承担的。当然中国也有相似于西方百科全书的“类书”，但它只限于对既往图书或知识的分类和编排，如果说其中也有“社会化”的功能的话，那么与狄德罗等百科全书派的战斗精神相比，它是含蓄的、敦厚的，如春雨之润物，温细无声。孔夫子对于往圣有“述而不作”的说法，如果说西方于知识尚“作”，而在中国则崇“述”，后世的“类书”即隐然禀承有孔老夫子所确立的祖述而非发明的知识传统。

或许在历史与百科全书之间做出区分并不特别关键，有意味的是它们所分别承载的“知识”却都具有社会化、民族化和国家化的功能。“知识”之所以能够发挥出这些实际性的功能，究其原因，来自于它所具有或者毋宁说它被相信具有的超越性因而普遍有效性：在前现代是神的超越性，在现代是人性的超越性，人为自然立法，人内在地具有规范性和普遍性。撤除普遍性的保证，知识将不再是知识，而只能流于柏拉图的“意见”状态。

这也就是说，所谓“知识”必然是“全球知识”，例如是以“辞书”或“百科全书”以及“历史教科书”形态所呈现的可靠知识。

二、“睹视”（vis-à-vis）与“面对面”（face à face）

但是随着全球化的愈益推进，“全球知识”以及对其全球性即放之四海而皆准的信仰便出现了深刻的合法性危机。全球化如果在纵的坐标上寻找，它是对传统的现代化，而从横的坐标看它则是对非西方世界的西方化。前者涉及的是主体自身内部的问题，是“旧我”与“新我”的关系问题，而后者则被引入了一个陌异的“他者”，是以形成了一个自我与他者的新的张力场，不是胡塞尔－哈贝马斯的“主体间性”，不是彼此能够认出对方因而构成整合的“睹视”（vis-à-vis），而是列维纳斯－德里达的主体与他者间之不可相互抽象的即熟视而无“睹”的“面对面”（face à face）——是照过面了，不过什么也没看出。

必须在这两种坐标之间做出严格的区分，否则将是理论与现实的双重灾难。启蒙运动以来的现代性西方思想在后果上最严重的失误就是对两者的混淆，确切地说，就是将传统与现代、新与旧之线性进步观平移到并不在此时空序列的其他文化。依照这种观点，只有一种世界史，一种不断进步的历史；只有一种文明，一种从低级走向高级的文明；只有一种知识，一种真理战胜了谬误的知识。以这一现代性思想为基础，殖民主义者或帝国主义建立起对于其他历史、文明和知识的优越感从而予以驯化和征服或美其名曰“解放”和“启蒙”的特权，因为相对于他们自身的发达状况，他者无非就是原始、史前、野蛮、愚昧和无意识的活化石。

由于不将他者作为他者，殖民主义的或帝国主义的全球化就是单一性的全球化，其中只有时间而无空间，只有历史学而无地理学，换言之，在此空间和地理的存在，他者的存在，其价值不过是为了验证时间之勇往直前的历史性推进力量。我们不想贬损殖民主义全球化表现于地理上的拓展，但这只是看得见的表面现象，在例如所谓“地理大发现”之背后隐藏着一个作为发现者的主体性意识以及一个消极的被发现者，即一个时间的领跑者和一个被时间所抛弃的落伍者。时间性是全球化的本质，是所以全球化之最内在的哲学依据。

不过来自于他者顽强的反约简，其反文化化的物理性存在，其总是位处某一地理场所，赋予全球化与时间一维相对抗的空间维度。全球化如果不是仅在时间维度上的空洞推进，如果不是殖民味十足的“发现”，那么它就还是与他者、空间和地理的“相遇”、“协商”、交往和对话，即反向地他者也在改变着主体，时间也在接受着空间的充实，历史也在成为地理的历史。费瑟斯通一方面看到全球化使我们愈来愈生活在“一个世界”，联系在强化，时空在压缩，一个“地球村”在形成，仿佛“我们彼此都生活在对方的后花园”，[1] 但是他更愿意将此全球一体或全球一家描述为“全球**变易**（global *variability*）、全球**联结**（global *connectivity*）和全球**交往**（global *inter-communication*）”[2] 等等。显然在他看来，全球化不是同质化、标准化、制式化，而是一种差异性的交往，是霍尔试图建构的“在异之同”（commonness in difference），[3] 是如安吉拉·麦克罗比由此所推导出来的一个强

1 *PGK*, p. 387.
2 *PGK*, p. 2.
3 Stuart Hall, 'The Multicultural Question', Pavis Paper, Faculty of Social Sciences, Milton Keynes: The Open University, 2000, p. 5.

有力的论断：所谓“普遍性”应当被理解为“一个协商的、无终点的过程”，“一个责任、认识和协商的切点”。[1]

揣摩费瑟斯通对于“全球文化”的界定，构成其基础的即是这样一种对于“全球性”或“普遍性”的动态的和不确定的理解：“一个正在形成着的全球文化……决不能被看作是被放大了的民族国家的文化，它提供一种包罗万象的整合性文化，尽管也存在着产生于民族国家的各种各样的全球化计划，或者文化的和宗教的运动。准确地说，我们最好还是将全球文化设想为一个场域，在那儿许多文化形式都被宣示出来，积聚着，碰撞着。”[2] 或可如此臆度，在“一个场域”中的共处，可能就是“全球文化”即使不是全部的也是其主要的内涵，“全球”对于“文化”除了表示“范围”即“联系”而外，再不能给它强加任何更多和更本真的性质。

三、从“物自体”到“物彼此”

费瑟斯通不是哲学家，霍尔、麦克罗比当然也不能算是，但费瑟斯通和他们对于“普遍性”——在当前表现为“全球性”——的空间性而非时间性、地理学而历史学的重新阐说却无疑具有重大的哲学史意义：

---

1 Angela McRobbie, *The Uses of Cultural Studies,* London: Sage, 2005, p. 30.
2 *PGK*, p. 390.

普遍性不再是形而上学之本体及其出显或作用，它在时间中创造出整个世界并赋之以时间性，而自身却在时间之外，它是绝对的、永恒的、不可改变的，上帝是它的人格化，柏拉图的“理念”、亚里士多德的“形式”、康德的“理性”、黑格尔的“绝对”以及胡塞尔的“先验自我”是它不同时期的命名。普遍性不再是被康德从前门逐出而又从后门迎入的“物自体”，而是我愿意称之为的“物彼此”（things-each-other）或“物关系”(things-in-relation)，这里“彼此”和“关系”解构了普遍性作为“物”的实体性和因而的绝对性，于是“物自体”不再是“物”，而是结构或超结构上的“相关”。由是观之，那个备受欢迎的“主体间性”概念就不能只是作为一个“交往理性”的概念，一个认识论的概念，而应该是本体论的或存在论的。在这一被本体化了的意义上，所谓“主体”就是主体间性，一主体为其他主体所介入、所干预，所占有因而所构成；离开了这种“彼此性”（each-other-ness），便没有任何意义上“主体”或“自我”，无论是在身体的意义上或者是在文化的意义上。

在当代文化理论中，“混杂性”（hybridity）不只是文化所表现出来的特征，而且也是它的存在论构成；进一步说，由于这种存在的“混杂性”总是意味着不停地混杂着，那么处在“混杂”过程中的文化本质上也就是一种动态性的“物彼此”，即一种关系了。“文化”不是文化，而是“文化间性”。霍尔肯定了这一点：“混杂性不是指混杂的个体，那类完全成熟的例如‘传统人’和‘现代人’等等的主体。它是一个文化翻译的过程，是不可知的，因为它从未被完成过，而是止于其未决状态。”[1] 德里达、霍米·巴芭、厄内斯特·拉克劳、保罗·吉尔罗伊等均是这一观点的积极倡导者：意义在被“延异”，主体、身份、文化等都不是一劳永逸的，它必须参照于“他者”、“缺席”或“外部”而获得其自身的存在。

这不难解，因为文化本质上并不是物质性的；难的是将物质性的东西解说成关系或功能。化学家这样做了，他们认为一物所以为该物，乃决定于其特殊的分子结构。中医对身体的解释或许更为典型，它使用“五脏六腑”这种西医解剖学的概念，但它们并不对应于什么具体的身体器官。有医生指出：“中医学的‘心’不是西医‘心’；‘肝’也不同于西医的‘肝’；‘脾’更完全与西医的‘脾脏’无关。中医的‘脏腑’是功能性的概念。”[2] 按照西医的唯物主义观点，中医就不是科学，是应该被抛弃的陈腐不堪的玄学把戏。但中医对身体的功能性解释在中国人的日常生活或文化中仍然发挥着西医所不可取代的作用。这是否意味着对于物质世界的解说也可以是多元而有效的？

全球化突显了我们与他者的相遇，各种文化形式间的相遇。如果我们固守于自我，自我的时间、历史，以及在此基础上的进步观，那么不可避免的全球化必将成为人类不可避免的世界末

---

1 Stuart Hall, ‘Conclusion: The Multi-cultural Questions’, in Barnor Hesse (ed.), *Un/settled Multiculturalism, Diaspora, Entanglements, ‘Transruptions’*, London and New York: Zed Books, 2000, p. 226.

2 区结成：《当中医遇上西医：历史与省思》，三联书店，2005 年，第 115 页。

日。与此不同，中国政府基于儒家“和而不同”的理念而提出的“和谐社会”或“和谐世界”（尧典早有“协合万邦”的表述）将为如何全球化提供一套不同于西方政治之单一全球化的新思路。霍尔的“在异之同”，按照他的本意，或许更是中国的“和而不同”，这就是说，“同”不是绝对的普遍性，而是费瑟斯通所谓的各种文化形式在“一个场域”中的相互“协商”，在此“协商”中，既有各方的主体性表达，即“商”所提示的，又有它们之间的相互沟通和承认，如此就是“协”。

四、全球化应改写为“互域化”

费瑟斯通熟谙“和而不同”这一国际性的当代思想成果，及其于政治、文化和哲学方面的深长意味，但不同于其他思想家的是，他借此而迅即转向对“全球知识”的再界定。

对费瑟斯通而言，并无必要去全盘否定知识的普遍性或全球性，而是如何在对“全球知识”这一概念的保留中对它做出新的阐释，并因而得到一个新的“全球知识”概念，因为全球化毕竟首要地是一个客观存在的和有目共睹的既定事实。

他批评对于知识普遍性的幻想，指出任何知识都是“特定地点的产物，从历史上看，是欧洲或‘西方’的产物。”[1]因而“地方化欧洲”的呼声就不只是一种义愤之词，在一个全球化的视野

1 *PGK*, p. 2.

中，欧洲或西方无论在全球化过程中曾经发挥过或仍然在发挥着多么无与伦比的主导作用，但无法确认的是，它过去不是唯一的全球化力量，实际上一直就有他者参预其中，否则，就不是全球化了；也不能预言，它将永远扮演过去那个主宰者的角色。从法国年鉴学派的“长时段”（longue durée）理论来看，例如开封在宋代就曾经是无可置疑的全球商业中心，它在文化上的全球性胸怀竟奇迹般地融化了犹太人，他们在世界其他任何地方都以对自身文化身份的执守而闻名。今天的中国经济尽管有诸多的不完善，但在调适中正坚定不移地融入和改变世界经济体系，以致可以说，没有中国经济就不是真正意义上的世界经济。这随后也势必带来在“全球文化”形成中的中国要素和色彩。如果说既往的全球化可能如罗兰·罗伯森所描述的是“球域的”（glocal），的确，至少在形式上全球化一直是作为“全球性”的西方（the West）对那作为“地方性”的“其他”（the rest）的普遍性整合，但不可逆转的大趋势则是全球化将愈来愈不是这样的“球域化”，它不是一种殖民主义或帝国主义性的全球化，而是“互域性”（inter-locality）或“超域性”（trans-locality）。

这当然决不是说，如费瑟斯通所承认的，介入全球化的“每一民族都有同等的能力影响其他民族”，[1] 任何时候都不会出现这种力量的均衡，而是一种不可究问的超验伦理，若强问之则有宗教的原罪说，在神面前人人平等，但这不过是人们情愿如此的

1 *PGK*, p. 3.

一种信仰，等于什么也未证明。人生而平等，扩大而言，各民族生而平等，与老弱病残、愚昧落后甚至野蛮都无关系，这是无需论证的天地良心。费瑟斯通对“全球知识”的空间化、语境化多多少少也是在说着全球化即“互域化”或“超域化”这一道德形而上学的不刊之论。基此，所谓“全球知识”就应当成为互域的或超域的知识，尽管在历史上乃至在当前的例如世界银行和WTO等组织那儿，它是被有意或无意地放大了的西方知识。

费瑟斯通据以挑战“全球知识”的另一论点是：由“长时段”观之，任何知识都具有“流散的特点”（diasporic character），“在任何文化或者任何时期，跨文化的借取和嫁接都本质地存在于其形成之中。”[1] 他例举了从中国、阿拉伯和南亚而来的知识如何进入欧洲知识的形成过程，毋庸复述，这已经是妇孺皆知的历史常识了。而“今天，知识共同体是更加地流散和流布，理论是更加迅疾地旅行于不同的文化圈”，[2] 换成我们的语汇，知识是愈益地“互域化”或“超域化”了。看《新百科全书·导论卷》的编撰体例，先是主要辞条，接着配以德里达意义上作为“增补”的辞条，前者一般表现为以西方为主导的“全球知识”，而后者则是来自于不同文化或区域的知识，但是它们并不构成一种普遍与特殊的或“球域”互动的二元对立之关系，而是意味着知识的未完成态或无尽头的开放性。这就是“新百科全书计划”之所以

1 *PGK*, p. 3.
2 同上。

为新的原因，即知识从来不是封闭的、完满的、普适的，而是位处于某一点，但由于他者知识的闯入，这一点又是不稳固的。知识的形成是空间性的扩大，亦是时间性的更新。“新百科全书计划”以此编排方式呈现了知识形成的动态过程即其原生态。

可能略嫌悖论的是，为了挑战“全球知识”，一方面说任何知识都是地域性的，它是静态的，另一方面却又说从其形成上它便是“互域”或“超域”的，是动态的，即永远无法固定于某一具体之点。对此，费瑟斯通似乎并未觉察，自然也就未曾协调。我以为，其实，这正是全球化最内在的悖论，如我们在本文一开始就指出的，全球化既是现代性，又是后现代性，是对现代性与后现代性及其二元对立关系的扬弃。这里，现代性是指全球化主体对于其立身之点的自信、固执和目标明确的推进，而后现代性则是对主体身份的还原性解构，对其能够实现自身的怀疑。费瑟斯通以其对知识性质和形成过程的揭示而支持了这样一个崭新的“全球化”概念。

既然如此，对于费瑟斯通来说，在“全球知识”一语中寄身的“全球”就有了两方面的涵义：一是普遍主义的同义词，但第二，它同时又是反普遍主义的，是对知识之多样、复杂、混合、流动等品性的强调。对于前者，他是要挑战的；而对于后者，则是要着力倡导的。通过挑战而走向一种解构的“全球知识”的建构。

消费·赛博客·解域化

——自然与文化问题的新语境

我们正面临着使自然与文化之界线再次呈现为一个重大问题的新语境：其一，是消费社会的到来。它将商品变成符号，将使用价值置换为符号价值，将物质消费转化为符号消费，这结果就遮蔽了人之真实的和自然的需求。其二，当代高新技术正创造着一个跨越了自然与文化之传统畛域的新现实，哈拉维以“赛博客”名之，它既非自然亦非文化，而是二者的混杂。其三，由于文化总与地域性相关，全球化作为一种“解域化”便意味着文化间的相互越界和冲突，以及各种文化对其合法性的竞争性主张。这些主张无不诉诸一个超越自身而普遍和绝对的“自然”，但是，究竟谁是“自然”的权威代言人？新的形势迫使我们必须重新思考自然和文化的界定和再界定问题。

——阅读提示

关于“自然”，威廉斯这位现代术语溯源大师说，它“可能是语言中最复杂的词语”。[1]这个“语言”在威廉斯当然是指英语，但是“自然”一词的复杂性并不只是限于英语，也不只是限于现代的或古代的西方语文，即使在汉语言里，同样包括古代的和现代的，情况亦复如是。这是因为，自从有了人类的文化思考，“自然”就无时不是我们之所是、所欲是，或者我们与之相交往的对象；它无论是什么，但都不在我们之外。那“自然”就从来是我们的“自然”。

而说到“文化”，其复杂程度也许较“自然”有过之而无不及。威廉斯曾对采访者抱怨：“你不知道有多少次我希望我压根儿就未听说过这个该死的词语。”[2]不过就他本人说，作为英国文化研究学派的先驱，他不仅未能澄清反倒是加剧了“文化”一词的语义混乱，因为由他启动的“文化研究”总是致力于将那些通常不属于“文化”甚或与之相对立的东西如“反文化”也容纳进“文化”的范畴。“文化”被扩大了，它无边无际，似乎涵盖了一切的人类活动，成了与纯粹“自然”相对的“人文”或“人

1 Raymond Williams, *Keywords: A Vocabulary of Culture and Society*, New York: Oxford University Press, 1983, p. 219.

2 Raymond Williams, *Politics and Letters: Interviews with New Left Review*, London: Verso, 1981, p. 154.

文科学”的又一称谓。

面对如此语义超载的“自然”和“文化”，任何的研究尝试都可能冒着无功而返或徒添乱象的风险。笔者所以仍然选择这一研究乃是首先基于一个原则性的认识：捍卫一个词语的边界并无多大的意义，对于我们重要的是人们何以要变更它的边界，而不是另立新词。这里从形式上看是有符号的惰性的原因，文字一经创制便不轻易改变，活跃的是对它的使用，在不断的使用中不变的字词被赋予新的意义。而往深处究问，此中则更可发现文化运行的一个内在规律：文化史就是对传统的尊重和超越。因而研究不变的“自然”和“文化”如何被不断地修改其语义界线，也就是对人类文化史、思想史轨迹的呈显，以及对其未来走势的窥测，或者说是意味着达到一种文化的自觉、省思和选择。

老话题是可以常说常新的，这一方面是由于其自身的普遍性和永恒性，而另一方面当是有来自于日日更新的现实以及我们相应的新感受、新理论的刺激。重提“自然”和“文化”这种古老的话题，因而一方面就是由于它们来自于传统，来自在于我们永恒的存在难题，我们总是徘徊在“自然”和“文化”的话语之间，而另一方面或许更具决定性意义的是由于一个当代新语境的出现，是它赋予我们之谈论“自然”和“文化”以新的必要性和紧迫性。

一、生产的终结与消费的兴起

如果说在古代名缰利索对人性的捆绑让我们的先人时时怀

有回归自然的冲动，如老庄哲学之尚"自然"与"无为"，"无为"即从否定方面而言的"自然"——"希言自然"者是也，再如陶诗之所叹，"久在樊笼里，复得返自然"；如果说工业革命孕育了文艺上的自然主义倾向，例如在华兹华斯、劳伦斯和卢梭那儿；那么，以符号增值、"物符"以至"拟像"为标志的消费社会则再一次地提出了何谓"我"之"自然"的问题。

根据波德里亚的观察，真实的消费欲望已经随着生产的终结而终结了；进入消费社会，一切物品都变成了符号，都归属于一个符号系统，一个所谓的"物体系"，由此一切表面看来纯为个人性的消费都不再是个人之自然需求的满足，而是对商品作为抽象符号之价值的认同和追逐。我们日日所见的广告拟像，例如，不是将消费者引向具体之物，它不在乎物之具体性，即一件商品的使用价值，它关注的是，如何将消费者带向超越具体之物的但仍由它们所表征的符号天国。消费社会是自然的丧失，是个人性的磨灭。

但是，波德里亚有意识：

> 这并非要说不存在需要，或者自然用途，等等。而是说要认识到，消费作为当代社会所特有的一个概念，不是按照这些线索来组织的。因为，这些在所有的社会都存在。在社会学上对我们重要的以及给我们时代打下消费符号之印记的，确切地说，是将此一初始层次（即需要或自然用途的层次——引注）普遍化地重组进一个

> 符号系统之中。这看起来就是一种从自然向文化的特殊的转变方式，或许，这也是我们时代那特有的方式。[1]

这样的意识和分辩，与其说是准备着承认真实需要在消费社会或者“自然”在“文化”中的留存，毋宁说是更加地坚持了它如何消失在一个被符号化的过程之中。在符号所标记的消费社会，我们仍然是通过消费活动来满足我们的实际需要，不过这种需要一旦被整合进一个远远超越它之上的符号系统，便不再能够继续维持其本然的个性存在了。它被纳入一个系统，一个结构，一套语码，而成为其中的一个元素。借用索绪尔关于“语言”和“言语”的区分——前者是社会性的，后者是个人性的，波德里亚揭示说：“这就是当今的交流结构：一种语言（langue），而与之相对，个人需要和享受不过是**言语**（parole）**的效果**罢了。”[2] 我们仍然在“言语”，但我们所“言语”的不是我们个人的愿望，而是“语言”的社会给定或强加。同样，没有为“我”的消费，只有为“消费”的消费。消费成了索绪尔的“语言”。我们为“语言”所控制，我们为消费的“语言”即“符号系统”所控制。

人是“符号的动物”，如卡西尔所言。自人类结绳以记事以来，符号从来就是用以把握现实、交流信息的工具。但是，在波德里亚那里标志着消费社会之特质的“符号”，并非卡西尔意义

---

1 Jean Baudrillard, *Selected Writings*, ed. & introduced by Mark Poster, Stanford: Stanford University Press, 1988, pp. 47-48.

2 同上书，第 48 页。

上的素朴的符号，亦非索绪尔那个虽不直接指称现实却通过指称“概念”而间接地意谓了现实的符号。对于索绪尔来说，既然“符号”包括了“概念”和“音响形象”或“所指”和“能指”，那么也就用不着奇怪他有时是将“符号”作为“能指”而有时又是作为“所指”。[1] 任何符号诚然对于具体之事物都是一种抽象，但抽象并不等于抽象了事物，相反恰恰是由于其作为抽象而浓缩了尽可能多的事物真实，这就是黑格尔所说的“概念”（Begriff）之丰富性、之能够作为“一切生命的原则”[2]。而发生于消费社会的符号制造术执行的是一套与此完全不同的抽象化指令，波德里亚指出：

> 今日抽象已不再是地图、替身、镜子或概念的那种抽象。模拟不再是对一个疆域、一个指涉物或一个实体的模拟。它是依据一个实在物的模型的生产过程，这个实在物没有来源或现实性：一个超现实疆域不再

1 参见索绪尔：《普通语言学教程》，高名凯译，商务印书馆，2001年，第100页以后。另外，从德里达的一段话中亦可见到结构主义者对“符号”与“能指”或“所指”的混用：“‘符号’这个词的意义一直是作为某物的符号被理解和被规定的，它又被理解和规定为指向某个所指的能指；因此，作为能指的符号总是不同于其所指的。”（德里达：《书写与差异》，下册，张宁译，三联书店，2001年，第506页）在前一种情况，“符号”等于“所指”；后一种情况，“符号”就是“能指”。不过对于我们更关键的是，结构主义语言学无论如何没有否定符号与事物的关联；即便作为后/结构主义的德里达，也不过是“延异”了这种关联。在理论史上，似乎没有人胆敢切断观念与现实的最后联接。有必要提醒，我们不能完全依照后结构主义之激进的符号观去诠释索绪尔，在他也许无意中对“符号”与“所指”或“能指”的混淆之背后，是符号与事物的藕断丝连。

2 黑格尔：《小逻辑》，贺麟译，商务印书馆，1980年，第327页。

先于地图，也不再比它更长久。从此而后，是地图先于疆域——拟像先行——是地图造成疆域。[1]

“模拟”是对一个模型的模拟，作为其产品的“拟像”也就不再有所指涉，不再作为某物的“表征”，它是“无物之词”。通过“模拟”和“拟像”，波德里亚为我们描绘了一幅真实缺失的世界图景：迪士尼乐园、水门事件、海湾战争、印度 Tasaday 原始部落、拉斯科岩洞、足球赛事、民意测验，等等，这一切一旦被“模拟”而成“拟像”，便不再是其原本的存在了。“模拟”扼杀了“真实”并以“拟像”冒名顶替，我们知道，“拟像”从来就自诩为比原本更原本、比真实更真实，由此“拟像”就成了如今没有现实性的基本现实。陶醉于这种对“模拟”和“拟像”“文化”现象的漫画化批判，后期的波德里亚似乎丢弃了前期的“消费社会”理论，但是只要我们愿意刨根问底儿，是谁创造了“模型”，然后又是谁在“模拟”，以及究竟谁更需要“拟像”，“消费”这一前期的视角就仍然是这一切仿佛是无根的后现代文化现象的最终解释，即一个现代性的解释，消费社会仍然是为资本主义所规定的消费社会。就此而论，波德里亚有绝对的理由拒绝一个“后现代主义”桂冠的赠予。消费社会在他是一个符号的社会，这是其前期的观点，但更切本质地说，是一个符号控制的社会，

1 Jean Baudrillard, *Simulations*, trans. Paul Foss, Paul Patton and Philip Beitchman, New York: Semiotext(e), 1983, p. 2.

结合后期的观点，是一个为“模拟”和“拟像”所突显、所剧烈化的符号控制的社会。波德里亚将毕生的才华都献给了消费社会的符号分析。

在关于“消费社会”、“模拟”和“拟像”的论述中，波德里亚注意到新技术在其形成中所发挥的巨大作用，例如电子技术，原则上它能够无限地复制图像；再如克隆技术，更是将“复制”观念推向一直是上帝的权力范围，人的独特性、不可重复性在源头上就被剥夺了。技术在波德里亚这里，如同在法兰克福学派那里，尽管程度不同，实际上就是意识形态，即在虚假意义上的意识形态，它使人不再能够真实自然地“言说”，而是纷纷认同于一种被抽象出来的“语言”系统，它如果不是虚假的，那至少也是远离于真实的言说和自然的欲望的。

马尔库塞深感绝望，在一个发达的工业社会里，也就是一个以技术为其本质的社会里，人们几乎不可复得地失掉了辨别其个人需要与社会需要即被强加给个人的需要的基本能力，一味地“按照广告的宣传去休息、娱乐、处世和消费，爱他人所爱，嫌他人所嫌”，[1] 而且“只要他们继续是不自主的，只要他们是受说教和被操纵的（甚至渗透到他们的各种本能），他们对这个问题（即什么是真实的需要和虚假的需要的问题——引注）的回答，就不可能当作他们自己的。”[2] 技术不是中立的因而也不是无

1 马尔库塞：《单面人》，见《法兰克福学派论著选辑》（上卷），上海社会科学院哲学研究所外国哲学研究室编，商务印书馆，1998 年，第 494 页。

2 同上书，第 495 页。

辜的；技术所崇尚的是最大化效用，而最大化效用的实现标志就是能够被用于复制，被用于批量化生产，在这一点上我们不能再那么简单地说是技术推动了一个工业社会或消费社会的形成，事实上它本身就是消费社会。技术的目的是满足大众需要，它决不在乎什么私人性的需要。中国广告目前流行的所有人性化的技术或设计，指的不是对单个人的体贴入微，而是着眼于许许多多的单个人的。技术通达于生产，通达于消费，它本质上归属于一个大众化的意识形态。马尔库塞同意阿多诺的一个观点："在一定意义上说，发达的工业文化比它的前身是更加意识形态化的，因为今天的意识形态处在生产自身的过程之中。"[1] 是生产、技术和商品制造了一个符码的系统，用所谓的"社会需要"置换了个人需要。在整个资本主义生产和流通体系中，波德里亚所控诉的广告拟像，谋杀了真实的指涉，并试图取而代之，由此看来，它不过是生产、技术和商品这些真正凶手的替罪羊。马尔库塞对技术所发起的意识形态批判或可能较波德里亚发展自索绪尔的符号论批判更及于资本主义反人性、反自然的本质。顺带指出，由于波德里亚对"生产"的终结，那么尽管他也注意到技术的意识形态性，但不可能像马尔库塞那样深刻地理解到技术的"生产"性，进而"生产"的意识形态性。

1 同上书，第 499 页。

二、越界的赛博客

以上是就技术之“用”而言的，我们再就技术之“体”来看，如果可以认为科学是对自然的理论化，那么技术就是对自然的实际行动或手术。在技术的作用下，自然无论将是什么，但都不可能是曾经的原初的自然了。即使不从意识形态批判的角度看，如今高科技对自然的改造也已经是触目惊心的了。这里不是指为科学和技术所支撑的工业化对自然的掠夺、榨取以及由此所造成的环境灾难，当然也不是说高科技战争化自然为荒原的能量及其演示，我们倒确也不必完全排除这些，因为在一定的强度上它们同样唤醒了人类对自然的意识，现在我们拟强调的是，技术对自然的介入、渗透和重构已经达到了技术与自然难解难分、浑然一体的境地，似乎自然成为人的世界，反过来，人成为自然的世界，例如仿生技术和基因工程等所谋求的那样。

根据唐娜·哈拉维（Donna J. Haraway）的描述，如果不是夸张的话，发展到20世纪末的美国科技已经使三个关键的界线不复存在，一是人类与动物的，二是动物－人类即有机体与机器的，三是物理的与非物理的，其结果就是她所谓的“赛博客”（cyborg）的出现，一个并非由她发明但被她实质性地扩展从而取得了广泛知名度的术语。我们已经步入了一个“赛博客”时代，一个“人机合体”的时代，这个时代的特点就是原本恒定的一切界线被逾越，一切似乎颠扑不破的分类原则的被打破，哈拉维宣称，“我的赛博客神话关乎被侵越了的边界，关乎有威能的融合，以及种种危险的可能性”。[1] 进而言之，“赛博客”意味着自然与文化之间传统上分明的界线正在变得暧昧起来：面对“基因改良食品”（genetically modified foods），诸如带有鱼类基因的番茄或致癌鼠等，我们无法说清它究竟是“自然的”还是“文化的”。有学者在阐述哈拉维的这一思想时指出：“当一篇文章宣布一种改良蔬菜将‘天然地’（naturally）抵抗疾病之时，这正是‘自然’范畴不再存在的一个小小的征兆。它已经被一个至今还没有新名字的混血儿取代。”[2] 这个新范畴当然就是“赛博客”，如果我们不需要为每一位“赛博客”分别命名的话。在“赛博客”之中，“自然”被“文化”化而不再存在，“文化”被“自然”化即被赋予物质现实的形式也不再存在，准确地说，不再以先前的方式或者不再独立地存在，但混合地存在于“赛博客”之中。“赛博客”是一种新的主体或身份，一种新的社会现实。哈拉维宣布：“到 20 世纪末，即我们的时代，一个神话的时代，我们统统都是喀迈拉（chimeras，希腊神话中的吐火女怪，狮头、羊身、蛇尾，这里被引申为一种怪异的组合物——引注），都是被理论化的和生造出来的机器与有机体的杂交品；一

1 Donna J. Haraway, *Simians, Cyborgs, and Women: The Reinvention of Nature*, New York: Routledge, 1991, p. 154.
2 乔治·迈尔逊：《哈拉维与基因改良食品》，李建会等译，北京大学出版社，2005 年，第 105-106 页。

句话，我们都是赛博客。赛博客是我们的本体论；我们由它那儿得到我们的政治学。”[1] 这里所谓的“本体论”（ontology）就是那个挑明了“本体”为何物的另一汉译“存在论”（或“存有论”）。将“赛博客”作为我们的“本体论”，哈拉维至少有两重指谓：其一，“赛博客”是我们当前最本己的存在，既是我们存在的实际样态，又是我们存在的构成方式或本质；其二，我们这样作为“赛博客”的存在将重构我们关于这一世界的精神图景，因而“赛博客”就是世界观、神话和意识形态，就是她所称之为的“我们的政治学”。

当然对她作为一个女性思想家来说，这一“政治学”首先就是“赛博客女性主义”政治学，其中“性别、种族和阶级不能为那种对‘本质性’统一的信仰提供基础”[2]，所有的“身份看来都是矛盾的、片面的和策略性的”[3]，正如被拼凑起来的“赛博客”一样。这于是也就超越了早先那种将女性作为男性之对立范畴的二元论的和普遍主义的女性主义。包括“女性”在内的任何身份都是碎裂的、复合的、混杂的和马赛克的，或者就是那个“喀迈拉”。没有纯粹的男人，也没有纯粹的女人，或许只有她所提示的“女性男人”（female man）。哈拉维的宣言是：“我宁愿做赛博客，而不做女神。”[4] 这些决非号召放弃作为女人，确切地

1 Donna J. Haraway, *Simians, Cyborgs, and Women: The Reinvention of Nature*, p. 150.
2 同上书，p. 155.
3 同上。
4 同上书，p. 181.

说，是放弃隐藏于“作为女人”背后的单一身份；“女神”虽好，但她是被男性所建构的普遍主义的单一身份。

因此这“赛博客宣言”的最终意味又是超越于女性主义及其政治学的，它是“本体论”，是“哲学”[1]，它控诉的是“普遍而整体化的理论的生产”[2]，因为这种生产“可能总是但现在则肯定是错失了大部分的现实”[3]。由此而言，赛博客这一新现实的出现，无待于哈拉维为它宣言，其本身就是颠覆普遍主义乌托邦的革命性力量和声音。“成为一就是成为自主，成为权势，成为上帝；但成为一也是成为一种幻觉，即陷入与他者的启示辩证法。然而成为他者就是成为多元，边界不清，残破不全，无形无体。”[4]

赛博客现实瓦解了一切形式的二元对立，哈拉维举出的例子有“自我/他者，意识/身体，文化/自然，男性/女性，文明/原始，实在/表象，全体/部分，代理/本源/（agent/resource），制造者/被制造，积极/消极，正确/错误，真理/幻觉，完整/片面，上帝/人”[5]等等，因而也就是瓦解了任何绝对化的实体，因为它们之一直作为绝对实体而存在完全是依靠了我们的二元对立概念，它们以尖锐对立的方式相互区别、标异、宣示独特性，因而取得其似乎是各有独立不倚的存在，但

1 出于对西方认识论的反感，海德格尔、伽达默尔和德里达都将“哲学”作为“本体论”。这是对“哲学”概念的狭义用法。

2 Donna J. Haraway, *Simians, Cyborgs, and Women: The Reinvention of Nature,* p. 181.

3 同上。

4 同上书，p. 177.

5 同上。

其存在究竟是相互性的、辩证法的。赛博客现实解除了“二”，即二元论，于是也取消了“一”，即普遍主义的“一元论”。历史地说，一元论从来就假定和包涵了二元论；或可换言之，二元论不过是一元论的两次述说，这在一切形式的形而上学那里都无例外。

在以上哈拉维所例举的诸多二元对立概念中，我们最所关注的是“自然/文化”界线在赛博客中的内爆，这一方面是由于赛博客对它挑战的直接性，而且更由于“自然”一语从来所体现的本质主义而普遍主义的观念，即是说，因其本质就必然地普遍。无论从技术上还是从哲学上，赛博客对于传统的“自然与文化”的二元对立及其对它们各有纯净身份的设定都是一场足以使其灭顶的灾难。在赛博客面前，追询“自然”将是迂腐的，哈拉维通过其“赛博客”取缔了“什么是自然”的问题。但是当哈拉维仍然试图“在与他者的局部性连结中，在与我们所有的构件中，重建日常生活的界线”[1]，当她指出赛博客形象“同时意味着建设和毁灭机器、身份、范畴、关系和空间的故事”[2]，在这些拆毁和重建中，她将依据什么来进行赛博客实践？她反对批评者视她为相对主义者，但即使相对主义，也有言说的绝对性，言说那不可言说者，只要我们有意图去把握一个对象。只要有“重建”，甚或只要有“拆毁”；只要有“联结”，即使是局部的，

1 Donna J. Haraway, *Simians, Cyborgs, and Women: The Reinvention of Nature*, p. 181.
2 同上。

只要有“沟通”，即使单个性地，它们都是意图行为，都是对对象的一种把握，那么这就必然要求一个原则，即使是临时的。简言之，只要哈拉维不是相对主义地或者即使是相对主义地对待“自然与文化”，那么“何谓自然”的问题仍将一再绽现。

按照我们的理解，赛博客决非取消了“自然与文化”的问题，倒是以它对自然与文化之界线的凌越而突显了二者在当代技术社会的问题性以及作为一个问题的严重性。“自然”即“本质”，“本质”即“理性”，除非我们不再运用理性，不再作为理性的动物，否则我们就将一再地探问“自然”，尽管我们永远无法得到一个标准而普适的答案。

三、作为解域化的全球化

使“自然”与“文化”及其关系突显为一个当代论题的另一语境是如今我们正在经历着的全球化。

虽然就其实质而言，全球化是资本主义生产固有的逻辑，布罗代尔因而才宣称资本主义在欧洲一开始就是跨界的或者说世界性的，它内在地就有对垄断性的追求，这即是说，全球化根本上就是经济全球化，为经济所驱动，以经济为直接目的，但是经济作为人的活动另一方面又是文化性的，甚至如果依照英国文化研究所采取的一个人类学的“文化”定义，它以文化为“生活方式”，那么经济本身即是“文化”，并且由于经济活动在人类生活中所居于的核心位置，它最基础，最日常，最必需，因而它或许应被看成最基本的文化存在形态。常见有学者将“经济全球化”与“文化全球化”相提并论，如果不是出于对文化的强调或为着某种论述的方便，这在内容上、在形式逻辑上毫无意义，因为简单说来，经济即文化。杰姆逊大概不知道这一点，所以我们才见他有那个流传颇广的说法，“经济的文化化”与“文化的经济化”。这当然是从波德里亚那儿学来的，不过波德里亚的着眼点是消费社会里的“商品”或者说“商品”在消费社会被赋予的与其在生产社会所不同的新特点：一方面物品要被消费，即变成“商品”，它必须首先成为“符号”，成为“物符”，因为它要取得意义；另一方面，所有的符号无论其是否由物品变来，如艺术品，都可以被当作商品出售。用波德里亚的原话说：“现今消费——假如这一术语具有一种不是流行经济学所给它的意义——精确地界定了**这样一个阶段，其中商品被直接地生产为符号、价值/符号，而符号（文化）则被生产为商品。**”[1] 在此波德里亚所谈论的粗看似乎是如一本权威教科书所概括的，“不仅所有的商品都是符号，而且所有的符号都是商品”[2]，或许更简洁的说法是，“商品的符号化”和“符号的商品化”，但这决非意在证明“消费社会是一个什么都可以拿来出售的场所”[3]，若此波德里亚就只是在重复马克思关于资本主义将一切都变成金

1 Jean Baudrillard, *Pour une critique de l'économie politique du signe*, Paris: Gallimard, 1972, p. 178.

2 乔治·瑞泽尔：《后现代社会理论》（社会学经典教材影印丛书），北京大学出版社，2004年，第84页。

3 同上。

钱关系的那个著名论断。[1]波德里亚想做得更多，他要更进一步揭示金钱关系的实现需要经由一个符号关系的步骤，通俗地说，首先将欲出售之物变成另有意指的符号，然后才能将它变成金钱。消费的决定性特征因而就不是“符号的商品化”，而是“商品的符号化”，不是“商品的政治经济学”，如在马克思那儿，而是“符号的政治经济学”，更准确地说，是“商品作为符号的政治经济学”。对于波德里亚而言，符号被生产为商品即“符号的商品化”，在我看来，只是为着给出“商品的符号化”所发生于其间的一般背景即资本主义商品化生产的总体情况；并且，如果从“商品的符号化”角度看，即如果将符号化作为一切物品之成为商品的前提，那么任何“符号的商品化”即任何既有符号之成为商品，则均需接受一个“再符号化”的改造程序，该符号将被重新结构，其能指－所指关系被重新调整，能指依旧是那个能指，而所指已被悄然置换。以艺术品为例，当其作为艺术品时，其使用价值就是审美价值，而当其例如被拍卖时，即当其作

1 波德里亚可不愿意这么做，让他感到兴奋的是他自己所发现的从“一般等价法则”(la loi de l' équivalence générale) 向“符码法则”(la loi du code) 的转变，是“向着**符号的政治经济学**的转变”，他明确地区别说，“这不是一个简单的所有价值的‘商业卖淫’问题（此观点归根结底是浪漫的，它来自于《共产党宣言》的一个著名段落：资本主义践踏一切的人类价值，艺术，文化，劳动，等等，以赚取银子——此为指向牟利的批判浪漫主义）。它涉及的是所有价值在符码的霸权下向交换/符号价值的转变。这种符码，也可以说，是一种控制和力量的结构，它比剥削结构要更微妙、更极权。”（Jean Baudrillard, *Le miroir de la production, ou l' Illusion critique du matérialsme historique,* Paris: Galilée, 1985, p. 136-137）转换成我们的语言说，波德里亚是刻意将他的“商品的符号化”与《共产党宣言》批判于资本主义的将一切的“符号商品化”区别开来。不留心这一点，就会把符号学的波德里亚与经典的马克思主义者相混淆。

为商品时，其价值就几乎与它真正的审美价值一无干系了，它往往被竞拍者或收藏家注入了他们个人的与艺术旨趣相外的种种意指，诸如对财富的拥有、对时间性的拒绝、对名望和成就的分享以及对个人品位的炫耀等等。

波德里亚关于消费社会商品特性的所有描述，在在都是将"经济"作为"文化"，"经济"本身即是"文化"。由此说来，我们根本不能像杰姆逊那样，从"商品的符号化"和"符号的商品化"导出"经济的文化化"和"文化的经济化"来。由于经济本身即是文化，"经济的文化化"之措辞便成了同义反复的废话。需要指出，波德里亚的"商品"（marchandise）一语就其未完成态说是"物品"（objet），而其完成态则就是严格意义上的"商品"，即被符号化了的"物品"，这时它已经不再是仅有使用价值的"物品"而是更具符号价值的"商品"了。波德里亚未予严格区分，理解的混乱如在杰姆逊当是不可避免。我们不想纠缠于如此的小节或细部，在波德里亚那里更严重的问题是，由于将生产与消费相对立，它们代表了资本主义发展的两个阶段，粗疏但概要地讲，"生产方式"的19世纪和"消费方式"的20世纪[1]，那么好像是处于以"生产"为中心之阶段的资本主义经济就无

1 乔治·瑞泽尔的一个概括性描述值得借鉴："消费所取得的核心位置表明了资本主义一个深刻的变化。19世纪，资本家全神贯注于对工人的调控，而对消费者则基本上不管不问。20世纪焦点移向了消费者，他们不再被允许对是否消费、消费多少或消费什么行使决定。"（乔治·瑞泽尔：《后现代社会理论》，第82页）但波德里亚关于生产与消费的划分，其力量与其说是时期性的，毋宁说是理论上的，因为例如早在19世纪中叶的英国伦敦，奢侈性消费就已蔚然成风。

文化性可言，至少比较于“消费”资本主义是不怎么地具备文化性，这是波德里亚刻意突出消费社会之独特性所必然付出的理论代价。历史地看，资本主义经济不是后来才演变为一种文化，它一开始就是一种新的文化；而若是逻辑地说，既然承认先于“消费方式”的“生产方式”在，那么它就如威廉斯的“生活方式”一样理所当然地归属于“文化”的范畴。不苛求于波德里亚，他毕竟在人类学的“文化”视角之外，为我们放大了经济活动在消费社会的“文化”属性，我们因而就可以断言，当今的经济是愈来愈显出其固有的文化属性了。对于人们的理解力而言，任何事物的本质都要有一个显现的过程。经济的文化本质当不外之。

既然经济的即文化的，那么以经济为主导的全球化当也是文化的全球化。我们知道有宗教上的传教士，有文化的传教士，如果将经济方式作为一种文化方式，那么可以说，也有“经济的传教士”，这不是比喻意义上的，这甚至是严格字面意义上的对经济作为一种文化方式、作为一种神秘的教义及其背后的神明的称谓。经济绝不仅仅是生产和交换的一种物质性活动，它是被实践出来的一种精神活动，是人类建构其生命意义的一种最本要的表现形式。就此而论，“经济基础”同时就是“上层建筑”乃至“意识形态”；“社会存在”如果不是纯粹的、自然状态的存在，而是社会性的、被社会化了的存在，那么同样道理它也是“社会意识”，是“社会意识”的存在性样态。这当然不是要否定“上层建筑”、“意识形态”或“社会意识”的相对独立性，必须承认，正是由于它们之抽身于“经济基础”并因而能够返观后者，将其作为一种被镜像、被反思的对象，经济实践才得以具有了更高程度的自觉性、目的性，进而文化性，即作为意义生产的场所。但如所周知，这只是社会分工的历史结果，而无伤于对经济做整体性的文化观照。

经济全球化的文化性首先来自于经济实践本身所赋有的文化内蕴。约翰·汤姆林森写过一部关于全球化与文化关系的专著，虽于此基本上未曾触及，而我们是觉得一项致力于从“文化”角度把握“全球化”的研究仿佛理应将此列入其议事日程，但其于“文化”和“全球化”的界定并在此界定中对二者关系的阐发则在另一条路线上揭开了全球化之内在的文化性或深刻的文化后果。这些定义，单独来看，其实都不怎么新鲜，甚至或有可能使人产生一种熟腻的疲惫：所谓“全球化”就是“解域化”（deterritorialization），就是“复杂联结”（complex connectivity）；而“文化”则是那总与一定的地域性相关联的日常生活实践。然就是这些皮相的老生常谈却在一个理论之相勾连中将他带入了隐藏于全球化深处的文化奥秘：他发现，全球化，“其文化影响的关键点在于地方性本身的转型”[1]，“解域化是……全球联结的主要的文化影响”[2]。他的意思是，全球化以其解域化而必然地重塑了文化体验所依赖的地方性，于是

1 John Tomlinson, *Globalization and Culture,* Cambridge: Polity, 1999, p. 29.
2 同上书 , p. 30.

全球化就一定与文化相关，可以进一步说，全球化本身即是文化性的。

但是接此我们必须强调和引申汤姆林森这里不太在意或者说在其先前的《文化帝国主义》一书为他所反对和嘲讽的一个关于文化主体性的理论：全球化既然作为一种“解域化”，究是具有“解域化”的行为主体的，如果不单纯是那个“文化帝国主义”，应该也包括反抗“文化帝国主义”的被殖民者的反作用力量。汤姆林森原本是不承认什么文化主体如民族、国家等的存在的，追随 B. 安德森（Benedict Anderson），认为那不过是虚构、想象和发明。而现在，他是终于看见了：“有一个简单而重要的事实，作为人类我们都是**被肉身化的和被身体地定位的**。在这个基本的物质意义上，文化与地域的联结永远不能被完全切断，地域性作为我们生命世界的物理环境将持续对我们行使它的要求。”[1] 这是一个根本而重大的转变——承认地域性的不可解除性，也就是承认了主体性与地域性的相始终。这是因为，地域性可远不只是庸常所以为的我们的立足点，我们的活动场地，我们的“身外之物”，等等；地域性通过不断地与我们发生种种交换活动，最终将内化为我们最本己的存在。可以认为，地域性是我们的肉身性和主体性，是我们的文化身体和文化主体。一句话，地域性就是我们的文化本体论。

由此，全球化便可以被更准确地描述为以地域性为其根本

1 John Tomlinson, *Globalization and Culture,* Cambridge: Polity, 1999, p. 149.

的各种文化之间的主体性竞争过程。哪里有“解域化”，哪里就有“再域化”（reterritorialization）；而无论“解域化”或者“再域化”，其中都必定充满着各种力量的矛盾、斗争和相互施加影响的努力。全球化之作为文化性的实质恰在于不同文化之间所发生的这种种的关系，对抗性的或协商性的；更明白地说，全球化的文化性恰在于它的“文化间性”，在于汤姆林森所谓的“文化影响”（cultural impact），即在于它的影响性，其越界影响和相互影响；虽然这对汤姆林森或许已经是不言而喻的了，但他似乎仍是不够重视或者不能重视，因为他曾经根本上是批判于此的，这样我们就仍需强化和伸张全球化的主体性方面：在很大程度上，即使说不是全部，越界的经济就是越界的文化，经济的主体也是文化的主体。

“文化间性”，“主体间性”，我们不怀疑，这些概念的提出是为了在不同的文化之间、主体之间建立对话性和交往性的关系，但这只是一种理想的状态。凡对话或交往之进行，必涉及两个前提性假定：第一是对自我身份及其特殊性的确认，第二则是对自我之局限的意识从而对他者的开放。当前解域化所引发的剧烈的文化冲突当来自于前者，即来自于自信、自我确证和自我中心的文化主体意识，而绝非是对他者的理解、对其异质性的德里达意义的“宽恕”，包涵了“先行给予”的宽恕。

全球化或者说就是解域化引发了文化间的冲突，如果说作为解域化的全球化内在地就是文化性的，那么我们也可以略嫌极端但仍是合理地说，全球化本身即意味着文化冲突。汤姆林森之文化地界说全球化在继续地启发我们由他出发、由他前行：文化冲突既是全球化的显在形式，更是它自身的内在构成或本质存在。进而文化冲突也必然涉及文化的自我辩护，即前述全球化的第一种假定。自我的确立依赖于对超于自我的一个普遍合理性的诉求。找不到一个合理性的支撑，自我的建构将是脆弱不堪的。这外于自我的合理性不可能出自于"文化"，因为"文化"显系人为，是二级的和派生的。德国文化哲学家李凯尔特指出："自然产物是自然而然地由土地生长出来的东西。文化产物是人们播种之后从土地里生长出来的。"[1] 基此自然与文化之本原性对立，李凯尔特意在发展"文化"作为"价值"的思想："在一切文化现象中都体现出某种为人所承认的价值，由于这个缘故，文化现象或者是被产生出来的，或者是即使早已形成但被故意地保存着……价值（wert）是文化对象固有的……所以，如果把价值和文化对象分开，那么文化对象也就会因此而变成纯粹的自然了。"[2] 对于我们来说，这"文化"与"价值"在本质上的同一性，或是二者在实践的传统中的统一性，即意味着"文化"不能援引"文化"来为自身的存在辩护；那么，"传统"呢？这要看是在哪一意义上的"传统"了：如果视"传统"为某种"精神价值"，那么"传统"就远不是自明的；而若是将"传

1 H. 李凯尔特：《文化科学和自然科学》，涂纪亮译，商务印书馆，2000 年，第 20 页。

2 同上书，第 21 页。

统”作为在一切集团内部为多数人的认可的“生活方式”或“习俗”,“习”久而成“俗”, 即“文化”取得了物质性的形态, 在此“传统”的自我辩护在主观上则已经逸出了作为“精神价值”之承载物的“传统”而以为“天人合一”了, 即这种辩护形式上诉之于“自然”而实质上则是那被文化化了的“自然”。但问题是, 一个被文化化了的“自然”就纯粹是非自然甚或反自然吗? 我们暂不管它, 因为它太复杂了, 太有争议了, 李凯尔特在其既相对立又相联系的意义上对“自然”和“文化”的界定,“文化”高于“自然”但又本于“自然”, 多多少少触碰到“文化”合理性自古以来就如此的论证方略, 即总是对一个悠远的“自然”的溯认。

前现代神化“自然”, 现代性似乎祛魅“自然”, 其实那是现象的“自然”, 在作为规律性、普遍性的意义上,“自然”仍是其最终的依据。以当代世界一个最基本的价值“自由”来说吧, 其论证在启蒙哲学家例如卢梭那里就是以“自然”为不可继续解释的即绝对的本体论的。请看他的名言:“人是生而自由的, 但却无往不在枷锁之中。”[1] 人的“自由”也包括“平等”[2] 是与生俱来的, 是生命存在的本然状态, 是所谓“天赋人权”。生命具有无上的权威, 我们可以由它来解释一切, 而它自身却是无需解释的, 它是自明的, 如斯宾诺莎所说的“自然”, 是以其自身

1 卢梭:《社会契约论》, 何兆武译, 商务印书馆, 1963 年, 第 6 页。
2 卢梭又言:“每个人都生而自由、平等”(同上书, 第 7 页)。

为原因的。这是卢梭格言所表达的基本意思，而联系于其法语原文的分析将向我们揭开卢梭所言的“生”与“自然”的同义，与生俱来的权利就是从无需证明的“自然”那里得到承诺的权利，“自然”的无可问辩的权威保证了从它那儿所得到的权利的无可置疑：

L'homme est né libre, et par-tout il est dans les fers.[1]

其中“né”是汉语所不习惯的一个思维“被生”，即生命是被给予的，但这个被动式中实质上又不存在施动者，生命是生命的自我呈现，因为这个“生”就是“自然”，是自行作为的。在法语中，“生”的原形为“naitre”，“自然”是“nature”，二者共有一个拉丁词根“na”。而在拉丁文中，“生”是“natus”，“自然”是“natura”，相似性则看起来更多一些。这种“生命”与“自然”的同源性暗示了它们在原初上的同一，它们根本上就是同一个东西。其他如“纯真”（naïf）、“民族”（nation）都与“生命”或“自然”具有微妙而可见的千丝万缕的联系。

全球化作为现代性通常即采取卢梭这样的合法性论述。一切原本属于西方文化传统和理想的东西，都被说成是本之于自然的，具有普遍的有效性。例如说，资本主义是“历史的终结”，

1 J.-J. Rousseau, *Oeuvres complètes*, Ⅲ, Paris: Gallimard, 1964, p. 351.

因为它反映了“自然”本身或人性“自然”的要求。[1]“文化”尽管由“自然”而来，如李凯尔特的定义所指示，但它毕竟经过了人的“耕作”，因而便不再等同于“自然”。文化间的相异性由此而生。全球化使相异的文化相遇、相冲突，而与文化冲突必然地相伴生的则是援之于“自然”的自我申辩。如果说全球化本身即意味着文化冲突，那么它同时也是意味着对“自然”的不同阐释间的竞争和斗争。全球化使古老的哲学问题“自然”和“文化”及其关系呈现出新的迫切性，当然还有新的复杂性和新的魅力。

以上我们只是从当代语境中挑选出三个突出的方面，消费，赛博客，作为解域化的全球化，以证实“自然”与“文化”作为一个问题的永恒的当代性。岂止是这些，在女权主义对男性话语的颠覆中，在对当前所发生的各种伦理道德问题如克隆人、堕胎和反堕胎、死刑之存废、乞讨的权利等等，在对环境问题的讨论中，在动物保护者组织那儿，其实在人的一切文化行为方

1 正是从人性论的角度，弗朗西斯·福山论证了“自由民主制度”作为“人类意识形态发展的终点”、“人类最后一种统治形式”和“历史的终结”的。在其《历史的终结及最后之人》一书中，他将“获得认可的欲望”作为“自由民主制度”的心理基础，借鉴于黑格尔，作为人类区别于动物的精神追求。他概述黑格尔的观点说：“人对别人的欲望也会有某种欲望，即人渴望得到别人的认可……作为一个具有一定价值和尊严的人而被认可。”（弗朗西斯·福山：《历史的终结及最后之人》，黄胜强等译，中国社会科学出版社，2003年，第7页）他也引述柯耶夫以为支持：“柯耶夫认为获得认可的欲望是人最基本的愿望。根据这个观点，他认为人类已经走到了历史的终点。对他来说，获得认可的欲望从人类第一场血腥战斗开始一直是历史的动力；由于人人平等的国家体现了完全满足这种愿望的相互认可，历史因此而终结。”（同上书，第326页）福山的错误是把人类一种普遍性的理想与某一具体制度等同起来，其结果要么是美化了资本主义制度，要么是贬低了人类的理想。

面，也就是说，凡有文化问题的地方，都有“自然”问题之存在，因为我们总是生活在文化的自然中或自然的文化中。没有无关乎自然的文化，也没有无关乎文化的自然，永远地“剪不断，理还乱”。[1]大概永远地去剪理“文化”与“自然”的问题将是人类难以逃脱的宿命。不过既然如此，我们倒不如当它为一项事业好了。

1 因此，威廉斯才说："虽然常被忽视，自然的观念却是包含了极其丰富的人类历史的。"（Raymond Williams, *Problems in Materialism and Culture: Selected Essays,* London: Verso, 1982, p. 67）

自然与文化的解构限度

——思考在德里达“之后”

解构对于自然与文化的意谓是一个被研究者，也被德里达相对忽略了的论题。其对话关系有待建立。本文跟随德里达将“自然/文化对立”作为一个语言学问题，即是说，将“自然”、“文化”概念与其“对立”作为能指，其所指当是自然本身。但能指总无法达到其所指，这对于自然和文化问题就意味着真正的自然处于一种无法表述的状态，表述不是呈现，而是遮蔽。解构将我们的注意引向能指的“不能”，引向“文化”对自然的抹杀；但舍弃“文化”，我们亦不能进入自然。解构的意义在于提醒，为了回到自然，我们需要对指谓它的“文化”做不断的反思。而这种不断的反思即是对自然的执着和信仰——若此，我们则是已经走出德里达了。

——阅读提示

没有不加引号的“自然”。这样的“自然”既是又不是我们所想望的自然，准确地说，它就是“文化”。引号内的“自然”包含着我们永远无从逃脱的暧昧、迟疑和无语。天，何言哉？！

——作者题记

•

显然，在其堪称后结构主义宣言的讲演“人文科学话语中的结构、符号和游戏”（1966年10月21日。以下简称“结构”），德里达并未认真对待今天是愈益迫切地需要回答的什么是自然、文化以及二者的关系这样重大的问题。他提到了一个足以使自然与文化之壁垒顷刻间土崩瓦解的例子，但这个例子，很遗憾，据他承认，“是被极其仓促地提起的”[1]。原因固然首先看来是技术性的，即，阐释自然与文化及其对立不是此文的目的，举例不过是一种手段，德里达借之以例证其后结构主义的基本主张；但稍加追究，事情远非如此简单，自然与文化问题在技术上被作为工具性的例子，其同时所涉及的就是后结构主义与关于自然和文化的传统观念之间在哲学上的深层关联。

在后结构主义看来，自然与文化不仅是哲学的，而且还是太哲学的问题。德里达指出，自然与文化“这一对立天生地就属于

1 Jacques Derrida, *L'écriture et la différence*, Paris: Seuil, 1967, p. 416.

哲学。它甚至比柏拉图都更老。它至少具有诡辩派的年纪。自从有了 physis/nomos、physis/techné 的对立，它就通过一条完整的链条一节节地传给我们。这个链条将‘自然’对立于法律、制度、艺术和技术。但同时也使它对立于自由、专断、历史、社会和精神，等等。”[1] 所谓“哲学”，在德里达，与“形而上学”同义，它是对本源、始基、永恒等问题的探讨，而“自然”从古希腊哲学以来就一直被作为这样处于第一位的东西，它是一切“文化”现象的最终解释，而其本身的合法性却不要任何外在的东西如文化来保证。德里达熟悉“自然”的形而上学史或者“自然”之作为形而上学的概念。如此而言，天生地属于“哲学”问题的“自然”就可能作为批判的靶子而被聚焦，但事实是德里达那永远占据上风的以“解构”为特色的“哲学”兴趣[2]又将他从“自然”问题中抽离出来。他的“哲学”征程确是穿过了“自然”，可那不是他的归宿，他想获取的是解构的原则。而“自然”由于其先天的形而上学性质，是无法成为他所孜孜以求的“解构”原则的。因此，“自然”即使一直被作为“哲学”，但到了德里达这儿它也只能是为了后结构主义哲学的“哲学”例证。“解构”不

1 Jacques Derrida, *L'écriture et la différence,* p. 415.

2 德里达的哲学被称为“deconstruction”，通常汉译为“解构论”，应该没有错误，但该译容易被混同于“解构主义”(deconstructionism)，而这是德里达所反对的。有批评家说：“解构就不是一个流派或一个‘主义’。没有‘解构主义’这样的东西：这是白痴的用词。”(Martin McQuillan 语，转引自 Nicholas Royle, *Jacques Derrida,* London & New Nork: Routledge, 2003, p. 24) 此论偏于一端，也不是德里达的意思。“解构”既建构也摧毁，因而可以说既“主义”又反“主义”。为避免误解，本文弃“论”而径译为“解构”。由于“解构”的双重意味，行文中有时也用“解构主义”。

是不要“哲学”，它不会天真至此，而是要去认证什么样的“哲学”；自然与文化之对立这样的“哲学”假定正是“解构”所要排除的对象。

自然与文化问题在德里达著述中，不仅在此处，也几乎在他所有的作品中，之被忽视，之被边缘化、背景化、工具化，因而就不仅仅是一次偶然的技术事故，原因来自于其后结构主义与自然和文化之对立观念的冰炭不容关系，是为德里达的立场所预先规定了的，不可轻易地予以解除。

但是，我们的意思决不是说，德里达对自然与文化问题的后结构主义探照就如蜻蜓点水，乏善可究，因而可以忽略不计。非也，德里达的忽视是刻意的，深刻的，有意味的，归属于解构的一个整体计划，是一种积极的哲学行动。在这个意义上，后结构主义与作为“哲学”的“自然”之间的批判性张力，却是为我们提供了一次不可多得的跟随德里达对自然与文化问题展开后结构主义分析的机会；但我们不是德里达，这种外于德里达的位置又使我们能够超越其对后结构主义的执着而可能从“自然”出发来反观德里达。虽然我们也同样不能多么地超越，但可能通过这种交互透视将“自然”从后结构主义“文字”的压制下解放出来，而同时也可能保留后结构主义“接缝”对“自然”的洞察。

这就是我们写作此文的位置优势，“思考在德里达之后”，这个“后”既是尾随在德里达之后，又是经过了与德里达一道思考之后的现在，在此时，我们应该是已经超越了德里达，当然这只是就原则来说，而实际结果则还要看我们究竟做得如何。让我们去努力吧，运气在上帝手中。

一、乱伦禁忌作为语言学批判

同任何会议论文一样，“结构”这篇提交给约翰·霍普金斯大学主办的“批判语言与人的科学”国际研讨会的文本，一方面是作者本人的，另一方面又是献给会议的。综合言之，是作者以自己的立场出发对会议主题的阐发。这就是此文的结构，它分作两个部分，第一部分侧重于提出作者自己的解构思想，第二部分则紧扣会议主题，将解构思想用于分析“人文科学”及其“批判语言”即简单说来“人文科学话语”的问题，这个问题的核心是任何“话语”都具有内在的自我解构性。后结构主义或者说德里达在本文中业已成形的解构思想，仅从第一部分的阐述看也绝不只是关乎语言的一种学说，美国解构主义者及普通学者将解构视作修辞性阅读或语言论批评只是对它的一种有限接受，但毫无疑问的是，对语言问题的关注，具体说，对索绪尔语言学的解构性引申，如果不能算是解构之真髓的话，那至少也是其最举足轻重的一个构件，是其揭露“人文科学”各种“话语”之内在机制的一个独特的切入口或透视角度。统观各种对欧洲形而上学的现代批判，解构虽不就是语言批判，但的确是以此而见长的。也难以怪罪美国人对解构的片面理解，德里达这篇标志着解构正式登陆美国的讲演，从其谋篇布局看，就是围绕着语言批判而组织起来的。德里达是否真正有意于此，可以另案研究，但或许是出于对会议的尊重，事实上他这一次就是如此做了。给人印象深刻的是，解构以语言批判开始了它在美国的“理论旅行”。这不能不说与德里达，更确切地说，与德里达此文的写作情况有关。

指出德里达此文的写作背景以及由此而打上的理论组织之特点，具有多方面的意义：例如说，它可以帮助我们看清解构是怎样地成为一种语言批判的；解构的其他主张，如果它不只是语言批判的话，与语言批判的关系如何，这涉及对德里达思想的整体性把握，如果我们还愿意承认在他有这样的整体性之存在的话；后结构主义对结构主义的承继与革新；后结构主义对“人文科学”之真理性的毁灭性打击；以及德里达本人为人为学的风格，等等。但对于我们意欲研究的自然与文化问题来说，其意义首先在于德里达在最为可见的层次上，当然不是在肤浅的层次上，将自然与文化的“对立”置于“语言批判”的论证路线。眼下并不需要太多的劳作，我们只要循着这条路线就可以看出我们在别的路线上不可能见到自然与文化所呈现的新的景观，其稳靠性和问题性，尤其是二者不可分解的并存与共生关系。

德里达之选择将克洛德·列维－斯特劳斯的文本作为解构的对象，当然是包括了他不怎么情愿承认的原因，一是列维－斯特劳斯所从事的“人种学”（ethnologie）当时在众多人文科学中所享有的特权地位（privilège），二是其中涉及的思想具有左右当代理论局势的力量，但更重要的是列维－斯特劳斯所创立的作为结构主义范本的“结构人类学”以之为基础的“结构”概念内在所包涵的自我解构因素。有一个不十分准确但并非不具任何针对性的说法，就是“结构主义引起了语言学转向，而后结构主义则引发了阐释性转向”。[1] 即使不是在或不想发动一场将语言学引向解释学的人文科学的转向，只期盼在结构主义堡垒中杀开一条血路的德里达也绝非不懂得选择突破口的意义。德里达深知列维－斯特劳斯在结构主义阵营中的主帅位置，更知道看准其破绽并出手于此所可能产生的重大效果。发现这个破绽就是德里达选取列维－斯特劳斯的决定性原因。而这则是德里达特别乐于承认的。其原话是说：“这尤其是因为在列维－斯特劳斯的著作中有某种选择被显示出来，有某种学说在此以某个方式，精确言之，以某一或显或隐的方式，被创造出来，这个学说关涉于人文科学中语言的这一批判和这一批判的语言。”[2] 两个指示代词，“这一”（一为阴性，一为阳性）承上而来，我们随后再论，而所谓“语言”的“批判”或其“批判的”性质，则就是语言的自我解构性，语言自身蕴涵着自我叛逆和自我分离的潜能或就是它的另一重要方面。对于列维－斯特劳斯来说，语言是同时具有建构性和解构性的，对此德里达不想也不能去反对，那是语言之本然，而让他倍觉兴奋乃至于狂喜的却是语言内部竟有解构性因素的存在，列维－斯特劳斯究底倾向于哪一面无关紧要，只要语言中有解构性一面的存在，只要列维－斯特劳斯的意识中有这一面的存在，对德里达也就足够了。他深信不

1 Victor E. Taylor and Charles E. Winquist (eds), *Encyclopedia of Postmodernism*, London & New York:Routledge, 2001, p. 217.

2 Jacques Derrida, *L' écriture et la différence*, p. 414-415.

疑，只要有解构性的力量，无论其多寡，它就有可能动摇和摧毁语言的狂妄自大和结构主义的结构神话。

在谈过关于自然与文化二元对立的一个例子后，前文提到，德里达以其仓促待之为憾，不过使他感觉安慰的是，这个例子，应该也包括对它尽管简短的阐释，“已经表明了语言自身是赋有它自己的批判的必然性的”。[1] 列维－斯特劳斯的结构主义特点，如一权威专家所概括，“是如何把现代语言学的方法用来分析非语言学的材料”，[2] 换言之，是对早期人类文化事实的语言学考察。而德里达，若是就此比较于列维－斯特劳斯，虽然也是用语言学的方法展开这里的对自然与文化对立的分析，但所不同的是，他更热衷于以自然与文化对立为例，展示语言的自我批判性质。分开说就是：其一，所要达到的目标不同，因而一为人类学家，一为哲学家；[3] 其二，所使用的方法亦有所不同，如果说，在列维－斯特劳斯是**结构的**语言学，那么德里达就是**解构的**语言学。对此，前引德里达的表白和我们的相关解说已早有明示，我们或许不再需要这样的重复了，即便为了做个总结以及为了某种加强作用。

---

1 Jacques Derrida, *L'écriture et la différence*, p. 416.

2 特伦斯·霍克斯：《结构主义和符号学》，瞿铁鹏译，上海译文出版社，1987年，第25页。与此类似的另一个说法是：“列维－斯特劳斯最先将索绪尔的语言学改用于社会科学”（Edith Kurzweil, *The Age of Structuralism, Lévi-Strauss to Foucault*, New York: Columbia University Press, 1980, p. 3），其中当然主要是人类学了。“他超越了索绪尔：从构成言说基础的法则和规定出发，他试图达到习俗、仪式、习惯和手势的起源处，达到所有其他的文化现象”（同上书，p. 231）。

3 列维－斯特劳斯“经常把抽象的观念转变为事实”（Edith Kurzweil, *The Age of Structuralism, Lévi-Strauss to Foucault*, p. 14），这就是说，他的兴奋点在事实而非理论。我们不否认列维－斯特劳斯的哲学兴趣甚至哲学贡献，但总体说来，他对运用理论于事实显得更在行一些。

既然如此，那就让我们即刻转向德里达对自然与文化问题尤其是二者的对立关系所展开的解构语言学分析或者“语言学批判”吧！我们的最终目标既不是/是/德里达，也不是/是/列维-斯特劳斯，但在以下的具体阅读中，让我们暂且地就是一回德里达吧！必也入乎其内，方才出乎其外。

首先应该看到，当德里达提到“自然/文化对立”（l’opposition nature/culture）以及这一对立先天地“属于哲学”（à la philosophie），更简单地说，当德里达使用“对立”和“哲学”这样的概念时，他似乎在叙述一种源远流长的关于自然与文化及其关系的观念，不错，但毋宁说，如果要更精确的话，其意则在将表达古老的自然与文化观念的“自然”与“文化”以及“对立”、“哲学”这些语言概念或者概念的语言性，这些语词之作为语言符号、之作为能指与所指的统一体，即是说，这些语词的符号性，置于解构语言学的解剖刀下。他想找出的不是“自然”和“文化”等概念的所指性，其真实的原本的意谓，而是其能指性，其作为能指而永远无法达到所指的能指性，这即是说，在德里达解构语言学的视域内，所有的能指都仅仅是能指，挣扎着抓住所指而终于不能，但即为能指，便处在永久的挣扎之中。用汉语言分解，能指不“能”，其“能”止为“潜能”，为不能真正实现的“潜能”，于是也就无异于“无能”了。这被剥夺了其“能”的“能指”，在严格的汉语言字面上说，将无复为“能指”，欲指而不能，求之而不得，如果不想让它继续徒有虚名的话，那就只能叫它一个“无物之词”，或者一个生硬但名符其实的称谓“不能指”了。法语词“signifiant”(“能指”)尽管毋如汉语之“能指”明确标出一个“能”字,但符号的指示功能也是运行和构成于其间的。很难判断德里达是否真地就想把能指削职为“不能指”,但可以肯定的是,通过指出能指之“不能指”则至少使它不再如我们一直深信的那样无所不能了。这是德里达在语言学上的解构“主义”图谋,而更深远的则是由语言学的解构通向那“哲学”即形而上学的解构,在此具体说就是,对“自然”与“文化”之传统形而上学观念的解构。但须牢记,德里达对形而上学的批判应当属于语言学一路的,以“语言批判”为特色,借“语言批判”而达到其形而上学之批判。“语言批判”是其形而上学批判的出发点,当然也是我们这里走进德里达文本世界的最佳入口,因为如前声明,我们首先是跟随德里达来阅读德里达的。

“自然”与“文化”如果作为能指,那么其传统之所指,即其通常之意义,即从古希腊哲学甚至更久远的思想流传下来的作为形而上学的概念,德里达从列维-斯特劳斯的《亲属关系的基本结构》一书里抽绎出来,就是:

> 那**普遍的**、自发的、不依赖于任何特殊文化以及任何一定规范的东西属于自然。相反,那依赖于某种调控社会并从而能够使此一与彼一之社会结构**相区别**的**规范**制度则归于文化。[1]

---

1 Jacques Derrida, *L'écriture et la différence*, p. 415.

这种定义的形而上学性，根据德里达的读解，主要在于它对自然与文化之间绝对二元对立关系的设定，依照这样的设定，凡自然的就不能是文化的，而凡文化的也不能是自然的。自然与文化之间在其根本属性上被认为是相互矛盾的、对立的和排斥的。但是，一个被列维－斯特劳斯称作“丑闻”（scandale）的东西陷此自然与文化相对立之观念于尴尬之中，德里达说，“这丑闻就是**乱伦禁忌**。乱伦禁忌是普遍的；在这个意义上我们说它是自然的；——但它也是一种禁忌，一种规范和禁律的系统——而在这层意义上我们又应当说它是文化的。”[1] 德里达紧接着又援引列维－斯特劳斯的原话以突显这种尴尬：“乱伦禁忌毫不含糊地呈现和不可分割地结合了这两种特性，而我们是已经承认其中存在着两个排他性秩序的矛盾属性的：它构成了一种规则，但是在所有的社会规则中，这是唯一同时具备普遍性之特征的一种规则。”[2] 乱伦禁忌砸碎了我们树立在“自然”与“文化”之间的界碑，将两个一直以来就是各自为政的或者相互敌对的王国合并为一。它是文化的，但文化的特殊性在这儿消失了；它是自然的，但又是人为的，是人制定出来的禁忌系统，因而具有文化的特性。在相互对立的“自然”与“文化”面前，乱伦禁忌的归属于是成为一个问题。然而以此为例，德里达的兴趣并不在揭示乱伦禁忌的矛盾属性，而是乱伦禁忌向“自然”与“文化”之

---

1 Jacques Derrida, *L'écriture et la différence,* p. 415.
2 同上书 , p. 415-416.

对立观念所提出的语言学挑战。依照德里达，其实“矛盾的”不是作为事实性存在的“乱伦禁忌”本身，那是原始社会“文明”的生活方式，是以实践品格为特征的信仰、习俗、人伦或笼统言之文化生活，而是作为能指或符号的“自然”与“文化”之无法完成其“所指”功能，即是说，被以形而上学方式所规定的“自然”与“文化”概念不能解释“乱伦禁忌”这种文化事实。根据康德，“自在之物”（Ding an sich）立足于自身之上，完满无缺，它无待我们的直觉、经验、表现和知识而“自得其乐”。转用于这里说，“乱伦禁忌”作为文化事实以其事实性而存在，以其自身而存在，无假于外在于它的观念性反映。如果说在观念与事实之间出现问题的话，那责任则总在观念一方。观念不能改变事实本身，而只能改变观念中的事实，因而观念就只能改变观念自身。事实无咎，德里达要问责的是观念的一方，概念的一方，是“呈现”事实的一方，也可以暂且有所保留地说，是符号或能指的一方。

能够看到，德里达对列维－斯特劳斯“乱伦禁忌”之归属难题的解析，所依据的正是我们这里所发展的事实与概念之张力模型。且看德里达是如何围绕着这一理论轴心而展开他的讨论的，——为方便计，我们就不避烦冗地做一完整的引录吧：

> 显然只是在信任自然与文化之差异的概念系统**内部**才有丑闻可言。当列维－斯特劳斯从乱伦禁忌的**事实**（*factum*）而开始其工作时，他就是将自己置身于这

> 样一个点上，在此一直被以为不言而喻的此一差异却发现它自身被抹去或被质疑。因为，一旦乱伦禁忌不再在自然与文化对立之内去思考，人们就不再能够说它是一个丑闻性的事实，一个处于某种透明指意网络之中的不透明的内核。它将不是人们在传统概念领域之内所见所遇的一种丑闻；它是那种逃避了这些概念、肯定是先于它们并且或许是作为其可能性之前提的东西。人们没准儿能够说，以自然与文化之对立而造成系统的整个哲学概念性之被创制出来，就是为了让那一使之变得可能的东西即乱伦禁忌的起源陷入不可思议的境地。[1]

用不着多么费力的推敲就可以发现：根据德里达的叙述，存在有两种乱伦禁忌，一是作为“丑闻”的乱伦禁忌，一是作为“事实”的乱伦禁忌。作为“丑闻”的乱伦禁忌是由一个“概念”系统、一个哲学的“概念性”或曰“概念化”[2]生产出来的，因而也可以说它是一个“概念性”或“概念化”了的乱伦禁忌。以汉语的“丑闻”来传达法文的“scandale”，由此看，就是一个传神的翻译了：乱伦是否在价值上被判定为“丑”，取决于它是否被

1 Jacques Derrida, *L'écriture et la différence,* p. 416.

2 阿兰·巴斯将法文词“conceptualité”（概念性）译为英文的“conceptualization”（概念化），显然缩小了原词的语义范围，但也无疑是突出了其最主要的方面。我认为，原词包括了其作为概念所可能具有的一切性质。（See Jacques Derrida, *Writing and Difference,* translated, with an introduction and additional notes by Alan Bass, London and Henley: Routledge and Kegan Paul, 1981, p. 284）

“闻”知，是否被作为一个意识和认识的对象，因而要建立某种社会制度来禁止，——这是哲学的发端，也是文化的开始。“自然 / 文化对立”也依赖于同样的哲学或文化，它是被“概念化”了的东西，只在“概念”中存在；因而说到底，虽然德里达将它作为“乱伦禁忌”的哲学前提，即是说，只有依此二元对立概念去构想，才可能有“丑闻”或“乱伦禁忌”这类说法，但它就是与后者属于同一级别的概念，甚至也能够说，“哲学”、“文化”、“概念性”、“自然 / 文化对立”与“丑闻”或“乱伦禁忌”等等都是同一个东西，至少是可归入同一亲族系统的东西。

作为“丑闻”的乱伦禁忌，因其以“概念性”为先导，便遮蔽了那一作为“事实”的乱伦禁忌，它仿佛就不存在似的，确切地说，是对我们、对我们的认识的缺席状态。德里达首先肯定了它作为“事实”、作为“不透明的内核”的存在；第二，推断了它之作为康德“自在之物”那样的存在。它逃避了哲学的“概念性”因而不为我们所掌握，但如果没有它隐性的存在，哪里会有显现性的概念呢？康德不能设想一个没有显现者的显现，德里达此处也不能设想一个无概念对象的概念化。乱伦禁忌之作为“事实”的存在是它之可能被“丑闻化”为“乱伦禁忌”之终极性的根源，这是“自在之物”对于现象界的决定作用。哲学的“概念性”使那作为“自在之物”的乱伦禁忌变得无以致思，而那能够被致思的“乱伦禁忌”又不是本源性的“乱伦禁忌”。作为“事实”的乱伦禁忌或者说在其起源处的乱伦禁忌无疑是存在的，只是被一个来自于它并以它为对象的即德里达所谓的“概念性”所涂抹、所粉饰、所伪装、所变形而陷入不可思议之境。“道可道，非常道；名可名，非常名。”老子这一睿智的千古绝唱，以及公孙龙子与此近似的命题，“‘物’莫非指，而指非指”，所表达的也是德里达这里所揭示的“事实”与“概念”之间的矛盾关系。“概念”之职能本是要道出“事实”的，但是“事实”一经被“概念”所道出，就不再是其本源处的“事实”了。或按照德语的思维，“概念”（Begriff，来自于 greifen）当是要抓住什么的，但在它抓住的瞬间，那被抓住的也从指缝里倏然溜走了。“概念”的悖论在于它不能放弃其职能，否则便不堪为“概念”，但又无法彻底地履行其职责，否则它就等于“事实”因而又是自我取消。这就是“概念”的自我解构性，它是先天性的、构成性的，是其死亡亦是其生命，无可救药亦无需救药。

扩大言之，这里由乱伦禁忌所例示的“概念”的自我解构性，也就是前文已经提出的“语言批判”或者“批判语言”（原文分别为 cette critique du langage 和 ce langage critique，前引译为“语言的这一批判”和“这一批判的语言”，现做了浓缩处理），即一切“语言”、一切“话语”都内在地具有的自我解构的趋向。在纯粹的“语言批判”之中，与“乱伦禁忌”所暴露的“概念”与“事实”相对应的是，德里达在此事例阐释之前所理论性地规定的“能指”与“所指”。两组概念同属于一个“语言批判”的战役，并且具有同样的性质，即语言的自我批判精神。虽说二者并不能完全重合，例如前者多有传统哲学的渊源，而后者则纯粹来自于结构主义语言学，但显然德里达是将它们做了缝合性处理的，即将前者语言化，将后者哲学化。关于“能指”与“所指”的矛盾性关系因而“符号”的自我解构性，德里达是这样论述的：首先，给出符号或能指和所指的定义，并指出其分立和分离性关系。他说：“‘符号’的意谓总是被理解和规定为某物的符号 (signe-de，直译是“……的符号”——引注)，指向某一所指的能指”，因而就是“不同于其所指的能指”。[1]但是第二，“如果有人要抹去能指与所指之间根本性的差异，那么他也应该将能指一词本身作为形而上学的概念予以抛弃。”[2]这就是说，如前分析，能指尽管是“不能”或“无能”于所指，是“不能指”，但这是它本质性的规定，是它的宿命也是它的生命。如果能指之“能”足以使它等同于所指，那么这也就是它的末日了。德里达断言，像列维-斯特劳斯那样试图在符号的层次上超越“感性与知性之对立”（l'opposition du sensible et de l'intelligible）是万万不可能的，因为“符号的概念就是为此对立所决定的：在其一切方面并贯穿于其整个的历史。它只以此对立及其系统为生。”[3]符号内涵有其不可解除的对立，能指与所指的对立，感性与知性的对立，意识与无意识的对立，符号与其指称对象的对立，语言与其言说的事物的对立，等等；符号或整体地说语言由于这种作为其生命的对立和矛盾而处于地久天长的自我解构之中。这就是德里达欲以阐明的“批判语言”或“语言批判”，——值得再次提示，在此是理论性地，而在前是例证性地。

---

1 Jacques Derrida, *L'écriture et la différence,* p. 412.

2 同上。

3 同上书，p. 412-413.

二、被“游戏”的乱伦禁忌

但无论在前在后，“语言批判”都始终是德里达此论文的最终目标，至于我们所拟寻找的“自然”和“文化”则是被作为一个小小的事例信手拈来又匆匆地丢弃。不过若是细细地打量来，这只是发生于文本层面的“事件”。我们无权要求前人给我们现在的问题提供全部的、翔实的答案；经典之所以作为经典，诚然在于它能够超越时代而不断地对后人说话，但那决不是代替后人说话，而是通过后人而说话，即经典的生命是它之被阅读、被解释，之被置于与后人的活的对话之中。以此而观德里达之论自然与文化，需要的就不是他于字词上说过什么，而是他可能说了什么但又未被我们觉察；这里具体而言，重要的是后结构主义“语言批判”与自然与文化问题的“相遇”。这种“相遇”在德里达的写作意图上是以“自然/文化对立”之“例示”“语言批判”中的“批判语言”，而出乎德里达所料的另一面则是“语言批判”之对自然与文化问题的可能的理论启示。我们需要做一个逆德里达的研究，这种方向的也是方法的转变将会使我们看到理论本身未做的常常是，虽然并不总是，要比它已做的更有兴味，也更有意义。做那未做的充满着冒险和风险、挑战和刺激，当前的诱惑和价值。

把后结构主义作为一种方法，把自然与文化问题作为它的一个对象，那么我们首先看到的将是自然与文化问题之被后结构主义化、之被纳入后结构主义话语以及由此而呈现的新的面貌。其实嘛，当德里达将自然与文化对立、乱伦禁忌作为其“语言批判”的例证时，这一点就已经隐隐约约地透露出来了。任何“相遇”，无论哪方为主动或被动，将都是相互照亮、相互说明，甚至相互点燃。在其相遇中，自然与文化问题并不老实地听命于那德里达的调遣，并不安分于那德里达所派给它的作为例证的角色，当它被用于解释后结构主义之真谛时，它也恣意地享用了后结构主义对它的殷勤解释。让我们从对位处自然与文化对立点上的乱伦禁忌的继续分析而开始吧！说“开始”不过也是“继续”，“开始”于“继续”中，因而也就不存在“开始”了。在一个无名的地方，我们早已开始。

在古典符号中或在德里达所谓的“在场形而上学”中，“自然”就是被列维-斯特劳斯置于与“文化”相对立的代表着本来如此、普遍适用的东西，而源出于它的“文化”则意味着流变、多样和差异。如果守着“自然/文化对立”这一经典范式，如果不遭遇“乱伦禁忌”的挑战，如果不越结构主义语言学之雷池一步，我们可能就一直与“自然”的传统指谓相安无事下去。“自然”总是在我们之外，与我们平行，与我们相对。我们当然可以“人化”自然，但这是先已假定了自然之于“人化”的外在性，而且即便自然最终被“人化”了，也就是说，成为我们的世界，成为“文化”，那仍是有一个“自然”确确实实地外在着，与之遥遥地相对着，无论它是被征服了的抑或未被征服的自然，否则“文化”便无以成立了。我们不能去设想只有“文化”而无

"自然"，或者反过来，只有"自然"而无"文化"，二者一在俱在，一无俱无。这就是那个仿佛牢不可破的包括了自然与文化对立的二元论矩阵。"自然"与"文化"的相互依存，其中"自然"的不可祛除性，极易造成一种幻觉，似乎"自然"独立于"文化"之外，为不以我们的主观意志为转移的客观存在。结果很奇怪，从自然与文化的对立和依存竟可以导出"自然"与"文化"无关的结论。与此相反，德里达的工作，如果说他虽不持之以恒然亦非全然无心的话，则是试图证实"自然"的文化性，没有自然的"自然"，而只有与"文化"相对立、相依存的"自然"，即"文化"的"自然"。"自然"一开始就很文明，面对我们，它从不裸身。

揭开"自然"的文化性，德里达的思路是，首先，将"自然"能指化，但与"自然"与"文化"无关论者所不同的是，在他"自然"之作为"能指"决非透明的，与其"所指"是重合的，即是说，能指不指向所指，如前所及，能指不"能"，"自然"不是自然。他指出，"绝对之现在、自然，以及像'真正母亲'一类词语所指谓的东西，等等，总是已经躲避了，从来就不存在。"[1]那么，"自然"藏匿到哪儿去了？在其《文字学》中，德里达揭露给我们看的是"文字"（écriture），它是"作为自然在场的消失"[2]，这即是说，"自然"躲藏并消失于"文字"之中，在此"文

1 Jacques Derrida, *De la grammatologie,* Paris: Minuit, 1967, p. 228.
2 同上。

字”可不是我们所希望的透明的能指，毋宁说它是那能吞噬一切物质的黑洞。如果可以视“文字”为“文化”，那么这也就是说，“自然”消失于“文化”之中，消失于自然与文化的对立之中，即离开了文化我们便无从谈论“自然”，此其一也；其二，即使循着“文化”的路径却也未必就能保证进入“自然”。我们暂不提起进一步的德里达的理论，就拿乱伦禁忌来说吧，什么是“乱伦”的“自然”呢？而什么又是“乱伦禁忌”的起源？“乱伦禁忌”除了是“丑闻”之外还能是别的什么吗？我们已经谈过德里达在“结构”一文的分析，现在我们来看《文字学》：“节日**本身**就是乱伦**本身**，假如**本身**这样的事情能够发生的话；假如有乱伦发生，乱伦不会去证实禁止；如果乱伦被禁止，那它只有承认禁止才能成为乱伦。”[1] 我们已经说过，在德里达存在有两种“乱伦”，事实性的与概念性的。这里所谓“乱伦**本身**”，就是事实上发生的乱伦，这也可以说是自然的乱伦或乱伦的自然，但是这样的乱伦又不是我们所称的“乱伦”，因为没有“禁止”，没有“约束”，没有“秩序”，没有“亲族关系”的概念，即使有乱伦发生了，它又是乱了哪家的“伦常”呢？“乱伦”依赖于“禁止”，依赖于伦理制度的建立，依赖于对“禁止”制度的遵从，依赖于“丑闻”，即是说，依赖于“文化”，进一步，依赖于自然与文化对立的二元论话语。既然“乱伦”必须依赖于种种他者但独独不能依赖其自身而存在，那么当然也就不可能存在什么“乱伦**本**

1 Jacques Derrida, *De la grammatologie,* p. 376-377.

身”了。德里达假定了作为“**本身**”和作为“禁止”的两种“乱伦”的存在，但最终又通过“禁止”的“乱伦”或者说“乱伦禁忌”而悬疑和取消了“乱伦**本身**”。对于我们欲寻找“自然”的写作意图而言，德里达的“乱伦禁忌”事例显然是宣布了“自然”的终结，一切我们所谓的“自然”都不过是“文化”的发明，如果说有“自然”存在，那它也只能是一种形而上学的设定和推论。我们去迎接“自然”，“自然”却因我们而消失，甚至能够说，这个世界自从有了“我们”，“自然”便从我们的视线中沉没了。是“我们”驱逐了“自然”，是“我们”杀死了“自然”，是“我们”的“注视”驱逐或杀死了“自然”。

在自然与文化对立的二元模式中，“文化”虽不是“自然”，但它证实“自然”，二者以其相对立而存在。这在康德哲学中就是，“自在之物”不是其“显现”，但“显现”则证明有“显现者”即“自在之物”存在。德里达不同于此，在他看来，“文化”或“显现”对于“自然”或“自在之物”的关系决非镜像式的和表征性的，如果说前者也镜像或表征后者，那么这镜像或表征则表现为一个永无完结的“增补”、“异延”和“游戏”之过程。既然镜像或表征总是处于未完成态，既然“自然”或“自在之物”总是不能被镜像出来、表征出来，那么与其说这镜像、表征是对“自然”、“自在之物”的镜像、表征，倒不如说是遮蔽、隐藏，是幽禁，是封杀了。“自然”不是被呈现于“文化”，而是死于“文化”，死于“文化”对它的“增补”、“异延”和“游戏”之“镜像”或“表征”。

在"结构"一文，我们早已知道，"乱伦禁忌"曾被用来例证"语言批判"，而在《文字学》一书，"乱伦禁忌"则极为难得地被反过来置于"语言批判的视域"，这是仅见的一次："即使我们所谈论、所称谓、所描述的有乱伦禁忌之名的东西也不能逃脱游戏（jeu）。"[1]这"游戏"是"增补性之游戏"（le jeu de la supplémentarité）[2]，"在此增补性之游戏中，人们将总是能够把替代物与其所指联系起来，而后者将仍是一个能指。基本之所指、被表征之存在的意义，更不要说物本身了，将永远不会在符号之外或在游戏之外亲身地（en personne）给予我们。"[3]

要理解乱伦禁忌是如何被"增补性"所"游戏"的，当先知晓何谓德里达意义上的"增补性"或"增补"（supplément）。作为借自于卢梭的一个概念，"增补"首要地与"文字"的作用有关。我们知道，"言语"是"思想"的表达，而"文字"则是对"言语"的书写；但是依据德里达的阅读，"卢梭谴责文字是在场的毁灭，是言语（parole）的疾病。"[4]德里达通常不在"言语"与"思想"或"在场"或"逻各斯"之间做实质性区分，这使他得以将批判的注意力集中于"文字"与"在场"的相互矛盾上。他发现，如同列维－斯特劳斯，在卢梭的思想深处总是充溢着"对鲜活的言语的颂扬"（l' éloge de la parole vive）[5]，而

1 Jacques Derrida, *De la grammatologie*, p. 376.
2 同上。
3 同上。
4 同上书，p. 204.
5 同上书，p. 203.

这“颂扬”同时还带有恐惧，带有对不可亲近之对象的畏惧，是之谓“敬畏”。卢梭惧怕社交，惧怕即兴演讲的风险，另一方面也怀疑有言无不尽之可能，他因而退居于“写作”，也就是“文字”，在离群索居中可以从容不迫地推敲词句；他怀着一种期望，这推敲过的“文字”将能够使他重返“在场”，重返他躲避了的“言语”场景。他对“文字”的感情是矛盾的：它既是“在场”的毁灭，又是对“在场”的拯救；既是“言语”的疾病，也是对此疾病的治疗，是对因此而濒死的“言语”的复活；要么，就一个字，“药”，——是柏拉图的“药”（pharmakon），毒药兼作良药。对于“言语”和“在场”，如此来说，“文字”的作用便是既消极而又积极，准确地说，是“消极”与“积极”的相与为生和同时发生，“消极”即是“积极”，而“积极”亦即“消极”。就其“消极”言之，其一，“文字”不过是对“在场”和“言语”的再-现，是从属性的、派生性的，是柏拉图所贬斥的“摹本”或代用品，它永远不可能是“理念”本身或原作、正品等；而这“消极”所为又何尝不是一种明知其不可而为之的“积极”作为呢？知其不可而为之当是沛然有于无奈之中又不甘堕落的心志，但这种“积极”的作为和悲剧式的英雄主义气概则又注定是“消极”作用的，此其二也，即后果上的“消极”，如果说前一点是本性上的“消极”的话，因为“积极”的“文字”只要不甘于其对于“言语”和“在场”的从属地位，它就会造成僭越，越出其分、取而代之。卢梭退隐于“写作”，但那是为了更好地表现自我，“文字”不过是他以退为进的战略选择。“文字”，“这危险的增补……”(“ce dangereux supplément...”), 卢梭如此称呼“文字”。其危险性首先是它可能因欲取而代之而致“在场”的毁灭,“在场”消失了,“文字”试图宣布它自己就是“在场”和真正的“言语”;但是一旦其危险的把戏被揭露,“文字”便不能不复归其从属性的本位,它仍然是消极的,即在第一层意义上的“消极”。这就是“文字”的尴尬:它只要想“积极”起来,就必然终于“消极”;而另一方面,它只要自甘于“消极”,自甘于无能于、无份于“言语”,那它便是失“职”,自我否定和自我取消了,它因而不能不旋即“积极”起来。这就是说,处“消极”之位,则有“积极”之势。“积极”消极,“消极”积极,无论怎样,都是“文字”之作为“文字”、作为外在于“在场”和“物本身”的符号所必需的,这是“一种性命攸关的必需,被铭刻在符号的功能之中”。[1]

从“文字”或“符号”的功能方面来界定,“增补”具有双重的含义:一是添加,二是替代。案,法文“supplément”即具备这双重的意指;而汉语之“增补”亦然:“增”是“增加点什么”,“补”是“补(那)(空)缺”。“增加”或“补充”虽不必然意味着替代,但总也有着“替代”的可能。而“文字”的自大狂是常常将这可能转变为现实,由“逼真”而“乱真”、而“当真”、而“成真”。德里达对此高度警觉:“增补增补(第一个“增补”为名词,而第二个为动词——引注)。它添加只是为了取代。它

1 Jacques Derrida, *De la grammatologie,* p. 208.

插进或混入某物之位置；如果它填补，那就像是在填补一个空缺。”[1]。德里达措辞微妙，值得玩赏：

> Mais le supplément supplée. Il ne s'ajoute que pour remplacer. Il intervient ou s'insinue à-la-place-de; S'il comple, c'est comme on comple un vide.

动词“supplée”乃一语双关而趋向于“supplement”之第二义项，即第二句之“remplacer”（取代）。“supplée”和“supplément”二词的同源性和字形上的接近既设置了一个诱人误解的陷阱，又是在提醒注意“增补”的“替代性”趋向。“s' ajoute”（添加）和“remplacer”（取代）两词解开了前设之谜团，又点明了“添加”与“取代”的次第关系。“à-la-place-de”原为介词词组，意为“取代”，但被加上了连字符，让其作为名词，这显然是想突出“增补”意欲占据之位置，即是说，“remplacer”——其字面意思是，“换位”；而该“位置”之所以被“增补”所觊觎，乃是由于它似乎是一个“空缺”（vide, 既是名词又可作形容词，暗指那个位置呈“空缺”之状）。这些“文字”真可谓匠心独具，环环相扣，步步设局，直要逼出缺席的“在场”了。

闲话少叙，对于理解“乱伦禁忌”如何为“增补性”所“游

---

1 Jacques Derrida, *De la grammatologie*, p. 208.

戏”这一问题，在此最关键的也许只是德里达关于“增补”最核心且又最简明的一个表述——“它添加只是为了取代”，因为这一描述或论断既区别又联结了“增补性之游戏”的两个阶段或两重工作。既然“增补”是文字的职能，那么在“增补”之光中的“乱伦禁忌”当然也是如文字那样地作用。而如果说“乱伦禁忌”就是如文字一样的“增补性”，那么它又呈现什么、代表什么？“添加”给谁进而又“取代”谁呢？“乱伦禁忌”作为“词”、作为能指，它究竟指向何“物”、指向哪一所指呢？这首先是人类学家的问题，在此层面上，“乱伦禁忌”是对亲族关系的认识和规定，准确地说，是“一**神圣**之律法”（une loi *sancrée*）[1]。这律法是人制定的，但它又是神圣的，因为它代表了对本真的亲族关系的认识，代表了神所钦定的亲族关系准则。这于是，第二，也是一个哲学家的问题。在西方形而上学传统中，“乱伦禁忌”作为“律法”的“神圣性”乃是由于它指谓了一个无所不在的“在场”，一个确定不疑的起源，一个对于“人伦”具有绝对支配意义的“天伦”，等等。而出现为人的“律法”的“乱伦禁忌”则不过是为了证实这“在场”或起源或天伦的神圣性、唯一性和绝对性罢了。它是一个中介，而且一个透明的中介，虽处在人神之间但因无“我”、不设“我”为障碍而使人神透明地相遇并一体化。这就是德里达所揭露的，“它添加只是为了取代”。在此意义上的“增补性”就是柏拉图以降全部形而上学的

1 Jacques Derrida, *De la grammatologie*, p. 373.

秘密。它假定有外于它的一个不可捉摸的存在物，因其不可捉摸而有了“添加”即“书写”和“呈现”之必要，但它“添加”之目的则是为取得与那一存在的同一，也就是最终取而代之。然而，取代的雄心总是受挫。它本就是形而上学所吹出的蛊惑人心的五彩气泡。依据解构之文字学，在“文字”的“增补性之游戏”中，“增补”以为实现了对“基本之所指”的取代，但是它所取代的不过是另一个能指。继续以伦禁忌为例，作为一个能指它似乎应该指向一个自然的、普遍的、先验的亲族关系，处身这一语境的人们相信这就是它的基本所指，而事实上这个“基本之所指”仍是他们对于构成乱伦禁忌之各种要素的整合性认识或信仰。认识来自于认识，只要认识不是其认识对象。认识为符号所表示，因而这话也可以说成，符号来自于符号，只要符号不就是它所表达之物。符号既呈现，也遮蔽，呈现于另一符号，因而就是遮蔽，真理、事物、本质等等于是就被一个无尽的符指链所无限地“延异”了。“增补”即“延异”，而非彻底的“取代”。“延异”从不彻底。

以上关于乱伦禁忌的文字学分析，完全适用于自然与文化的关系问题。这在德里达是显而易见的，例如他在《文字学》中说：“社会、语言、历史、音节，总之，增补性，都是与乱伦禁忌一起诞生的。”[1]乱伦禁忌是一种增补性，其中我们通过对“自然”的“增补”而建构了我们的“语言、历史、音节”，因而“增补”

1 Jacques Derrida, *De la grammatologie,* p. 375.

是“文化”,“乱伦禁忌”、“丑闻”是“文化”,“自然”在文字学语境内,即就其作为能指,也是“文化”。一切都是“文化”,反过来,“文化”就是一切;如果依此思路,德里达当然要说“文本之外无一物”(Il n'y pas de hors-texte,直译为“没有外文本”亦可)[1]了,在此“文本”一词是可以替换成“文字”、“增补”以及“增补性”等等[2]的。返观前述“自然/文化对立”之似乎不刊之论,假定“文化”之外真无一物,那么此种对立将无复存焉。“文化”是文化,“自然”亦是文化,所谓“自然/文化对立”将变成“文化”内部的事务了。这不是我们的推论,德里达反复宣告如前引之“自然”“从来就不存在”,如“源泉的声音是听不到的”[3],如“符号系统没有外在(dehors)”[4],如“没有什么先于它(隐喻——引注)的本义”[5],如“从来就没有对事物本身的描画,这首先是因为就没有事物本身(chose même)”[6],如“名为起源的东西只不过是位于增补系统中的一个点”[7],如“一切都开始于复制”[8],等等,不胜枚举。

这些颇显武断的宣示极易造成误解,似乎在解构之中自然、起源、事物本身、外在世界等等都被排挤了出去,只剩下单纯的

1 Jacques Derrida, *De la grammatologie*, p. 227.
2 同上书, p. 228.
3 同上书, p. 36.
4 同上书, p. 332.
5 同上书, p. 391.
6 同上书, p. 412.
7 同上书, p. 345.
8 Jacques Derrida, *L'écriture et la différence*, p. 314.

"增补性"、没有原本的"复制"、总不及物的漂浮的"能指"，德里达因而常常被指责是虚无主义、相对主义、反理性主义、反哲学、反启蒙，例如哈贝马斯在其"超越时间化的起源哲学：德里达对语音中心主义的批判"一文中，尤以戏谑中透着阴毒的快意之口吻（要记住德里达的犹太身份！）将德里达的"元文字"（archi-écriture）[1]概念漫画为"犹太教神秘主义"——这种古老的传统，简单地说，就是不相信有什么本真的权威的"圣经"，一切都在注释性的口传经文之中，这也就是尼采所说的，"没有事实，而只有阐释"——其严重的后果将是，真理被解释它的话语垃圾所淹没：

> 德里达那被文字学所缠绕的元文字概念——其踪迹愈是难以辨认，则愈是唤起解释——将神秘的传统概念更新为**被延异着的**启示事件。宗教权威唯当其蒙上自己的真实面孔并激发起解释者破译的狂热时，才能保住其力量。被迫切地追求着的解构是延续传统的悖论性工作，其中救赎的能量只有通过被消耗才得以更新。**解构的工作使解释的垃圾堆愈见其高**（此处黑体为引者所强调——引注），而解构本是想清除这个垃圾堆，以使那被埋没的基础显露出来的。[2]

1 Jacques Derrida, *De la grammatologie,* p. 83.

2 Jürgen Habermas, *Der philosophische Discurs der Moderne,* Frankfurt a. Main: Suhrkamp, 1996, S. 216.

哈贝马斯主张这个基础（Fundamente），有种种的别名：

> 德里达意在超越海德格尔；幸运的是，他又回到了海德格尔的后面。犹太教和基督教传统的神秘经验之所以能够发挥其爆破力、其对体制和教义进行清洗的威慑力，乃只是由于，在这些语境中它们依然与一个隐蔽的和超越于现世的上帝保持着联系。一旦被切断其与中心光源的联系，种种的解释则将变得凌乱不堪。[1]

这对德里达的反解释学批判，倒是反过来有可能将作为批判者的哈贝马斯定格为伊斯兰原教旨主义者，如果我们也在宗教领域内选取辞汇的话。[2] 其实，德里达的位置既不在犹太教神秘主义，亦不在伊斯兰教之原教旨主义，而是处于两者之间的

---

1 Jürgen Habermas, *Der philosophische Discurs der Moderne,* Frankfurt a. Main: Suhrkamp, 1996., S. 216-217.

2 由于对有时被称为“上帝”或“中心光源”的“真理”之存在的深信不疑，哈贝马斯的立场就只能是，要么革除在本质上是多余的一切解释，要么仅仅保留一种解释，它是一切解释的终结，因为它与神的“话语”同一。选择前者将有悖于他作为哲学作者的职业生涯；选择后者将导向任何形式的原教旨主义，哲学上的或宗教上的。罗蒂指出：“哲学书写，对于海德格尔，对康德派也一样，其真正的目标当就是对书写的终止”（Richard Rorty, ‘Philosophy as a Kind of Writing’, in Zeynep Derek & Leonard Lawlor (eds), *Jacques Derrida, Critical Assessments of Leading Philosophers,* vol. II, London: Routledge, 2002, p. 170）。“书写”即“解释”，因而终止“书写”即终止“解释”。哲学家的梦想从来就是做最后一个解释者。用罗蒂的话是，做出“最后的再解释，即最终的正确解释”（the Last Reinterpretation, the right interpretation at last. 同上）。哈贝马斯之反对“书写”和“解释”，与以往的哲学家没有什么不同，要么是出于绝对自信，即只相信自己的解释，要么就是本质主义的幽灵在作祟。但说到底，绝对自信也是一种本质主义，不过打上了个性的色彩而已，因为是本质主义在背后吹胀了这种绝对自信的个性。

一个点上，这个点被德里达描述为一种既是“裂缝”又是“连接”的“接缝”（la brisure）。“接缝”的概念在德里达仍然首先是语言学的，确切地说，是“文字”学的。他解释说，“接缝表明了符号、能指与所指的统一体不可能产生于一个现在、一个绝对在场的完满性（plénitude）之中。这就是何以不存在完满的言说，尽管人们是多么愿意借助或不借助精神分析来复原它。”[1]“接缝”不是关于符号或其指涉物、能指或所指、语言或无意识之任一方面的假定或肯定，而说的是它们两方面之间的关系，它不承认前者能够完满地实现自身即完满地达到后者，这是“本体-神学”（onto-théologie）的旧梦；所有意指都处在一个差异链上，都为“文字”所“涂抹”、所改写，因而没有意指不是“元文字”。但是“差异”之能够或有必要进行下去，乃是由于它趋向于“联结”于一个最终的对象，假定有最终的话。“接缝”表明了能指在“能”与“不能”之间或者能指与所指之间的“两难”（aporia）状态。上引哈贝马斯对“元文字”的批判，戳到了“文字学”的“两难”：既迷恋于“解释”，又不能放弃被解释的对象的存在，无论它是裸体的存在抑或在解释中的存在。这种“两难”在哈贝马斯看来可能是解构无以逃脱的死局，但在我们看来，相反，它恰恰是解构之最具生命力的所在，之最具生产性的所在，之最具启示性的所在。对于人文科学的作用，对于启蒙主义的后果，对于哲学有始以来的真理追求，对于仍在争论

1　Jacques Derrida, *De la grammatologie*, p. 102.

不休的现代性话语的有效性，对于本文所关心的自然与文化问题——对于这一切，对于类似这一切的一切，解构都是一份不可多得的遗产。

三、置于"接缝"的结论

解构自诞生以来，其影响之方方面面，已有目共睹，此处无必要胪列；其对于理解自然与文化问题的作用，我相信，通过以上的分析，也正在显露出来。我们拟予概括，但在如此做之前，我们还要稍稍地延伸一下上文关于"接缝"的讨论，这可能使我们更容易地走向我们的结论，并未被德里达特别指明的结论，或许说"启迪"将更贴切一些，因为解构不支持什么"结论"，当然也不会怎么偏爱"反-结论"。

"接缝"在《文字学》中占有单独一节的篇幅，即第一编第二章第三节。在第二编第三章第三节"接缝"被引入说明对于解释自然与文化关系至为重要的"乱伦禁忌"。前文已经引用过，"社会、语言、历史、音乐，总之，增补性，都是与乱伦禁忌一起诞生的"，德里达紧跟着说，"后者乃是自然与文化之间的接缝。"[1]有必要补充，"乱伦禁忌"也是自然本身与"自然"概念之间的"接缝"，而"自然"概念即是"文化"。在德里达，"接缝"当然不是文化间的，而是"自然与文化之间"的，这里所谓的"自然"是自然本身。"乱伦禁忌"之作为"接缝"，在此实际上就是被德

1 Jacques Derrida, *De la grammatologie*, p. 375.

里达作为一个“能指”；如前所示，“接缝”不是“能指”，即不是“完满”的“能指”，而是“能指”之与“所指”的紧张关系。“乱伦禁忌”之被说成是自然与文化之间的“接缝”，德里达的意思是，“乱伦禁忌”作为“能指”发挥着“接缝”的功能，表明在自然与文化之间既有断裂又有联接的存在。不消说，这是能指之作为能指的根本。“乱伦禁忌”为什么既是自然的又是文化的？进一步，“文化”包括“乱伦禁忌”为什么既是自然的又是文化的，或者既是普遍的又是特殊的？按照能指之作为“接缝”的理论，答案便是，“文化”联结着“自然”，但“文化”又意味着与“自然”的断裂。任何文化只要它是被实践着、被赋诸生活、成为一种“生活方式”，应当都在某种意义上关联于“自然”，哪怕是在文明人眼中最野蛮的一些习俗。而另一方面只要它是文化的，那就一定是非自然的。这是一切文化，在德里达，一切作为能指的文化，在与自然、其所指之关系上的悖论。德里达之选取“乱伦禁忌”来例证这种悖论，其中一个重要的原因不过是它较少争议罢了，例如列维-斯特劳斯在其《亲属关系的基本结构》中所引述的：“如果有十位人种学家被要求指出一种普遍的人类制度，可能有九个会选择乱伦禁忌。有几位已经正式地指其为唯一普遍的制度了。”[1] 而一夫一妻制、私有制、君主制、民主制等等就不会是这样的了，其普遍性总是建立在大量的异议之上。

---

1 Claude Lévi-Strauss, *The Elementary Structures of Kinship,* trans. James Harle Bell, John Richard von Sturmer and Rodney Needhams, Boston: Beacon Press, 1969, p. 9, note 1.

“乱伦禁忌”是“自然与文化之间的接缝”，德里达随后也把这“接缝”说成是意指系统中的“一个点”（un point）[1]，在这个点上能指与所指不能相互取代，能指坚持为能指，所指也坚持为所指，因而由于其矛盾和对抗而共存。“语言既非禁忌，亦非逾越，它永无止境地结合着两者。”[2]反过来，语言，笼统地说，符号，能指，既是禁忌也是逾越，禁忌是文化性的，而逾越则是其逃避文化规制的向着自然状态的冲动。在语言中，这个点“既被所有的符号所说出又同时被禁止”。[3]德里达因而断定：“这个点就不存在，它总是在逃避，或者这样说也可以，它总是已经被铭写于它应该或应该已经……逃避了的东西之中。”[4]这个点也是“一条界线”（une limite）[5]，人们不会正好踩在这条线上，“人们在达到它时也就越过了它”（On la franchit en l’atteignant）[6]。这个不可捉摸的，总是移动着的“点”或“界线”，我们知道，就是“乱伦禁忌”，当然也是一切能指，对于自然与文化的关系喻示着什么呢？德里达的结论是，“这一**社会的诞生**因而就不是一个过程（un passage），它完全就是一个点，一条纯粹的、虚构的和不稳定的、不可把握的界线。……社会在此开始也在此被延异。社会一开始便开始堕落。”[7]但这仍有待于阐释。第一，德里

1 Jacques Derrida, *De la gtrammatologie,* p. 376.
2 同上。
3 同上。
4 同上。
5 同上书，p. 377.
6 同上。
7 同上。

达所谓的“社会”就是“文化”、作为文化的“自然”概念，就是“乱伦禁忌”，就是一切能指，一切“文字”，其“诞生”是指其与自然本身、“乱伦禁忌”本身和所指本身的脱离。但是，第二，“诞生”命定出现在这样一个点上，一条界线上：文化在此诞生也在此死亡，“文化”诞生为“自然”的能指，否则它不是“文化”，但由于其脱离或断裂于“自然”，于是也就是它作为“自然”之能指的死亡。德里达借用了卢梭对文化（例如文艺和科技）的批判，文化的诞生就是它堕落的开始，因为文化远离了自然。

回到哈贝马斯的批评，由于这样一个“点”、一条“界线”，这样一个“接缝”的假定，难能的是，这个假定中既有肯定也有否定，从消极方面看，我们就不能说在德里达那里就只有解释而无对象，只有文化而无自然，只有能指而无所指，而是，既有前者又有后者，它们在相互为敌中相互为友，在相互对垒中取得相互的生命和生命权力。由此若推延而论，德里达则既不是神秘主义也不是基础主义，他同时即超越了这两者。再从积极方面看，其神秘主义恰恰表明了对基础主义的一种反思态度。现代性能够是自反性的吗？根本就不存在什么自-反性，胡塞尔的“先验自我”永远是另一个更高的“自我”。能够自反或自反着的现代性就不是原先的那个现代性。两只脚不能同时踏进一条河流。自反必须引入一个时间变量，一个参照系，一个他者，一个绝对的他者。德里达有一名言，“所有的他者都是一个全然的他者”

(Tout autre est tout autre)[1]。这是一个促使我们反思的他者，是我们无法达到但又必须由它出发否则便无从反思的他者。解构最卓越的哲学史贡献，我相信，不是对“在场形而上学”的拆毁或抛弃，而是将反思的维度，一个较黑格尔、胡塞尔或哈贝马斯更加彻底因而更加真纯的反思维度，引入对它的一再审视，看看由于“文字”或一切认识论的中介距它我们究竟被“延异”了多久、多远。

具体于本文的主题，德里达的启示在于，其由语言批判而发起的对“自然与文化对立”命题的**能指化解构**，不是要否认“自然”的存在，完全不是，或者恰恰相反，是要彰显“自然”的存在，通过对粘附于其上的“文化”灰尘的“擦除”(effacer)，通过对“自然”之不确定性的提示。“文本之外一物”，那不就是因为文本的涂改而致外部世界的丧失吗？“文化”之外无“自然”，同理，那不是因为“文化”的“增补性之游戏”而使我们疏远了“自然”吗？德里达在似乎危言耸听地宣布一切形式的“在场”都是“缺席”时，从来都是有条件的，他将我们的注意力引向那些使“在场”“缺席”的“元文字”、“文字”、“踪迹”、符号系统、意指系统、人文科学话语，“在场形而上学”，准确地说，不是“在场”，而是对于“在场”的形而上学或偏见。解构是一种深刻的“文化”自省意识。它否定，但更肯定。对于解构之被误

1　希利斯·米勒将其英译为：‘Every Other is completely Other.’ See J. Hillis Miller, ‘Derrida’s Others’, in Zeynep Derek & Leonard Lawlor (eds), *Jacques Derrida, Critical Assessments of Leading Philosophers,* vol. III, pp. 325-339.

解为全然的“否定”，德里达辩解说：“在我它总是伴随着一种肯定的渴求（une exigence affirmative）。我甚至愿意说若是没有爱，它从来就不能进行……”[1] 这是一种“大爱”，一种近乎刻毒的“爱”，一种痛苦地否定着的“爱”的精神，甚至一种欲死而后生的“爱”的精神。德里达要我们时时谛听“自然”的寂静之音，但同时又提醒我们，在返回“自然”的道路上，我们面临的是重重的“文化”垃圾。超出于威廉斯和海德格尔以及伽达默尔，解构所要坚持的是，尽管这些“文化”已经变成我们的“生活方式”，我们的解释学“前见”（Vorsicht），我们的传统，但它们并不能因此就不被质疑地成为我们的生命本体，我们的“自然”存在。“自然”被“文化”无穷地“延异”着，为了回到“自然”，我们就必须对“文化”进行不断的反思。这反思当类似于《诗经》所描绘的对“所谓伊人”的无怨无悔的追求：“蒹葭苍苍，白露为霜。所谓伊人，在水一方。溯洄从之，道阻且长。逆游从之，宛在水中央。”（《秦风·蒹葭》）我们不会因为“自然”的若即若离而放弃我们的追求。我们“增补”，尽管“增补”可能是“增补”其自身，但我们依然“增补”，在“增补”中接近那不可接近的“自然”。

或许德里达，真的，未必认可如我们这样的执着，不过，那没有关系，因为我们已经穿越了德里达，我们已经是后-德里达

1 Jacques Derrida, *Points de suspension, entretiens,* chosis et présentés par Elisabeth Weber, Paris : Galilée, 1992, p. 89.

了。我们将结论置入“接缝”，但在此“接缝”中，德里达愿意看见“断裂”，至少在早期文本，而我们则还期待着“联接”的可能性。通过对不可能性的不断操演而创造一种不可能的可能性。舍此不可能，我们便无以可能。“文字”，“文化”，我们的爱，我们的恨。

消费时代的社会美学

美学的沉寂是一个不争的国际事实。美学的复兴当在于积极回应当代社会的变迁。由于审美现代派的巨大影响,"美学"一直处在与"社会"的生死对抗之中。而今,由于以"物符"为标志的"消费社会"的到来,原本便具有文化向度的"社会"就变得显在地"文化"化了,它是符号化,同时也是美学化,这种符号-美学借助于无所不及的商品逻辑和电子媒介取得了空前的社会化,于是一个普遍的"美学社会"已赫然在目。作为一种理论概念,"社会美学"因着这一新颖的现实而终于浮出思想史的地表。

——阅读提示

能否用"社会美学"这一概念来描述当代社会或文化的变迁并因之而致的美学转型?这是一个令人迟疑不决的问题。我们遇到的最大困难尚不是理论上的,即这一概念能否贴切地表征现实的真实，而是语义上的，“社会”和“美学”两个术语先已被赋予了沉重的历史语义。

先说“社会”。它似乎早已是人老珠黄了，且俗不可耐。在意识形态层面上，它被规定为“阶级”及其角力场，意味着由经济基础和上层建筑所形构的既抽象又物质化的某种实体，一个看不见但又穿不破的网状结构。在学术层面，它不仅是研究方法，一切对象都要放置于被如此规定好了的语义才得以阐释，而且也是研究对象和价值归宿。这简单地说就是：社会地研究社会，以期改造社会而不只是解释社会。对于星转斗移了的当代现实而言，这一传统定义即使本身说不上什么错误，也是有所不逮而需要修正或丰富了；况且，与其是否正确可能毫无关联的是，一个用语是有自己的生命周期的，那令其走向生命尽头的常常不是与不断移动着的对象的错位，而是在传达人们对这变化着的对象的新的情感态度时所显出的无能。深层地追询，术语概念原本就是我们主观的意识现象，其中固然有现实，但在此现实已转变为观念的存在或简言之就是观念。

再说“美学”。在中国，“美学”已沉寂多年了。20 世纪 80 年代它曾经是思想解放运动的报晓雄鸡，划破黎明前的黑暗；曾经是哲学社会科学乐队的第一小提琴手，引领时代精神的主旋律。这都是过去的辉煌了。如今一个美学学者通常就是用来表征何为“迂腐”、何为“井蛙”、何为“弱智”[1]、何为“无用”

1 说“美学”即“弱智”是对德国哲学家沃尔夫将审美归为“低级认识能力”的观点的通俗演义。“美学之父”鲍姆加登创立“美学”学科，意在将“感性”这一“低级认识能力”提升为哲学的研究对象，使其与“理性”具有同等价值。现今美学之退回“弱智”真是有负祖宗基业。

这样无人能够承当了的恶谥的。“美学”盛况不再，因而任何形式的触及都只能是枯荷秋雨，徒添当下的凄凉。国际美学界的情况也不见得多妙。近代以来的学科分工一方面使美学在其内部取得了不少精深的成果，而另一方面它则成了少数人圈子里的自娱自乐。美学自然应当是一门快乐的科学，但问题在于它只是自娱而不是他娱，即引不起局外人的任何兴趣。“美学”自绝于“社会”，其结果于是也就是“美学”为“社会”所抛弃了。

一、“美学”反对“社会”

或许更为复杂的是“美学”与现代性在理论和历史上的重重缠结。由康德所奠基的审美现代性即“自由美”（freie Schönheit）对于“依附美”（anhängende Schönheit）的优先性，换言之，对审美自主性的高扬，曾经在席勒那里、在英国浪漫主义诗人那里、在青年马克思那里，最后是在20世纪现代主义文学那里，演变成为对资本主义生产本质和社会罪恶的批判。一个谬传甚广的观点是，这种批判属于与启蒙现代性相对立的审美现代性，其主要特点可简单地表述为：如果说前者是理性或理性主义的，那么后者则是感性或感性主义的。其实并不存在什么两种现代性，“启蒙理性”原本就包涵着“审美现代性”；启蒙思想家的理性话语不仅不排除感性的艺术，而且还给予艺术自主性以深刻的理论支持，理性不在与感性相平行和对立的层次上，毋宁说，在现代性框架之内，它超越了通常意义上理性与感性的对立而成为独立“自由”的主体性。这就是康德何以在美学上标榜“自由美”的原因，那是对于一个主体性原则的贯彻。所谓“审美现代性”即文艺上的现代主义，其矛头所向绝非以主体性为主导价值的现代性，恰恰相反，它以一种特殊的方式重新肯定了这一现代性理想。现代主义不变的主题是个人与社会的冲突。而正是“启蒙现代性”对个人自由的合“理”化酿成了现代主义者与社会相遇的精神苦难。在对这苦难的倾诉和对造成这苦难之原因的揭露中，审美现代派所渴望的仍然是现代性所倡导的个体自由或个体主义。他们高扬审美的大旗，向社会发起一次次绝望而悲壮的冲锋。这情景给人的错觉就是“审美现代性”，似乎审美的事业就是颠覆现代社会的价值核心即“现代性”。

问题的复杂性在于，第一，个体自由天然地具有审美性，但文艺不是它唯一的表现领域，它同样或许更广泛地表现在对于个人之社会权力的要求上，如女权主义、同性恋运动所极端地表现的那样。第二，“现代性”话语无法覆盖自文艺复兴以来的社会现代化进程，现代主义的社会批判不唯是一种现代性批判，其意义要远为永恒和丰富。第三，个体自由与社会规范的冲突亘古就有，而“启蒙现代性”赋予这对立的双方以理论的同一性即主体性原则。第四，审美主体性只有精神的实践性，而不存在社会的实践性。主体性原则一旦被付诸社会建构，它就必然发生各种变形以至于走向它本身的对立面。第五，在这一意义上，如果说有“审美现代性”的话，那也只是现代性在精神上的自我反思、自我调节，其目的是回到真正的即原初的现代性。第六，由于这样一个的“审美现代性”并不在根本上否定现代性，甚至是以现代性为其反思的亮光，那么其反思的重心则倾向于与理论一极相对立的社会实践一极的现代性。因而如果说“审美现代性”话语对于我们仍有意义的话，那就是它以表象性的概括所突显的美对现代社会的精神批判。

法兰克福学派正是这样一个理论上的审美现代派，“美学”在他们手上就是“社会－批判”。阿多诺将艺术规定为“社会的”，而它之所以能够承当起“社会－批判”之职能则恰在它的非社会性或反社会性，即康德－唯美主义所一直强调的“自主性”：

> 更确切地说，艺术是通过其与社会的对立性位置而成为社会性的，那一位置是唯在艺术作为自主之物时才能取得。不是去遵从现存的社会规范，也不是把自身修造得“于社会有用”，而是将自身凝结成一自在的本体，艺术由此而恃其纯粹之存在批判社会……[1]

阿多诺看得分明，唯美主义的“自律性”与批判理论所要求的社会性不仅不相矛盾，倒是郁郁葱葱地相生相发。原因是，艺

1 Theodor W. Adorno, *Ästhetische Theorie,* hrsg. von Gretel Adorno und Rolf Tiedeman, Frankfurt am Main: Suhrkamp, 2000, S. 335.

术通过对“自主性”的诉求而形成一种特殊的身份，凝聚为一种独立的生命或力量。没有艺术自身的出现，何谈艺术的功用？自律性使艺术诞生了，也使其社会功用的发挥成为可能。

美学在强大的“审美现代性”观念中被定格为对社会可行使批判职能的一极。站在那一极点上，它可以指点江山、粪土世俗的荣光，引导芸芸众生走出沉沦的幽谷，向着完满的人性攀进。如果说艺术从前靠着神性的力量，那么在现代以来它则自视为在一个去魅化了的世界里唯一的神明。

由是说来，在现代性语境中，除了其联系性的意义之外，不管这联系性如何地被建构、被述说，“社会”一词又新添了另外一重暗示，它往往被作为鄙俗、市侩、平庸、刻板、权力、规范、服从、愚昧等等或近或远的同义语；即使中性一点，它也是一堆没有灵性的物质，有待于美学的点化和提升。这就是说，凡是社会的，就不是美学的；而凡是美学的，也就一定不是社会的。美学与社会被分别为两个截然不同的世界。这甚至会体现为在同一作家那里内在的精神分裂症人格，如恩格斯在歌德身上所发现的“天才诗人”与魏玛朝臣两种身份之间的斗争：“前者厌恶周围环境的鄙俗气，而后者却不得不对这种鄙俗气妥协，迁就。”[1] 在人类可知的历史上根本就没有过美学与社会的统

---

1 恩格斯：《诗歌和散文中的德国社会主义》，《马克思恩格斯全集》第4卷，人民出版社，1965年，第256页。

一，要说有恐怕只是存在于老柏拉图的“理想国”、五柳先生的“桃花源”以及青年马克思所想象的共产主义乌托邦，但是所有这些都是先已假定了美学与社会之间不可调和的矛盾和对立关系的。

既然美学与社会于事实上总处在对抗之中，且现代性理论又一直地在强化这种对抗关系，如阿多诺所言，“艺术唯因着其社会抵抗能力才得以生存”[1]，那么企图在美学与社会之间寻找统一并建构所谓“社会美学”将必然面临一个逻辑的困境，就好像要说有黑的白和白的黑一样地匪夷所思。但是，“社会”的、“美学”的或者就是“社会美学”的逻辑并非如此简单，现代性理论也不能作为“社会美学”的唯一逻辑。最深刻的原因是，“美学”与“社会”本身的发展以及相应地它们在概念上的变化正在使之一步步地逸出现代性逻辑，于是一个“社会美学”的新逻辑在对现代性逻辑的扬弃中也正冉冉地升起于美学和哲学的历史地平线。

二、“社会美学”与“艺术”无关

溯“社会美学”之渊源，人们是极容易就会想到英国社会学家迈克·费瑟斯通的那个名篇“日常生活审美化”（‘The

1 Theodor W. Adorno, *Ästhetische Theorie*, S. 335.

Aestheticization of Everyday Life')[1]的。据规定，"日常生活审美化"作为一个概念应含有三重意义：其一是指20世纪在一些先锋派那里出现的纯粹艺术的日常生活化的趋向，如马塞尔·杜尚对"现成品"的呈现，如安迪·瓦侯对商品世界的复制，再如行为艺术的即兴表演，等等。费瑟斯通提醒："达达主义、超现实主义以及先锋派的许多策略和艺术技巧，已为消费文化中的广告和大众媒介所吸收。"[2]其二是指将生活转化为艺术作品的谋划。费瑟斯通提到的例子有布鲁姆斯伯里集团、唯美主义作家佩特和王尔德、倡导生活审美化的福柯及其所标举的波德莱尔的"花花公子，他把自己的身体，把他的行为，把他的感受和激情，他的不折不扣的存在，全都变成艺术品。"[3]对这一类的审美化人生，我们中国人恐怕是再熟悉不过的了，它就是一直为我们所称道的古代文人士大夫别具情致的生活方式，如"采菊东篱下，悠然见南山"，"绿蚁新醅酒，红泥小火炉"，"孤舟蓑笠翁，独钓寒江雪"，甚至有以生命作赌注的祢衡的"击鼓骂曹"，等等，都是将生活提升到艺术化的境界。如费瑟斯通认为，这些"应该与一般意义上的大众消费、对新品味与新感觉的追求、对标新立异的生

---

1 此文最先发表于1988年4月在美国新奥尔良召开的"通俗文化协会大会"，同年9月和10月又在不同场合被宣读和讨论，后收入 Mike Featherstone, *Consumer Culture and Postmodernism,* London: Sage, 1991, pp. 65-82。中文版翻译为"日常生活的审美呈现"（见迈克·费瑟斯通：《消费文化与后现代主义》，刘精明译，译林出版社，2000年，第94页），似不如"日常生活审美化"一译简洁有力。下文为着分析的需要，有时也称"日常生活的审美化"。

2 迈克·费瑟斯通：《消费文化与后现代主义》，第96页。译文略有改动，下同。

3 福柯："什么是启蒙？"，见迈克·费瑟斯通：《消费文化与后现代主义》，第97页。

活方式的建构（它构成了消费文化之核心）联系起来。”[1]

严格说来，以上两重意思都不是我们“社会美学”的题中之义，甚至在某种程度上是必须从中清理出去的或者至少需要与之划清界线的东西；而且即使在他本人所开辟的理路上也是似是而非的说法：表面上的“似是”与内在里的“而非”。在“日常生活的审美化”这一短语中，“日常生活”是审美地呈现和审美地提升的对象。这样的解释当然十分贴切地概括了先锋艺术对日常现实的挪用和审美主义者对人生的净化。或许对费瑟斯通具有特别诱惑的是，两种趋向都在对艺术与生活之历史鸿沟的假定或承认中试图予以弥合，仿佛前者是将艺术拉近到生活，后者是将生活提升为艺术。但实际的效果是，艺术与日常生活的距离并未因此而缩短多少，恰恰相反，它们的一切努力都只是再次提醒了艺术与生活相互间于实际上的不可逾越和混淆。杜尚的“现成品”艺术、瓦侯的丝网印制品看起来似乎是向日常生活的靠近、趋同，但另一方面也未尝不可以说它源自于一种绝对的艺术自信，也就是说在这充满了风险的与日常生活的肉搏中他们深信艺术必然能够最终胜出。他们反艺术的作为因而就有向日常生活炫耀艺术霸权的意味。有批评家早就指出：“越仔细研究美国的波普艺术，越觉得它不像是对群众文化的赞扬，甚至也不像是反群众文化的运动。相反的，通俗的艺术形象被当作一种借口，当作一种手段，以便躲在后面偷偷地接近深奥的哲

1　迈克·费瑟斯通：《消费文化与后现代主义》，第 98 页。

学问题。艺术家们在被询问的时候，所谈的总是对事物的观察方式，而不愿谈实际被看到的事物。广告、招牌、连环漫画以及诸如此类的东西吸引力在于形象是‘给定’出来的，形象是凭白无故地就在那儿，没有必要多惹麻烦去重新创造。”[1]日常形象并不特别重要，它尽可以无限制地“波普”下去，而波普“艺术家”的意图则是教导人们如何去特别地看待这些司空见惯的形象，俄国形式主义的“陌生化”即创造对于日常事物的新异感仍是他们的绝密武器，由此他们的艺术感觉和哲学理念就显得尤为重要起来。可以大胆地断言，在背后支持波普艺术家的依旧是与他们的先辈一样的精英主义理念，对生活的表面上的讨好掩饰不住其英雄欺世的嫌疑。艺术家的艺术永远是精英主义的，“审美”是绝无什么“现代性”的，它一贯就是那反日常、反社会的桀骜不驯的姿态。在艺术史自身的发展路线上谈论日常生活的“审美化”或“审美呈现”注定一无所获；也许更糟糕的是，如果将“日常生活”作为刻板、平庸或工具理性的同义语，那么“日常生活的审美化”立刻就会一反费瑟斯通之初衷，变成该命题的恰恰的反题，即那一所谓的什么“审美现代性”。

费瑟斯通当然谙熟“审美现代性”并对它保持高度之戒备，但非常不幸的是，在其所赋予的“日常生活审美化”的第二重意义上，他再次跌落“审美现代性”的陷阱。他所称举福柯等几

1 爱德华·卢西-史密斯：《1945年以后的现代视觉艺术》，陈麦译，上海人民美术出版社，1997年，第137-138页。

个范例不仅不能支持后现代社会学的“日常生活的审美化”，而且每一个都在公然地反对它。王尔德、福柯这类人都是些自命不凡的才子，对他们而言，“日常生活的审美化”不是对日常生活的抵抗就是对它的逃离，因为日常生活本身毫无审美价值可言，唯有将“日常生活”彻底地锻造成“非常生活”，它才可能是“审美生活”。如果说波普艺术家还有胆量与“日常生活”短兵相接的话，那么对王尔德等来说则是艺术与日常生活离得越远越好，它最好就是一个自足的独立王国。

不过王尔德还是有社会使命感的，他多次宣称过通过艺术改造社会的抱负，因而他之远离生活就只是实现其入世抱负的一种策略，即由此而获得社会批判所必需的审美距离和立场。这多少有些像庄子所做的，通过“出世”而“入世”，通过“无用”而“有用”。对此“社会美学”愿意表示敬意和理解。但旨趣不同的是，“社会美学”不在艺术及艺术史自身的范围内说话。诚然它也谈论美学，但是其兴趣并不在艺术的自主性及其迂回的批判战术。与“日常生活审美化”的前两重意义相对应，它关心的，首先说，是“美学的社会化”，即美学积极地参与社会建构，以致使社会在某种程度上成了美学。

三、“社会”即“文化”

“社会”怎么就能够变成“美学”？“物质”怎么能够变“精神”？这不是在为唯心主义引幡招魂吧？其实在“美学”与“社

会”之间并不存在不可逾越的鸿沟，而问题只在于我们应当如何去理解“社会”这一关键词。从前的界定在其本身的语境内也许至今看来都是有效的，但对解决这里的问题老实说不会产生什么实质性的帮助。在此我们必须进行一场重大的视点转换，否则就看不到其新的意义维度。

传统上“社会”被界定为在其中人们相互间所结成的各种关系；马克思主义则更深入一步地将此关系描述为物质的或利益的关系与由此关系所决定的意识形态及其操演。《共产党宣言》那一大气磅礴的起首语，“迄今为止一切社会的历史都是阶级斗争的历史”，又在另一角度宣告了马克思主义的社会观。人类的历史不过是一个个社会形态的更迭，即历史是动态的社会，而反转过来说，社会是历史的理论定格，因此马克思主义关于历史的宣言也就可以理解为它对“社会”的定义：作为关系的社会实质上即是阶级及其表现为斗争的阶级关系。将社会定义为阶级斗争与定义为物质利益关系并不矛盾，因为阶级无非就是不同的利益集团，其形成和发展反映着生产力和生产关系的变动。一个完整的马克思主义的“社会”定义因而就是活动在一定的经济基础之上的被划分为阶级的人群与保证此活动得以进行的意识形态及意识形态机器。

由于这一定义致力于一个具体的革命性目标，重在唤醒被剥削被压迫者的阶级意识，所以其特色就是它深刻的政治经济学，以及为此政治经济学所赋予的意味和视点。但是当被问及一个矛盾重重、危机四伏的“社会”何以未致立即分崩离析，例如，一个资本主义社会何以仍然充满经济活力，而且在某些方面还创造了人类“文明”的范例时，我们就需要转向“社会”之如何被组织、被建构的积极意义方面了。马克思主义的回答是“意识形态”，尽管它本质上属于统治阶级，而实际上却是为所有的阶级所认同。这就是说，是意识形态拯救了“社会”，社会之成为社会，其沟通、协调和团结。

既然一种意识形态被认为是某一阶级的却同时为全社会所拥有，那么它就不能再是单一属性的而具有普遍的意义了。葛兰西曾提出“霸权”概念，似乎揭示的是统治阶级通过与被统治阶级的协商、谈判甚至对后者做出部分让步而重新确认了其统治地位，而实际上在另一方面却是暗示了一种全民意识形态的可能性以及仅以阶级视点观察社会的某种不确当性。“霸权”概念是自我解构的，而对于我们重要的是，这一自我解构性则意味着迫切需要从意识形态对社会的狭隘视域中解放出来。感谢葛兰西，其自我解构的“霸权”概念使我们想到了更高一级别的一个概念，即：“文化”。说它是更高级别的是因为，它不仅包涵了“霸权”的阶级性，而且还允许一个阶级的“霸权”与其他阶级的对话性共享关系。“霸权”当然仍是活跃在“文化”之内，甚至活跃在作为意指实践的文化的各个层面上，但是与英国文化研究由此而对意识形态斗争无处不在的强调不同，我们想指出的是“文化”的霸权性力量，即文化对社会整体的构建作用。其愈是被证实无处不在，就愈是说明了文化之介入社会的强劲、细密和深邃，以至于我们无法再辨识何为社会以及何为文化了。

就文化对社会的建构而言，文化本来就是社会。不能设想一个先于文化的社会，或者一个先于社会的文化，在它们之间就不存在孰先孰后的问题，文化与社会相携而生，即一方面是文化建构了社会，这可以说是没有文化的建构就不会有社会的形成；另一方面文化也同时在其建构社会这一活动中成就自身，在此文化决非某一观念的现实化，那是唯心主义的说法，而是一种人类学意义上的劳动。由此而论我们惯常所接受的那一经典命题“劳动创造了人本身”其实就是一个十分粗糙的说法了，因为“劳动”是从“生产”（“制造工具”）开始的，也就是说“生产”“劳动”一定是为“人”所界定、为“人”所独有，没有“人”在其中的“劳动”就不成其为人的劳动，就不是能够创造出“人本身”的那一“劳动”。人的本质就是“劳动”的本质，反之亦然，它们是从不同角度而言其实则一的两个概念。当然我们并不否认“劳动”是有一个逐渐形成的过程的。文化与社会的同一性，就如同在马克思主义哲学框架内的劳动与人的同一性。这种同一性诱使我们采取一个更紧密的措辞“文化社会”，它与任何升华社会的精英意图都无干系，社会在其发生学意义上本就是文化，而如前所说，反过来，文化亦即社会。

将“文化”与“社会”同一化可能遇到的一个质疑是，“社会”具有一定的物质性内容，而“文化”似乎则没有，它是悬浮在经济基础上空的上层建筑或意识形态。但是我们需要反问，究竟什么是一个“社会”的物质性内容呢？解析开来，它应该首先是指如马克思在指出“**生产关系总合起来就构成为**所谓社会关

系，构成为所谓**社会**”[1]时所提示的作为其存在基础的物质生产；但是，第一，“物质生产”就其严格的意义上说只能是属于人类的和社会的；第二，“物质生产”就其纯粹物质层面还不能构成为“社会”，而只有生产“关系”才能“构成为所谓社会”。这即是说，以“关系”为其本质的“社会”其实就是“文化”。在此我们决不想以“文化社会”贬低“物质生产”，那恰恰是我们要反对的一个观点。“文化”可以有无数个定义，可以是相互矛盾以至相互取消，但无法解除的是其最初级和最根本的意义，即“文化”意味着自然向人的生成，而非人向自然的回归。“社会”虽然为“自然”所决定，但它不是自然，而是“文化”。人与自然的恩恩怨怨与这样地定义“文化”没有关系。老庄哲学对“文化”的批判，后现代主义对主体性的消解，以及所谓的“生态批评”，都不能视为对“人”、“人为”因而“文化”的斩绝，它们只是不满于过度“人化”、“文化”即“人文化”而试图在对此极端的反思和批判中寻求一种人与自然关系的替代性的文化模式，仍然在文化之内，仍然是文化的问题。

“社会”的物质性表现也通常指向那些使一个社会得以运行的种种机构，包括政府权力机构以及民间社团组织，但它们就更是文化性的了，因为如果说在“生产关系”意义上界定社会还不得不顾及“自然”一面，那么社会机构则纯粹是人的作为，是不

1　马克思：《雇佣劳动与资本》（1847年12月），《马克思恩格斯全集》第6卷，人民出版社，1965年，第487页。

限于阿尔都塞意谓的“意识形态”的实践，因而也就是文化了，在此文化是包涵有实践之维度的。就人与自然关系而论“社会”之构成，“文化”据其半壁；而就“社会”之组织或者说组织“社会”来看，“社会”实则是“文化”的等义词。这不只是一个逻辑推论，而且也为社会发展的历史所证实。借助技术的提高，人的活动空间的扩大，“社会”早已超越了其国家形态甚至是其帝国形态而进入一个全球化时代了；因为这一潮流，趁便说，全球化就成了社会学家近20年最热闹的工作场域之一，其成果似乎也正在引领着当代各门人文社会学科。一个在过去看来可能是不伦不类的组合“全球社会”（global society）已开始悄悄溜进社会学家们的新词典[1]。

四、在“社会美学”之前

“社会”内在里所具有的“文化”性质从根本上保证了它被视为一件美学产品或者说就是一部美学大书的合法性。只要将“社会”当作“文化”，那么说“社会”即“美学”就毫无生硬突兀之处了。但是合法性并不意味着立即的现实性。社会之真正成为美学研究的对象或者说其美学性的显露是经历了一个漫长

1 Tony Bennett, Lawrence Crossberg, and Meaghan Morris (eds), *New Keywords, A Revised Vocabulary of Culture and Society,* London: Blackwell, 2005, p. 329. “全球社会”在此没有被作为单独的辞条，但是被列入与“社会”相关的术语群以黑体标示，我们或可称之为“亚关键词”。

的思想史和社会史过程的。

柏拉图可能是西方美学史上触及“社会美学”的第一人：在其《大希庇亚篇》里，他借苏格拉底之口提出：“但我们要说美好的习俗和法律也是美的，就像那些通过我们的视觉和听觉而产生的快乐一样，或者说它们属于别的范畴？”[1]就其执着于寻找能够将美的性质赋予一切事物的美本身而言，柏拉图本人当不会拒绝习俗和法律等社会性现象对美的理念的分享，但他显然又是依违不定的，因为在当时的希腊，美经常被认为主要体现在经由视觉和听觉的对象即今日所谓之纯粹艺术方面，这是一个流行而强大的立场，柏拉图可以怀疑，但无力颠覆。或许就其最基本的立场而论，倒毋如说他更坚持视觉之于成为美的本体决定性，因为，我们知道，作为其哲学核心概念的“理念”本身就具有视觉性特征，这也暗示，西方哲学一开始其本体论之内即潜伏了认识论的种子。而没有认识论，则不会有现代性西方，其社会、政治、意识形态，其文化、艺术、审美精神，以及作为其反对的后现代性，等等。这是在“社会”尚未成为“美学”之前柏拉图对于西方哲学文化的必然的效果史，即一个认识论的和视觉至上的柏拉图，而在另一方面，其对“社会美学”的大胆猜想无论如何地富于启迪性都不可能引人在意。理论虽然超前和抽象，但终究离不开现实的土壤。对于“社会美学”来说，其土壤

---

1 柏拉图：《大希庇亚篇》298B，《柏拉图全集》第四卷，王晓朝译，人民出版社，2003年，第50页。

就是一个充分视觉化了的“社会”。而当视觉化主要发生在“艺术”的而非“社会”的领域时，那就只有“艺术美学”而不会有“社会美学”。正是这一历史语境及其深刻的哲学力量使黑格尔在其《美学》中开宗明义地将美学规定为对“美的艺术”的研究。对于现代主义艺术家，如前所述，就更不能指望其考虑什么“社会”之为“美”的可能性了。在这些人眼中，“社会”不仅不是“美”，正相反，它是“美”的不共戴天的夙敌，成为“美”的必须以“社会”的牺牲为代价。

在此或许应该特别铭记曾经提出过“社会学美学”（soziologische Ästhetik）的格奥尔格·齐美尔对于“社会美学”的开拓性贡献。作为一位大都会思想家，他对日常生活中的流行现象倾注了在当时知识界极为罕见的“文化研究”热情，包括时尚、装饰、观光、冒险、饮食、卖淫、社交、感性、空间、货币和博览会等等，而这一切又每每被置于“美学”的观照之下，捕捉它们与“美学”的相关性或者其“美学”意蕴。由此，在齐美尔那里，如果说一个逻辑形态的“社会美学”尚未成型的话，那么一个批评形态的“社会美学”则早已在“运动”着了。他揭示了例如“冒险”与“艺术”在本质上的相类，它是与世俗日常世界的“断裂”，是生活中的“岛屿”或“飞地”；例如“时尚”追逐中的群体认同与个体区别之间的统一和张力；再如饮食超越其生理意义的文化和美学结构，等等，——似乎现代生活正经历着一个全面的审美化过程。不过，原其内在旨趣，齐美尔也是一个“审美现代派”，因为他要在这些寓有“美学”理想的

“社会”现象中发掘出美学与资本主义计算理性的对抗性关系，与其说他所描述的是“美学”泛化于“社会”，毋如说是“美学”突出于“社会”之重围。不独齐美尔如此，那一切在现代性语境中谈论“社会美学”现象的思想家骨子里都是唯美主义者：试想，本雅明不就是在艺术品的机械复制中哀悼“灵晕”的丧失吗？

20世纪60年代，我们进入了一个堪称“后现代”的理论时期。在美学上，如果说现代主义成就了一个艺术“自主性”概念，那么后现代主义的任务则就是拆解这一概念。所谓“自主性”（autonomy），就其本来意义而言，是指作者对于其作品以产权为基础的独立支配权，正像私有财产之不可侵犯一样，艺术作为精神财产也是神圣不可侵犯的，这一原则不但适用于业已完成的艺术产品，而且对于真正的艺术家来说可能更有效于他们的创作过程。不言而喻，艺术创作的过程由艺术家所主导、由他们单独完成。接受美学反对艺术的“自主性”概念，提出“自立性”的作品如果不经阅读就是一堆死的“文本”，而不是严格意义上的发生作用的因而也就是活着的、活动的“作品”。在沃·伊瑟尔对“隐在读者”的假定中，它表示一种内在于文本的“反应邀请结构”，甚至连这个死的文本也不是由作者独自完成的，一个“读者”早就“隐在”那里。通过将读者“请进”文本之内，接受美学瓦解了作者对于文本的“自主性”，但遗憾的是，读者从而也被封闭在文本之内，作品仍是作者的作品，是经由作者的作品，这就是伊瑟尔坚持其美学仍在德国现象学传统之内的原因。虽然对于接受美学来说，要完成对“自主性”的基础性颠覆，就必须将读者从对文本的人身依附中解放出来，变文本性读者为社会性读者。

接受美学当然拖着一条现象学的尾巴，但在其对“自主性”概念的解构方面，它又是一种后现代主义，或许我们可以称其为“德式后现代主义”。比较而言，法国的后现代主义则要激进得多。例如罗兰·巴特为“读者之诞生”干脆宣布“作者之死”，将“可写”（le scriptile）即阅读之创造性置于“可读”（le lisible）即被动阅读之上。或许更有启发意义的是，他对美之不可言说、终止于“我是我所是”的描述，与柏拉图对美的理念化和神秘化看似接近，但意图或效果则正相反，在柏拉图是将诗人逐出理想国，而在巴特，却可能是对不可言说者之言说，对不可再现者之再现及其多样性的开放和鼓励，——作为“文学符号学教授”，巴特走向通俗文化如身体、服饰、影像、广告、消费之研究，尽管仍在符号学的名义下，一点也不偶然，因为它们都在述说着那不可述说的意义、神秘之物或者就是美。及至德里达，文本根本就不涵有符号学或解释学所追寻的那个意义，能指不是指向所指因而获得意指，而是指向另一能指并如此地无限“延异”下去。他也不相信有所谓“文学性”之存在，如果有，那不过是一种体制、惯例和集体认同，换言之，文学性就是社会性。接受后现代主义思想影响的马克思主义文论家如伊格尔顿、杰姆逊等，如其先辈普列汉诺夫一样，将宽泛的文学与社会的关系缩小而强化为文学即政治或意识形态的论断，这可以称之为一种极端的文学社会论，因为政治或意识形态只是对社会的一种组织而不是唯一或全部；喻乎此则不难理解葛兰西和霍尔何以要讲“霸权”及其对社会的“表接”（articulation）：其中，一个文化的视角被引了进来。

解构文艺“自主性”，将“美学”还原为“社会”，其积极意义对“社会美学”而言是重新确认了美学与社会的关联，如果说在前现代仅有美在其中的浑融的社会生活或文化生活的话，是开戏前的锣鼓闹场，而并非“社会美学”这幕大戏本身。如费瑟斯通所提到的审美泛化的前两种情形一样，这里还必须加上 20 世纪西方哲学和美学界回归“生活世界”的冲动，以及往前追溯如 19 世纪车尔尼雪夫斯基的“美即生活”的著名命题，说到底，都只是在社会生活领域推演那个其间已踪迹难觅的纯粹美学的理想，因为简单的是，一当追问起怎样的“生活”才是“美”时，回答只能是符合“美”的理想的“生活”才是“美”。并非所有的生活都是美的，只有经过思考、选择和认定的生活，即只有被认为是“应当如此”的生活才称得上“美”。美学上的“民粹主义”、“人类学主义”，通常都是另一种形式的精英主义。仍然是“审美主义”，即仍然是“美学至上”，例如有谓共产主义就是美学与社会的统一，不同只在这种标榜“生活”或“世界”或“经验”的美学赋有崇高的社会使命感、深沉的救世情怀，它表里如一地介入社会，试图改造它、提升它，因而一个恰当的命名给它就是“社会审美主义”，当然称其为“审美社会主义”或“审美乌托邦”亦无不可。

"社会审美主义"尽管以区隔为前提，即在"社会"中甄别出美学的和非美学的，"美即生活"这一有意义的命题旋即陷入"美的就是美的"之无谓的同义反复，但是它执着地指示了对全部社会进行美学化改造的艰难的可能性，因而也就是为"社会美学"开辟了可以前行的道路。但是，如果说"社会审美主义"是乌托邦的、浪漫主义的，可情动、可理喻而不可征之于实，因而是遥不可及的，那么"社会美学"则是现实主义的，它认定眼下的社会现实正在经历一场重大的美学转换运动。

需要再次声明，并非在"社会美学"之前就不存在社会美、生活美，中西皆然，而东亚日本人则更是将对美的追求在生活中演绎到变态的极致，但是有社会美或生活美不等于就有"社会美学"，因为，第一，前者是建立在对美与非美、日常与非常、劳作与闲逸、大众与精英等等之区分和对立即建立在对艺术美的暗喻之上，即使如何地普遍和经见，也总是以另一面之存在为前提的。与此相反，后者则是对此二元对立结构之拆解，以期将整个社会都变成美学，只有美学而不再有社会，或者说，社会即美学，美学即社会，二而一也。更切本质的是，第二，"社会美学"根本就不是美学自身的运动，其驱动力是既非来自艺术美亦非源之于社会美或生活美之发于自体内在需求的自然扩张，如前所示，这类美只能永远活跃在美学与社会的二元对立结构之内，而是外于它们、外于它们活动在其中的二元对立结构，简言之，真正驱动其发展的是一全然的外力，这个外力就是波德里亚所谓的"消费社会"。而艺术美之类则是以"生产社会"为相克而相生的前提的，——其实，不是资本主义生产方式或者叫异化劳动与诗、与美为敌而扼杀了艺术的创造，恰恰相反，一直被我们忽视的是，正是由于这种敌对状况才激发出人类对于自由之审美境界的向往和求索，于现实中求之不得，则凭空而创造之。当然由于“社会”基础之不同，这些凭空所造之美是无法直接就发展成为“社会美学”的。这里需要一个基础的变动，即从“生产社会”转向“消费社会”。

五、“物符”化与“社会美学”的诞生

按照波德里亚的理解，“生产社会”是以“生产”为轴心的社会，而所谓“生产”是指对“使用价值”即对能够满足人们具体生活需要的商品的生产，是以这样的“生产”便组织和协调了社会，并推动其发展。完整的资本主义生产当然应该包括“消费”一环，否则“生产”将无法继续。但此一“消费”只是隶属于整个“生产”链条的一个环节，是“生产”的实现即对所“生产”的“使用价值”的承认，因而尚不具备独立于“生产”的地位和意义。而“消费社会”之“消费”则不再是对“生产”的镜像，它不反映“生产”的特性，即“消费”与所“生产”商品之“使用价值”毫无关联，而只与其符号相关。这不是说“消费”不再指向“物”、指向作为广义之“物”的商品，而是“消费社会”里的商品被赋予截然不同的指谓：商品不再只是仅具使用价值的物品，其所以有“交换价值”一直是由于它先有“使用价

值”；现在，商品变成了“物符”（objet-signe），既是具体之物，又是抽象之符号，是特殊的即以物体形态出现的符号，是所谓的“实体能指”（substance signfiante，或译“指意实体”）[1]；然既为符号，其作为物或局限于物的意义即使用价值则必被淡化以至清除，以此为代价而最终获得超越其自身的意指功能，用波德里亚的例子说，洗衣机在“消费”领域不是洗衣的工具，而是指示“舒适”或“有地位”的符号。每一件商品都是一个符号，而整个商品世界就是一符号体系，个别的商品归属于这一“物体系”或符号体系，简言之，“物符”体系。波德里亚有一名言“欲为消费之物，则此物必先为符号”[2]，这一命题当然别有深意，容后另论，现在的问题是，它极易造成一种印象，仿佛是“消费”将物品从被“使用价值”的压迫下解放出来，波德里亚的确多次从“消费”出发谈论“物”的符号化，而事实正相反，是“物”的变化即从“使用价值”转向“符号价值”决定了“消费”的诞生，或者说，“生产社会”向“消费社会”的过渡；是商品的“物符”化宣告了，如果不避波德里亚式的夸张，“劳动的终结。生产的终结。政治经济学的终结”，“能指－所指之辩证法的终结”，“同时，使用价值－交换价值之辩证法的终结”，“话语之线性维度的终结。商品之线性维度的终结。符号之古典时代的终结。生产时代的终结”[3]。可以比较的是，假使说马克思创建了一个以商

1 Jean Baudrillard, *Le sytème des objets*, Paris, Gallimard, 1968, p. 276.
2 同上书，p. 277.
3 Jean Baudrillard, *L' échange symbolique et la mort*, Paris, Gallimard, 1976, p. 20.

品“生产”为中心的“物”化社会，那么波德里亚则构思出一个以“符号”消费为主导的“文”化社会；因而在马克思那里对“物”之“异化”的批判便转至波德里亚这里对“文”之“拟像”的揭露，此中意向我们暂不究论，只就客观即呈现在我们眼前的当代社会景观而言，一个以“物符”为标志的“消费社会”确已峥嵘而起，不容漠视。虽然我们亦可挑剔一个严格的“生产”与“消费”的划分，但可以肯定的是，随着资本主义“生产”的发展或者说商品世界的日益丰盈，“消费”问题注定会取得较“生产”如果不是更加也是与它同等重要的位置。如今，“文化的经济化”，或者说，“经济的‘去物质化’”[1]，作为对“物符”“消费”的另一表述，已经成为有目共睹的事实。

君不见，新时期以来中国专致“生产”尚不足三十年而就早早经历了由“卖方市场”向“买方市场”的转移，对“刺激消费”、“拉动内需”云云，我们是耳熟能详的。何以“刺激消费”？何以“拉动内需”？政府自有大政方针，而商家则似乎天生地熟谙此道，无须他人指点就将“消费”演绎得如火如荼，其中奥妙自然是波德里亚所说将商品“物符”化，让商品倾情抒发其超出自身的意义，例如，“我不是别墅，我是豪门至尊”，“我不是全自动洗衣机，我是对妻子的体贴和关爱”，“我不是酸酸乳，我是想唱就唱的青春和个性”，等等。这一“物符”化能够使消费者不再以自身之物理性需求为限，而进入一个类“物理学之后”即

---

1 Don Slater, *Consumer Culture and Modernity*, Cambridge: Polity, p. 32.

普通人的类“形而上学”的精神境界，或哂其虚荣，但它毕竟是超越的。再则，由于符号的意义来自于诸符号间的差异而非其与实在之物的潜在关联，同理，由于“物符”，波德里亚揭示，“它从未在其物质性中而是在其差异性中被消费”[1]，这就是说，由于“消费”并不意指具体之物，其意义如德里达所言，被一再地延宕，那么消费就总是处在一种无法彻底解除的紧张状态。消费并未带来欲望的满足，而是对“物符”差异的认识和由此而来的新的消费期待。俗谓贪得无厌是人的动物性本能，其实正相反，它来自于人的社会性，来自于人作为符号的动物、理性的动物，因为唯有人能够超越于动物性的肉身需求层次而坚定地追寻例如“物符”差异所闪烁不定的意义。应当看清，对物的疯狂占有实则是对符号意义的百折不挠的执着，在此物非物，而是会说话的符号，是“物符”；而只要“物符”想表达意义，那么它就必须经由与其他“物符”的关系即差异；“物符”之差异无限，于是对“物符”的消费也就永远不会有终期。

可以断言，消费社会即符号社会，而一个以符号为主导的社会实质上也就是美学社会。这一论断之不言而喻的前提是对符号与美之必然关联，干脆说就是对符号即美之命题的肯定。对此我们拟做出两点说明：第一，所有符号都是认识论的表象，而美即发生于这样性质的表象之中。甚至，由于表象在始源上对美的决定性，我们也完全能够说，表象即美，或者，美即表象。显然，

1 Jean Baudrillard, *Le sytème des objets*, p. 277.

个中原因就是表象即意味着一个距离性的“看”，一个将对象摆置于眼（包括心灵之眼）前的活动（Vor-stellung），它不是对象的自我呈现（present），而是再－现（re-presentation），是假定了主客体分立的被－呈现（re-presented）。任何符号，无论形象的抑或抽象的，本质上都是对物的“表象”或“再现”，都是由我创造且亦为我的“可见性”。由此而言，一个符号的社会就是一个“看”的社会因而一个美学的社会。

第二，如果说“物符”化或消费社会是资本主义“生产”发展之必然，如果说“符号”美学以前还只是局限于“纯艺术”的象牙塔内，属于少数人的特权、天才的专利、脱离了物质匮乏的有闲，那么电子媒介的出现则使得这种理论的潜在可能性转化为现实的存在，“符号”美学亦因之而泛及全社会，成了大众的日常生活。诚然，电子媒介就其自身而言并不等于消费社会或符号社会，因为印刷媒介也可以使物符号化，即生产“物符”，但是，唯有电子媒介才有能力在技术层面上将“物符”美学普及到全社会乃至全球的程度，这是其传播更多地依赖于物理时空的印刷媒介所无法比拟的。比较而言，电子媒介更擅长于图像的生产和传播，而图像以其震惊效果、视觉性、似真性和多向阐释性更易为有意的“物符”生产所操控，更易于形成与现实相绝缘的“拟像”、“比现实还真实的超现实”[1]因而“模拟的泛美学

1 Jean Baudrillard, *La transparence du mal : Eessai sur les phénomènes extrêmes*, Paris, Galilée, 1990, p. 26.

场域”[1]。丹尼尔·贝尔指出：“群众娱乐（马戏、奇观、戏剧）一直是视觉的。”[2]若将此文化传统联系于电子媒介之视像生产，那么贝尔无疑是在提示我们电子媒介与大众文化之间的内在亲缘关系；这也就是说，电子媒介将消费社会的“物符”化发展为图像化，而且通过图像化而接合了大众文化的视觉性传统，把“物符”化提升到社会无意识即一个更加深入人心的新阶段。由于电子媒介发自其本性的推助，以“物符”为主导的“符号”美学才终于真正地将自己申张为社会性的。可以说，电子媒介对于“社会美学”的形成厥功至伟。至于在作为一种技术之外，电子媒介例如威廉斯所说的电视所蕴涵的美学能量及其与“社会美学”的关系，那是一个需要另行探讨的问题。

由于文章结构之限制，笔者更不能展开对“社会美学”其他一些重要问题的论述，例如，如何从批判理论角度去评价“社会美学”现象如“拟像”？“社会美学”如果是作为一种大众想象，那么它与人的真实存在将构成怎样的关系？既然仍以“美学”称之，那么在“社会美学”中，“美学”是否能够继续保持其对社会的批评张力？而答案若是肯定的，则此批评张力又从何

---

1 Jean Baudrillard, *La transparence du mal : Eessai sur les phénomènes extrêmes*, p. 26. 造成“泛美学”的原因是“符号的无穷增殖”（同上书，p. 22）直至“拟像”或“超现实”。详细的阐说可参考金惠敏专著《媒介的后果——文学终结点上的批判理论》（人民出版社，2005 年）第 2 章或其论文“图像增殖与文学的当前危机”（《中国社会科学》2004 年第 5 期）。

2 丹尼尔·贝尔：《资本主义文化矛盾》，赵一凡等译，三联书店，1992 年，第 154 页。

而来？“社会美学”之兴起是否将带来传统美学地图之重绘？“社会美学”能否发展成为一种新兴学科？或许更为本质的是，“社会美学”究竟只是一种现象描述，抑或可能作为对于当代文化现象的一种哲学立场？更有在另一条线索上的问题，例如说，“消费”社会是否仅有“物符”一途？“消费”与“物符”的相互界定是否陷入了循环论证的误区？在“物符”之外有无其他意义的“消费”？当然可以用“物符”化解释大量的娱乐化现象，如旅游、美容、健身，但蹦迪、扭秧歌、街舞、卡拉OK等之反“符号”即反镜像的社会性美学活动又将如何解释呢？等等。没有对这些问题的深入研究，“社会美学”将是不完整的、有缺憾的。

但行文至此，“社会美学”作为一个概念其自身之内在合理性，其对于描述当代社会及其文化现实的确当性，已有了基础性的说明，因而一个“社会美学”的草图已然绘就，同时其多方面的问题性和进一步发展的契机也可能一并交给了有心的读者和方家。诚如是，于一文之内，夫复何求？我也就宽免自己算了。是为不成“结论”的结束语。阿门。

图像增殖与美学资本主义

“审美泛化”已成为当代社会理论家把握现代化进程的一个重大命题，在中国相关讨论主要围绕着“日常生活审美化”而展开。综观中西方在这一命题上的研究成果，究竟是什么力量在背后推动“审美泛化”的问题尚未被认真地提上议事日程。本文以“审美化”命题的主要阐发者维尔施、波德里亚、费瑟斯通、波兹曼为研究案例，佐之以海德格尔等人的论述，指出在这些理论家中存在着一条或显或隐的思想主线，即将图像增殖作为审美化的推动力量。尽管这一思想并未彻底揭开“审美化”的谜底，但它已将我们引向商品与形象－美学的内在关联。一件商品不仅是实体性的，而且也具有并不必然归属于其实体的、飘离的形象。

本文暗指了一个“美学资本主义”或者“文化

资本主义”的论题，即资本主义内在里就含有美学的或文化的维度，不过，这类资本主义的文化和美学完全不同于传统意义上的“文化”和“美学”，它不需要指称，不需要任何现实的内容。资本主义的哲学从来就是以最小的物质代价获取最大的物质利益，其中的捷径便是文化、美学或者符号。

——阅读提示

引　言

自格奥尔格·齐美尔以来，社会学家或社会理论家的一项重要工作就是凭借着他们对社会之诗人般的敏感与哲学家般的抽象化能力不断刷新我们对于处身其中的生活世界的感知和认识，一个个的概念被创造出来，一个个的命题被演绎出来，一个个的理论被建构起来。虽然这些概念、命题和理论并不能如马克思所要求的“改变世界”，但正是在这些对于世界的“解释”之中世界对于我们便悄悄地改变了。人类不能单纯地生活在“解释的世界”中，但也总是靠着“解释”生活在世界上，无论这“解释”是可以证实的判断抑或客观性乏绝的信念，甚至完全是超验性的信仰。这就是理论之真正的“后现代”状况。“后现代”决非俗见的虚无主义。“后现代”之后，我们既要认识到理论和解释的“言不及义”、“词不达物”，也决不可放弃传统上所赋予它们的使命。理论和解释不仅是使生命得以存续的工具，而且它们就是生命本身的展开与迸发，迸发而成光明。

“日常生活审美化”[1]作为一个概念或一个命题再或一种理论是社会学家或社会理论家对于当代社会现象变化的一种新阐释和新把握。德国学者沃尔夫冈·韦尔施将“审美化”从其“表层”令人触目惊心地一直挖掘到它的“深层”（the ‘deep-seated’）：位于表层的是对日常生活世界的审美装点，作为一种新的文化动力的无意义的享乐主义，促销的经济策略例如广告之抛弃对商品的性能、生产商的宣传而转致于对商品“审美灵晕”（aesthetic aura）的营造等；在深层，据他说，则是新技术的采用如模拟创造出能够最大限度地满足审美要求的产品，“这种物质的审美化”且将导致“一个非物质的审美化”，即“我们意识的以及我们对现实之整体理解的审美化”[2]；还有，现实之在媒介手中被改造、被模型化也是深层审美化的一个重要表现。通过“深层审美化”一语，韦尔施说的是现实在物质上、社会上进而在意识上被基础性地按照美学原则而重构。韦尔施告诉我们，如果说“表层审美化”的关键词是“泛化”（universalization），即审美化无时不有、无处不在，那么“深层审美化”的关键词则是“基础化”（fundamentalization），即审美化之对现实的根本

1 在西方学术界“日常生活审美化”（aestheticization of everyday life）也经常被简称为“审美化”（aestheticization），但在汉语中“审美化”似不足于表达前者的意思，而“审美泛化”则是一个较贴近的选择（参见金惠敏：“从形象到拟像”，《文学评论》2005年第2期）。本文主要讨论西方文本，故不特别坚持这一细微的区分。除非特别注明，“审美化”就等于“审美泛化”。

2 Wolfgang Welsch, ‘Aestheticization Processes: Phenomena, Distinctions and Prospects’, in *Theory, Culture and Society,* vol. 13, no. 1, 1996, p. 5.

性重构。现实不再是现实的，而是完全而彻底地审美的。我们不想说这种完全而彻底的审美化造成的是“审美的现实”，因为在被审美化了的世界中已不复有“现实”的存在；我们也不能说其所造成的是一个“审美的对象”，因为这涉及韦尔施所发现的“认识论的审美化”（epistemological aestheticization），其中没有作为其自身的真理、现实，所有我们能够认识的不过是如康德所规定的被我们自己置入其中的东西，例如说，唯当我们将作为直觉形式的时间和空间即所谓的“感性规定”（aesthetic stipulations）先行赋予现实，而后现实才能呈现为我们的认识对象。“认识论的审美化”既然取消了认识对象的客观实在性，我们只有一个主观的、审美的世界，哪里还有什么“对象”呢？“对象”诚然是“主体”的对象，但它也必须是不同于“主体”的对象，否则对主体而言为何要去认识呢？康德决非如韦尔施想象得这么简单，他是有这种“认识论的审美化”，但又在认识论和审美化之外设定了“自在之物”，是以我们可以谈论“对象”，谈论“认识论”。在这样的意义上，简言之，“审美”没有“对象”。韦尔施将“认识论的审美化”作为“现代性的遗产”[1]，我们姑且撇开它是否真的就属于“现代性”，但对于如今愈演愈烈的审美化浪潮，它的确说到我们最所忧心之处。“认识论的审美化”即便还未到来，它也是可以预见的并不遥远的凶险了。

1 Wolfgang Welsch, ‘Aestheticization Processes: Phenomena, Distinctions and Prospects’, in *Theory, Culture and Society,* vol. 13, no. 1, 1996, p. 16.

作为一位哲学家，韦尔施不满足于只是去呈现各种审美化的图景，另一方面他还将之放置于所谓“现代性”思想语境，以更清晰地展示审美化的来龙去脉，并且还试图对它进行价值评判。但是作为较早涉猎这一话题的作者之一，韦尔施在其关于“日常生活审美化”的探讨中，有一个最关键的问题还没有触及或以清晰的形式提出来，这就是：究竟是什么力量在其背后推动着日常生活的审美化？在描述各种层次的审美化时，他似乎暗示了造成审美化的是经济、技术和媒介，以及一个“现代性”的认识论，但是问题在于，第一，他在点到这些因素时，其意是描绘出现于“表层”和“深层”的形形色色的审美化景观，而未想到要在审美化中去寻找其隐在的推动力，换言之，在他一种关于审美化之推动的问题意识尚未形成；第二，即使他有意识将如上要素作为审美化的推动力，如我们在以下展开的对其他作者的批判性考察所示，也仍失之于表面化而需要继续深进。韦尔施不是一个孤例，在所有迄今为止的关于日常生活审美化的讨论中，推动力的问题不是未被意识到，就是被蜻蜓点水般地浅尝辄止；或者也有一些较为深入的探索，例如在阿多诺、杰姆逊那儿，其中即使往好处说，我们将其所有的错误都弃之不论，也都未达到一个理论所要求的足够的明晰性和系统性。审美化的推动力问题有待成形，有待被响亮地提出，有待给予正确而深刻的解答，因为只有做到了这些，我们才能超越目前社会学所驻足不前的“描述”层次，而进入理论的“解释”层次，进而可能的“改变世界”的层次。

一、从波德里亚到费瑟斯通：图像－审美化

韦尔施在发展自己的审美化理论时未曾提及波德里亚的名字，不知何故[1]；但波德里亚无疑是这一理论为数不多的原创性作者之一。我们放开对韦尔施与波德里亚在审美化论述上的异同比较，尽管这一课题也很有诱惑，例如韦尔施的“认识论的审美化”与波德里亚的“拟像”学说在两条不同线路上，笼统言之，前者多在哲学和思想史一线，而后者则更热衷于社会和文化史的描述，共同走向对真理在审美化中之遁失的发现。我们现在就抛开韦尔施而转向波德里亚，因为韦尔施在一个重大的问题上已经将我们带到了波德里亚这儿：韦尔施如前所示描绘了审美化从表层到深层的诸多表现，甚至还打破这种表层与深层的二分框架，将目光投向一种殊难归类的审美化：它既是“一个浅表的和显而易见的审美化，但在其底下也是一个更深层次的审美化”。[2] 这样的审美化表现为个人对其身体、灵魂、意识以及社会礼仪等方面之完美程度的苛刻要求。审美化现象真是琳琅满目、不可胜收啊，似乎直看得韦尔施眼花缭乱，心旌飘摇，无所终薄，他竟不能在其中辨别出哪一种审美化更普遍、更具影响

1　韦尔施在其出版于 1987 年的《我们后现代的现代》（Weinheim: VCH, Acta Humaniora, 1987）有专节留给波德里亚，其中不乏对“仿真”和“拟像”的评论。

2　Wolfgang Welsch, ‘Aestheticization Processes: Phenomena, Distinctions and Prospects’, in *Theory, Culture and Society,* vol. 13, no. 1, p. 5.

力、更深刻因而可能及根本。

相对于韦尔施这种对审美化景观的迷醉，在波德里亚这里则是冷冷的眼，静静的观，像人体解剖师一样将一切无用的情感都收起，而专致于寻找和发现。波德里亚不为其它的审美化景观所惑，他只关注审美化与图像化的关系。他不是将图像在日常生活中的巨量增殖作为审美化的一种表征，而是将图像化等同于审美化，更关键的是，视图像化为日常生活审美化如果不是唯一也是最重要的推动者：

> 艺术不是被纳入一个超越性的理型，而是被消解在一个对日常生活的普遍的审美化之中，即让位于图像的单纯循环，让位于平淡无奇的泛美学。[1]

也许无关紧要但仍然需要重视的是，纯粹从字面上说，这是波德里亚最直接谈论"日常生活审美化"命题的一次。显然在此波德里亚区分出两类艺术、两类美学、两类图像：前一类建基于结构主义能指与所指之间的二元对立图式，其中艺术营造一个不同于现实的世界从而干预现实，在波德里亚看来，"艺术的灵魂"就是"艺术之作为冒险，艺术之持有其幻想的力量，其否定现实以及建立与现实相对立的'另异场景'的性能"[2]；而"美学"则

1 Jean Baudrillard, *The Transparency of Evil : Essays on Extreme Phenomena*, trans. James Benedict, London & New York: Verso, 1993, p. 11.
2 同上书, p. 14.

就是关于和支持这类艺术的哲学，如黑格尔曾经界定的；最后，图像作为一种符号也一定是有所指的和有意味的。然而由于艺术的增殖、图像的增殖、美学的普遍化，那个支撑传统艺术、美学和图像的二元对立图式便被“内爆”了，现实或任何其它指涉物被悉数撤除，唯有能指在漂浮着，这也就是说，一切都成了艺术、美学和图像，但它们毫无疑问与前一类的艺术、美学和图像根本地不同，在这一意义上波德里亚宣布“艺术消逝了”[1]，艺术转身为另一类别，无所内涵，无所指涉，空空荡荡，于是我们进入了一个“泛美学”的时代。

在上引文段中，波德里亚还向我们指明，标志这一“艺术终结”之后“泛美学”时代的是，我们必须将其落于实处，甚而也可以说，导致“艺术终结”和“泛美学”的是，我们还必须在这消逝性转型的艺术、美学和图像三者之中分清其相互间的责任和作用，图像的增殖，“图像的单纯循环”。是图像之充斥于现实并取而代之，是图像之空无所指，通过改变艺术生产的语境，通过铸造一种所有其它艺术不得不转而仿效的新的艺术典范，造成了艺术以及以之为对象的美学的这一图像化转折。必须注意，波德里亚并不把图像化增殖仅仅视作图像在量上的单纯增加，他提醒我们的是图像在其根本性质上的变化，即从有所指、有意义向无所指、无意义的转换。图像增殖的结果是他所谓的“拟

1 Jean Baudrillard, *The Transparency of Evil : Essays on Extreme Phenomena*, p. 11.

像”(simulacra),在其中,通俗言之,“什么也看不到”——波德里亚是这样描述“拟像”的特点的,尽管在此他并未使用“拟像”一词:

> 如同巴洛克的实践者,我们也是抑制不住地去创造图像,但是我们又是暗中的偶像破坏者——这不是说我们毁坏图像,而是说我们生产出无穷多的图像,但在其中什么也看不到。当今大多数图像,不管是视频图像、绘画、造型艺术作品,还是视听的或者综合的图像,实在就是在其中什么也看不到的图像。它们不留踪迹,不见影子,没有后果。我们从这类图像中能够得到的唯一感受是在每一图像背后有某种东西先已消失。[1]

对于波德里亚,何以说唯当图像演变为空洞无物的“拟像”,这时就是“图像的单纯循环”,才可能造成“一个对日常生活的普遍的审美化”呢?道理在于图像、作为艺术的图像如果不发生如上质的变化,就是说,如果它们总是美学所研究的那种“美的艺术”,即使到处是图像,到处是艺术,也并不妨害作为艺术和审美本质的与现实的距离或张力,这种距离或张力的存在是先已假定了在一个艺术世界之外的现实世界的存在

1 Jean Baudrillard, *The Transparency of Evil: Essays on Extreme Phenomena*, p. 17.

的，而只要这样的现实世界不能被完全搬入艺术世界，我们就不能期待一个“普遍的审美化”或“泛美学”（transaesthetics）。恰恰相反，在一个艺术的时代，假使也有一个“拟像的时代”的话，即使最唯美的艺术，也是针对着最平庸、最丑陋的现实而来的。我们知道，车尔尼雪夫斯基说过，好的艺术总是让人想起生活。而“拟像”，它不是“艺术”，则是为了使人忘掉生活，忘掉现实，将一切真实的东西都虚化为“艺术”。随着作为指涉物的现实的消失，即在一个“普遍的审美化”中，艺术、美学以及以之为基础的图像亦不复存在，如波德里亚所断言，我们是偶像破坏者。

在写作其“日常生活审美化”这篇名文时，费瑟斯通几乎没有可能读到上引波德里亚直接谈及日常生活审美化的那篇叫做“狂欢之后”的短章，因为费文初成于1988年，在当年的两个会议以及一个研讨班上宣读，1992年收入一本公开出版的文集，而波氏的短论则是在1990年出现于他的法文版文集《邪恶的透明：论极端现象》（1993年被译成英文），比费文初稿晚了两年（当然不排除波氏曾在哪里先行发表过这一后来被收入集子里的文章）。我们不拟对此做无关理论紧要的考据，我们仅仅想指出，费瑟斯通在将“日常生活审美化”作为一个重大的社会学命题来谈论时，即在其“日常生活审美化”一文，没有提及波德里亚的“狂欢之后”。这确乎无关宏旨，波德里亚在他自1968年《物体系》以来的所有著述中都或显或隐地指向“日常生活审美化”，换言之，它是他早年便确定下来并毕生探究的课题。

"将世界作为拟像"（Keep the world as a simulacrum）是"将物作为体系"的自然延伸。[1]

如果喜欢刨根问底的读者不满足于此笼统的推演而一定要求具体的证据，那我们倒是更欢喜于指出：在费瑟斯通所熟读的波德里亚的《模拟》（1983 年英文版）一书，"日常生活审美化"这一紧凑的形式虽未正式登台，但已呈呼之欲出状了："现实本身完全**被一种美学所充满**，在结构上与此美学难解难分，这种现实已经混同于它自己的形象了。"[2] 又，"今日正是整个的**日常现实**——政治的、社会的、历史的和经济的——开始整合超现实主义的模拟维度。我们**生活**在一种无处不有的**对现实的'审美'幻化**之中"。[3] 以上两段为费瑟斯通所引用，他未引用但一定读到的一段话此处也有必要给出，这段话紧跟着上面第二处引文："'真实比虚构更让人感到陌生'是个古老的口号，曾经与**这一生活审美化**（this estheticization of life）的超现实主义时期紧密相关，而今则为时代所抛弃。"[4] 瞧，波德里亚不仅为费瑟斯通提供了"日常生活审美化"的思想，而且他也准备了表达这一思想的术语构件："日常"、"生活"、"现实"、"审美化"；在"生活"与"现实"之间，费瑟斯通选择了"生活"。可

1　参见让·波德里亚：《断片集——冷记忆 3》，张新木等译，南京大学出版社，2001 年，第 208 页。

2　Jean Baudrillard, *Simulations,* trans. Paul Foss *et al*, New York: Semiotext(e), 1983, p. 152. 黑体为引加。

3　同上书，pp. 147-148. 黑体为引加。

4　同上书，p. 148. 黑体为引加。

以断定，主要是从该书甚或，再缩小范围，就是从出自该书的三段引文中，费瑟斯通水到渠成地发展出“日常生活审美化”这样凝练而富于表现力的短语。费瑟斯通不讳言其“日常生活审美化”思想及其表述的波德里亚渊源，在其“日常生活审美化”一文的开篇第一段他便光明磊落地提到：“在波德里亚的著作（1983a——引注：指《模拟》一书）中我们发现了对于**日常生活审美化**以及现实之向形象转变的强调。”[1] 费瑟斯通当然也不缺其他资源，但波德里亚无疑是他最切近、最便利的一个。

借鉴于波德里亚，费瑟斯通将图像增殖、图像对真实世界的取代作为日常生活审美化的一个表现。除此而外，他又添加了两种表现，一是艺术抹去其与日常生活界线的努力，一是将生活升华为艺术品的谋划。但他显然是给予波德里亚意义上的审美化以更多的笔墨和重视。这种日常生活审美化分而言之，首先是“符号和图像的湍疾流动”，第二是它们“透入日常生活的组织”，最后就是“对现实的审美化和去现实化 (aestheticize and derealize reality)”。[2] 我们来看费瑟斯通是如何理解和概括波德里亚关于图像增殖与日常生活审美化之关系的思想的：

---

1 Mike Featherstone, *Consumer Culture and Postmodernism,* 2nd edition (The 1st edition appeared in 1991), London: Sage, 2007, p. 64. 黑体为引加。

2 See 同上书 , pp. 66-67.

> 对于波德里亚来说，是当代社会中图像生产之增长、密集、不留缝隙和无所不包将我们推向一个性质上崭新的社会，其中现实与影像的区别被抹去，日常生活被审美化：模拟的世界或后现代文化。[1]

随后费瑟斯通对波德里亚的著作有更详细的解读，不过归纳其中心思想，其实就是“真实被掏空、真实与想象之间的对立被消除”。[2]用我们的话来解释，费瑟斯通所谓的“日常生活审美化”的意思是：日常生活进入图像，从而失去其自身、其真实的存在，这一过程谓之“审美化”。

我们知道，费瑟斯通列举了三种形式或三种意义上的“日常生活审美化”，但是如果以他排序为第三的图像增殖而成拟像为准则，那么前两种则可能就不是真正的“日常生活审美化”，原因是在艺术的领域追求抹除艺术与日常生活的界线（日常生活审美化的第一种表现）仍旧是一种艺术的活动：艺术的本质本来就是在它与生活的分界线上相协商但从来不做取代生活的图谋；将生活提升到艺术层次的计划（日常生活审美化的第二种表现）也是将一部分的日常生活转换为艺术，如费瑟斯通所看到，那是一部分文人雅士的作为，而其特点则恰恰是将生活中更多的人、更广大的部分排除出他们所刻意营造的艺术世界，

---

1 Mike Featherstone, *Consumer Culture and Postmodernism,* p. 67.

2 同上书，p. 68.

这不是弥合了而是尖锐化了艺术与生活的对立，不是消灭了而是预设和保留了生活的存在。因而如果说前二者是日常生活之部分地审美化，那么图像增殖而成拟像就是全面而彻底的日常生活审美化，请注意波德里亚在前引对于日常生活审美化的描述中使用了“普遍的”一语，在他由图像增殖所带来的日常生活审美化不是局部的、飞地般的而是“普遍的”、超越性的审美化。“拟像”之外无一物！波德里亚总尝试在“艺术”或“艺术化”与“普遍的审美化”之间做出界划，更简洁地表述：“艺术”之外有世界，而当今的“审美化”则至大无外，“至大”而致“无外”，遑论“外物”！但结果总让他失望因而绝望的是，由于这“普遍的审美化”，“艺术消失了”。[1] 他看见，“安迪·瓦侯的坎贝尔汤罐，其唯一的好处（一个巨大的好处）是，它使我们不再有需要去辨别美与丑、真实与非真实、超越与内在。”[2]“艺术”向“审美化”缴械投降，不再执守于其从前以之为生命的二元对立的形而上学，它蜕变为“一套仪式，仅具仪式方面的作用”。[3] 与费瑟斯通将“日常生活审美化”区分为三个方面（aspects）之严重不同的是，尽管费瑟斯通不是没有意识到以图像化为标志的审美化之位居消费文化发展的中心，其他两种审美化只是与它协调作用，在波德里亚这里由于不再有“艺术”，于是也决不再有其他两种从理论上说仍然保留着“艺术”本性即那一二元

1 Jean Baudrillard, *The Transparency of Evil : Essays on Extreme Phenomena*, p. 14.
2 同上书 , p. 17.
3 同上。

对立的形而上学的“审美化”。“拟像”之外无世界，“拟像”之外无“艺术”，“拟像”的“审美化”是消费社会唯一的“审美化”。波德里亚不是说消费社会再无“艺术”，而是刻意强调，如果不是夸张的话，一切从前所谓的“艺术”或“艺术”活动都将皈依于“拟像”的逻辑以及这一逻辑所主导的“审美化”。它们“控制了所有形式的艺术、所有的风格；一切都无差别地进入了模拟的泛美学世界”[1]。在一个最根本的意义上，这自然也可以说是艺术的终结了。

“艺术”终结于“拟像”之中。费瑟斯通不是不了解这一点，例如他在讨论第三种审美化时曾援引过波德里亚一段毫不晦涩的话：“于是艺术便无处不在，因为艺术的谋划就在现实的要害处。于是艺术死亡了，不是起于其批判性超越能力的丧失，而是现实本身完全被一种美学所充满，在其结构上与此美学难解难分，这种现实已经混同于它自己的形象了。”[2]如此而言，费瑟斯通当不该将前两种，即是说“艺术”的审美化，与“拟像”的审美化并置，从后者看则前者就不是真正的“审美化”。“艺术”，假定如费瑟斯通所考察的，参与或帮助形成了以“拟像”为其核心的消费文化，那么委身于“拟像”的“艺术”将不再堪以“艺术”相称。“审美化”就是“拟像”的审美化，此外无他。

---

1 Jean Baudrillard, *The Transparency of Evil: Essays on Extreme Phenomena*, p. 18.
2 Jean Baudrillard, *Simulations*, pp. 151-152, and in Mike Featherstone, *Consumer Culture and Postmodernism*, p. 68.

但是，对于本文之追寻审美化的动力这一目的说，我们仍要感谢费瑟斯通，他支持，不管怎样地曲曲折折：在波德里亚的思想中存在着将图像之增殖而成“拟像”视作“审美化”尤为关键的是视作造成这一“审美化”的主要力量的方面。关于图像化与审美化的关系，当然，波德里亚的思想远不止于此，远不止于如此简单，我们以后再谈，但对眼下的论述而言，知道这一点也就够了，因为我们暂时只是想指出，有一种流行的观点将图像化作为审美化的主要表征与推动力。

二、波兹曼：图像－娱乐化

与韦尔施的哲学取向有别，也不使用“拟像”这样生僻而怪异的术语，甚至就未曾言及普通人对其了无所知的“审美化”，美国媒介批评家尼尔·波兹曼（Neil Postman, 1931-2003）行走在一条不同的路径上却最终达到了与波德里亚和费瑟斯通相近的结论。他更贴近于日常经验，认为是电视这一媒介对“图像”(images) 的偏嗜和巨量生产导致了整个社会的“娱乐化”（entertainization，我的术语），这一“娱乐化”就是韦尔施、波德里亚和费瑟斯通的“审美化”，倒过来说，韦尔施等关于“审美化”的所有思考在波兹曼的“娱乐化”中都可以重新演述一遍，而其义其情将并不因此而有所丢失或淡化。我们这样说当然不是在另一方面暗示波兹曼的“娱乐化”只是韦尔施等人“审美化”的一个通俗演义；不错，波兹曼对“娱乐化”的阐说通俗晓畅，但此通俗晓畅决不妨碍其思想的深湛和独到。让我们还是先来熟悉一下波兹曼“娱乐化”思想的基本构成而后再做评判吧！

首先，波兹曼将电视看作当代社会最普遍的文化形式。确乎如其所观察的：“没有哪种受众会因为年幼而被禁止观看电视。没有哪种贫穷能够凄惨到使人非得丢弃电视。没有哪种教育可以高迈到不受电视的影响。最重要的是，没有哪种公众感兴趣的话题——政治、新闻、教育、宗教、科学和体育——不能在电视中找到表现。”[1]波兹曼应该加上：连最抽象的哲学也可以搬上银屏。电视牵扯了每一个人，牵扯了每一个人所关心的每一话题。电视堪比往昔的教堂，是人们集会的场所，追求知识和信仰的圣殿。不过可能让教堂自愧弗如的是，教堂只是人们生活的一部分，而电视则几乎就是其整个的世界。有教堂不能回答的问题，如日常生活中的柴米油盐问题。教堂不会告诉你哪家商店在搞促销活动，在哪里能够买到打折的名牌商品。教堂没有被赋予这种职能。而电视，就其本质而言，套用时下一句广告语，只有你想不到的，没有它做不到的。

我们真是可以不必犹豫地说，迄今没有哪种媒介形式在其普及性上、在其与社会的相关程度上超过电视（互联网这个后

---

1 Neil Postman, *Amusing Ourselves to Death: Public Discourse in the Age of Show Business*, New York: Viking Penguin, 1986 [1885], p. 78.

起之秀尚在追赶之中）；就此来看，电视是如今当之无愧的第一媒介。而这对于波兹曼就意味着，第二，“电视呈演世界的方式成为这世界之被正确呈演的范型”。[1] 相对于印刷媒介，电视创造了一种崭新的认识论，从此以后我们就只有依照它才能正确地认识世界。这需要多说一点。我们知道，波兹曼奉麦克卢汉的格言“媒介即信息”为圭臬；其中一个疑难是，媒介怎么能够成为它所传达的信息呢？对此天书般的思想，麦克卢汉本人的述说简略而晦涩：“这只是说，任何媒介作为我们自己的延伸对于个人和社会所发生的影响都来自于我们自己的每一延伸或者任何新技术在我们的事务中之引入新的尺度（scale）。”[2] 而波兹曼的读解却令我们豁然开朗：

> 每种工具都暗藏有意识形态偏向，就像是癖性，偏嗜于将世界建构成这样而非那样，将一物在价值上凌驾于另一物之上，放大某一感官、技能或态度而抑制其它。
>
> 这就是马歇尔·麦克卢汉那一著名格言“媒介即信息”的意思。……在手握榔头的人看来，任什么都像是钉子。……在端着相机的人看来，任什么都像是图像。

1 Neil Postman, *Amusing Ourselves to Death: Public Discourse in the Age of Show Business*, p. 92.

2 Marshal McLuhan, *Understanding Media: The Extension of Man*, New York: McGraw-Hall, 1965 [1964], p. 7.

在拥有计算机的人看来，任什么都像是数据。[1]

显然麦克卢汉“新的尺度”对于波兹曼而言就是新的意识形态偏向，新的观照并从而构造世界的排他性和主宰性的方式。每一媒介都要构成某种“新的尺度”，世界对于我们为之一变。电视作为一种新媒介，作为当代最普遍的文化形式，势必开创某一最普遍的新的世界观。

那么，第三，波兹曼要究问，什么是电视呢？电视之不同于其它媒介的特点是什么？波兹曼的结论可谓简单而精辟：电视即图像。电视的核心是图像，它之被发明出来就是为了生产和传播图像。而印刷机，波兹曼指出，虽然“**可以想象**它被专用于复制图像”，“但事实上印刷机并无多少机会被专用于或者甚至被主要用于图像复制。”[2]

由电视即图像的观点，最后，波兹曼进入到是图像造成了普遍娱乐化的结论。这一思想行程浓缩在他如下一段话中：

对电视而言，唯有一件事情最重要，就是人们观看它，这是它何以被称为“电视”的原因。人们观看、喜爱观看的是移动的画面——成千上万，转瞬即逝，变化

1 Neil Postman, *Technology: The Surrender of Culture to Technology,* New York: Vantages Books, 1993 [1992], pp. 13-14.

2 Neil Postman, *Amusing Ourselves to Death: Public Discourse in the Age of Show Business,* p. 85.

> 多端。正是由于电视媒介的这一性质，它才必须抑制观念性内容，以迎合视觉兴趣的要求；这就是说，以迎合娱乐业的价值准则。[1]

要理解图像之何以会造成娱乐化，在波兹曼这里，就必须拿文字与它做比较，以文字的特性烛照出图像的文化隐喻。波兹曼将印刷术与电子媒介、将与它们分别相关的文字（或笼统言之，语言）与图像对立起来，认为"语言是关于经验的抽象，而图像则是经验的具体呈现"[2]；"图像要求于观看者的是一种**审美的**反应（an aesthetic response）。它们召唤的是我们的情感，而非我们的理智。它们要我们去感觉，而不是去思考。"[3] 那要求理智和思考的是印刷术和它所生产的文字！波兹曼因而断言，如果说印刷术和对读写能力的假定创造了"童年"（childhood）概念，那么电视文化和观看图像则无需任何预先的启蒙；"相比之下，电视是一种不设门槛的技术，不存在身体、经济、认知或想象力等方面的限制。6岁的孺子与60岁的老翁具有同等资格去感受电视所提供的一切。"[4] 电视冷冻了理智的"成年"，而仅仅需要一个感性的"童年"，这于是也就是"童年的消逝"。波兹曼关于文字与图

---

1 Neil Postman, *Amusing Ourselves to Death: Public Discourse in the Age of Show Business,* p. 92.

2 Neil Postman, *The Disappearance of Childhood,* New York: Vantage Books, 1994 [1982], p. 73.

3 同上。黑体为引加。

4 同上书，p. 84.

像相敌对的思想，简单说来就是文字即思想，而图像则为娱乐。

至此，我们终于可以理解电视和图像对于波兹曼而言何以就等于娱乐了：参照以思想为特色的文字，波兹曼其实是将“娱乐”界定为反思想、非理性、浅表化、无深度的感性活动。图像不是语言，不是文字；它是感性的，是“审美的”，如前所示。图像在波兹曼这儿复归了“美学”的本义，即“感性学”，将它从思想的重压下解放出来，重新交给了感觉的世界。众所周知，黑格尔曾经预言过在现代社会里“艺术的终结”，而如果按照波兹曼的语汇，这则是说形象的艺术终结现代印刷术所生产的抽象的文字和理性的文化。不知黑格尔看到这形象对文字的复仇该做如何感想，是忧，是喜？是愤然，抑或欣慰？

前面我们提到波兹曼不曾直接使用“审美化”一语，这只是就字面而言。如果不如此拘谨而放开来从他基本思想倾向看，从我们所做的分析看，我们可以更自信地断定，这种抑思想而扬感性的图像－娱乐化当就是最正宗、最标准意义上的“审美化”。波兹曼当然不会因此而宣称印刷时代是美学的死亡，而电子时代则是美学的复活。印刷时代不是没有“美学”，而是具有不同于电子时代的美学，它当是“思想的美学”，这是一个悖论性的说法，它之所以悖论是由于资本主义自身的悖论，由于“资本主义的文化矛盾”（丹尼尔·贝尔语），即理性与感性的对峙和冲突。俄国人的“形象思维”以及席勒以来的“审美现代性”等均可如是观之。也许并不重要但有必要指出的是，波兹曼并不为此“美学的复活”而欢呼雀跃，毋宁说对于形象的美学之控制、摧毁抽象的文字，他是忧心忡忡。原则上说，他是一位启蒙者，现代主义者，理性主义者，他抨击电视文化，是要捍卫正统的现代西方文化及其价值准则。

电子媒介或者如波兹曼所聚焦的电视媒介，在印刷媒介所创造的“思想的美学”之后，复活了“图像的美学”，在其中波兹曼突显了一个以感性或感官娱乐为主导的审美理念。比较于波德里亚等人，波兹曼揭开了“审美化”的感性内涵，由此而将“审美化”贬斥为“娱乐化”。这当然是波兹曼对“审美化”研究的独特贡献了，但是一个学理性的问题是，波兹曼是否可能因此而忽视波德里亚等人对“审美化”的哲学揭露即图像美学对现实内容的屏蔽或取代呢？如果说波兹曼也涉足过波德里亚论述的图像的后果如“拟像”所表明的，那么我们当首先要肯定这是波兹曼“审美化”即“娱乐化”思想的又一重内容；但是，第二，我们还是想追问它与其第一重内容——图像即感性美学——有何内在的关联，否则波兹曼就只是一个随感而发、在哲学上支离破碎的文化批评家了。在此我们毫无贬损批评家的意思，因为如下的研究将证明，波兹曼即便不堪以哲学家相称，以媒介哲学家相称，也是一个具有哲学深度和思想体系的文化批评家。我们只想指出事实真相。

波德里亚警告，不只用法语也用英语，今日的图像以其比真实还真实而欲取代真实。令人感到惊奇和惋惜的是，波兹曼似乎压根儿就未听说过这鼎鼎大名的波德里亚及其媒介思想。在堪为其立身之本的“媒介批评三部曲”《娱乐至死》、《童年的消逝》和《技术垄断》之中，他不曾提及波德里亚的名字，但是在图像对于其真实、其指涉的严重后果方面，他与波德里亚可谓英雄所见、不谋而合。他发现，娱乐已变成一种“文化精神，在其中所有的公共话语都日益采取娱乐的形式。我们的政治、宗教、新闻、体育、教育和商业都被改造为与娱乐业相宜的附件，几无抗议，或者甚至就没有什么人留意。结果我们就是一个濒于娱乐至死的族类。”[1] 这种“娱乐化”，如前所说，在波兹曼主要就是“图像－审美化”。图像无处不在，并且主宰了整个社会的文化风尚和审美习俗。任何事物，要存在，就要以图像的方式存在；要更好地存在，就要更好地委身于图像的专制霸权。“图像法庭”取代了启蒙时代的“理性法庭”；一切，甚至连“理性”，都必须在这个新的法庭上申辩其存在的理由，否则就得放弃其存在。波兹曼胪陈了图像在政治、新闻、商业、宗教等领域被赋予的生杀予夺权力。例如，总统竞选如今仿佛不再是政治智慧的展示，它成了总统竞选者个人的形象展示，胖子、秃头以及那些整容术对其无能为力的人们将无缘于政治舞台，政治成为真正意义上的剧场，成为“形象政治”（image politics）[2]。在新闻界，电视播报更深悟此道，“他们多数人将更多的时间花在吹风机上而非稿件上”。[3] 商人们更不落伍，他们早就懂得：“他们商品的性质

1 Neil Postman, *Amusing Ourselves to Death: Public Discourse in the Age of Show Business*, pp. 3-4.
2 同上书，pp. 134ff.
3 同上书，p. 4.

和作用与商品展示的巧智相比就无足轻重；实际上，为亚当·斯密所称赞或者为马克思所谴责的资本主义法则，其多半都是不符合事实的。甚至日本人，据说他们生产的汽车要比美国人的好，也很清楚经济学与其说是一门科学，毋宁说更是一种表演艺术，如丰田公司每年的广告预算所证明的那样。”[1] 波兹曼的意思是，不只是人（政治、新闻界），甚至连物（商品）都要接受形象学的审视和支配，这可真是波德里亚“普遍的审美化”了！

波兹曼以上关于商品的评论文字出现于《娱乐至死》的开头部分，在此他似乎回避了商品的美学维度问题，但数章之后他径直将广告称作“美学理论”——“美学”在此除了表示前文所说的感性之外，开始取得另一层意义：“广告成了深层心理学的一部分，成了美学理论 (aesthetic theory) 的一部分。”[2] 此话后来又被他原封不动地搬进了《技术垄断》一书。[3] 这透露，在波兹曼的“深层心理学”中潜流着一种对商品的“美学”观照。这种观照与波德里亚的“审美化”几相叠合，不仅仅是在字面上，更重要的是在思想上，在其对“美学”的主要指谓上（此处我们不谈波德里亚“美学”的感性指谓，那不是他关心的重点）。前文已经证明过，波兹曼的“图像-娱乐化”就是波德里亚的

1 Neil Postman, *Amusing Ourselves to Death: Public Discourse in the Age of Show Business*, pp. 4-5.

2 同上书, p. 60.

3 Neil Postman, *Technology: The Surrender of Culture to Technology*, p. 169.

“图像－审美化”；因而即便没有如上我们找出他们于文字上的巧合，波兹曼的“图像－娱乐化”也决不缺乏波德里亚“图像－审美化”的哲学洞识。圣经上早就提醒我们，“字词害人”。波兹曼以上在指出政治、新闻和商业等对图像律法的服膺和奉迎中已经透露出图像对真实的削弱、淡化、边缘化以至于取消——相对于图像，真实可有可无。举凡一切，“是”什么无足轻重，重要的是“像”什么，“看起来”怎样，认识论挤走了本体论。波兹曼的“娱乐化”不需要什么本体论，如同波德里亚的“审美化”，对它美与真实无关，甚至也许可以说，一个形象愈是空洞无物，则愈是美丽和诱人。如果说在其《娱乐至死》，波兹曼对形象之虚空化，因而“审美化”的描述还具有较多的经验成分，尚未达到概念的纯净和清晰，那么在《技术垄断》中的一章，该章以“符号大流失”为题，波兹曼虽不改其一贯的介入并胶着于现实的风格，但是如标题所示，他看到了图像之作为符号日益疏离其所指之现实的“大”趋势。注意，在后结构主义之后，“符号”可是一个“无物之词”，即符号之外无一物。波兹曼忧国忧民忧文化，此处他呼喊读者注意的主要是代表着民族、国家及其文化传统和宗教信仰的符号如山姆大叔、上帝、耶稣等的意义大流失。仍然是从图像及其无限增殖的角度，波兹曼借用杰伊·罗森（Jay Rosen）以及丹尼尔·布尔斯廷（Daniel Boorstin），后者著有《图像》（*The Image*, 1961）一书，指出两点：第一，符号尤其是图像虽可无限复制，然其意义并非取之不尽、用之不竭；第二，符号愈是被频繁地使用，其蕴涵就愈是被掏空。据此，当神圣的、严肃的符号被不断地搬上电视，被广告所无节制地利用，那么符号的枯竭及其叙事的大流失就是必然的结论了。波兹曼提到耶稣的诞辰为例，今天当圣诞节被超度地采掘和使用之后，有谁还会在这曾经神圣的时刻生出神圣的联想？耶稣不再有本雅明所谓的“灵晕”和“膜拜”的价值，他早已在图像的十字架上流尽了最后一滴血，连一具残白的印象都未留下。图像化无所不及，在其《童年的消逝》中，波兹曼指出过，“电视的本质”是“将生活的一切方面都转化成娱乐业的格式”[1]；那么在《技术垄断》这里，让波兹曼扼腕以太息的符号及其宏大叙事的流失则只是整个社会“言之无物”、“词不达意”的一种表现而已，尽管在波兹曼看来它是其中后果最严重的一例，关乎一个民族的文化传统和精神寄托问题。

电视或者说图像在其本质上就有抽空其对象之内容的趋向，如前文已约略指及的，因而图像的无限复制和频繁使用特别是其独霸于电视这一最日常的当代媒介则只是加剧了这一本有的趋向。对波德里亚而言，“形象”并非自来就是“拟像”，它有一个历经几百年的蜕变过程，据说起先它还是现实的反映，是“一善的表象”；而后则开始掩盖和扭曲现实，成为“一恶的表象”；接着是掩盖现实的缺席，如同巫术；最后就变成了与现实毫不相干的“拟像”，这时它已不能称之为“表象”了。[2]但是对

1 Neil Postman, *The Disappearance of Childhood,* p. 115.

2 See Jean Baudrillard, *Simulations,* pp. 10-11.

波兹曼来说，图像自始以来就具有“拟像”的性质。这是因为与文字不同，图像不说它“代表”了现实，它咬定它就“是”现实本身；“图像不展示概念；它们展示事物本身。”[1] 假使说一个符号声称它“代表”了现实，那么这则先已意味着它并不把自身等同于现实。“与句子（它为文字所构成——引注）不同，一幅图像是不可去辩驳的。它不提出一个论断，不包含它自身的对立面或否定，它无需遵从什么证明的法则或逻辑。”[2] 这就是说，图像天然地或天生地就好像是事物本身，在它因而就根本不存在符号与其指谓这样只有在文字中才会出现的二分问题。图像无真假。可以想象这样的情景：一个人面对自己的相片，他会说：“这就是我。”而面对描写其形象的文字，他当会说：“这写的就是我。”这里暗涵的信念是图像与事物之间直接的、不假任何中介（如文字）的同一。人们相信“眼见为实”，即相信目之所见即为事物本身。而图像亦是“目之所见”，因而亦可作为事物本身。通常谁会留心到图像之为再现、之为中介呢？可以说，图像之取代现实、之作为波德里亚的“拟像”是再自然不过的事情了。波兹曼由此达到了对电视和图像之最彻底的揭露。在他因而甚或能够放言无碍：自从有了电视也就是说其图像，这个世界便不复存在了。

关于图像的后果，归纳前述，波兹曼的主要观点是：第一，

1 Neil Postman, *The Disappearance of Childhood*, p. 73.
2 同上。

图像即感性，因而与真正的审美化或感官的娱乐化息息相通；第二，图像即事物本身，它之产生出来的就不是为了“指示”而是为了“取代”事物；或许差可列为第三——因为它系前两点之派生——的是，图像即纯粹之“表象”，它仅在“表象”层面作业，它所关注的不是“再现”什么，而是如何使“再现”本身更符合视觉或形式美因而也是感性、感官的需求。一句话，图像的后果就是真实在其中被悄然抹去的娱乐化和审美化，或缩合言之，“审美-娱乐化”。所谓“审美”，有必要重申，在波德里亚需要限定地说是“拟像”审美，而在波兹曼则无需此赘疣，所有图像在其本质上都是趋向于解除现实的审美。明乎此，前文作为一个学理问题提出的波兹曼审美娱乐化思想两重内容之内在关联也就不再成其为问题了。波兹曼以其对形象的鞭辟入里的分析为我们构筑了一个对娱乐化社会进行批判的思想框架，说是一种哲学体系大概亦不为过誉。

对于本文的论题来说，波兹曼的意义是再次确认了我们在波德里亚和费瑟斯通那里获得的图像之作为审美化之推动力的思想。这样说对波兹曼不太公平。不错，我们是按着波德里亚的“审美化”来解读波兹曼的“娱乐化”的，我们因而看见了其同，我们愿意将此共同点作为“审美化”研究的一个基本结论。局限于此，波兹曼视角的独特性，即从印刷媒介与电子媒介相比较的角度，波兹曼在审美-娱乐化中所凸显的感性或感官之向度，还有波兹曼对当代社会的人文主义担待，等等，都只能附丽于我们对于审美化之推动力的追寻了，我们只能说波兹曼关于审美–娱乐化的评论丰富了波德里亚等人的审美化命题。而如果是转换为以波兹曼为出发点，那么我们将会看到，在审美化研究上波德里亚等所强调的只是波兹曼思考的一个方面。现在我们之所以在波兹曼这儿不惜笔墨，一个原因是，在国际范围内对“审美化”讨论中波兹曼的重要性尚未被充分认识到。

三、海德格尔等：必要的附证

认定图像的增殖、扩张甚或图像本身与审美化以至是日常生活的审美化具有本质性的关联，这种观点已被韦尔施、波德里亚、费瑟斯通和波兹曼发挥得淋漓尽致，蔚成当代理论之一大奇景。没有他们的理论，我们或许就不可能意识到审美化之作为一个问题的存在，至少不会意识到其作为一个问题存在的严重性，借助他们的眼睛我们仿佛在罂粟花的妖艳中看见其夺命的凶险。

不过需要指出，他们几位并非图像审美化概念之肇端——这未必是坏事，因为早在古希腊柏拉图就已经刻意将“eidos”一词在日常语义上所具有的感性的“看”和“形象”等意义剔除出去，而单单保留其为抽象的、本质的即被亚里士多德所发展的“形式”，它是感官达不到的思维的对象；简言之，在柏拉图就知道，“形象”不是真实，甚而欲取代真实，例如他以那一著名的“洞喻”所告诉于我们的。[1]或者柏拉图也不是对“形象”之最早的质疑者，从理论上说，如有人所猜测，“对形象的恐惧，对‘形象的力量’之最终甚或能够摧毁其创造者和操控者的忧虑，就如形象制造本身一样古老”[2]，这就是说，形象对其显现对象的叛逆是原罪性的，在某种意义上，创造一个形象同时便是创造一种其与真实的疏离，其对真实的忤逆或篡夺，信如中国画家郑板桥之所叹，“手中之竹”总非“胸中之竹”，而“胸中之竹”亦非“眼前之竹”。

既已说到此处，那么挑选任何其他一位思想家关于图像性质的论述，继续做如上不厌其烦的细部剖析，也就没有少必要性可言了。那将是重复！问题已说到了尽头，说到了其历史的源头。性急的读者完全可以跳过这部分而直接去读“小结”。不过，为

---

1 但安东尼·J. 凯斯卡迪（Anthony J. Cascardi）认为，这是“柏拉图**主义**”而非柏拉图**本人**的观点。他承认，就柏拉图《理想国》卷 3、10 而言，柏拉图的确是怀疑图像能够表达真理，因为图像所在的位置与永恒的形式隔着三层；但另一方面，凯斯卡迪又提醒，“若是舍弃承载着真理的图像性话语，我们将无法去想象柏拉图之对所谓‘真理’的理解。……几乎在柏拉图的任何一篇对话中，在其核心处，总是存在着一种图像的星座，它是柏拉图能够理解真理的关键”（Anthony J. Cascardi, ‘The Implication of Images in the Revival of Aesthetics’, in Aleŝ Erjavec *et al*. (eds), *Filozofski Vestnik,* vol. xxviii, no. 2，2007, Ljubljana, p. 171）。柏拉图事实上不相信哲学可以不经图像等感性事物而直接进入抽象的真理，它“只能借助于图像来呈现真理。于是这就有了各种不同的叙事（mythoi）、戏剧和图像形式，柏拉图依赖它们以达到对真理的揭示。”（同上书，p. 173）。凯斯卡迪强调的是，柏拉图不仅没有废弃图像，而且将它作为通向真理的必由之路。不过这在我们看来，则只是展示了与被简化了的柏拉图主义相比较柏拉图本人思想的丰富性和复杂性，任何开创流派的思想家都难逃此劫，凯斯卡迪终究不能将“柏拉图主义”从柏拉图本人思想中清除出去。其实从“效果史”的角度看，没有“柏拉图主义”便没有柏拉图，没有作为学生的亚里士多德便没有作为老师的柏拉图。

2 W. J. T. Mitchell, *Picture Theory,* Chicago & London: The University of Chicago Press, 1995 [1994], p. 15.

了给出韦尔施、波德里亚、费瑟斯通以及波兹曼的理论语境，为了感受其图像论述的流行程度，对于其他思想家的研究成果，我们仍是不能随便舍弃，但我们所能做到的不过是挂一而漏万，且所“挂”之“一”也只是点到为止，不作深究，权作为一种简单的注解吧，因为除了上述原因之外，我们的论题是有限制的，即仅限于图像化与审美化的关系。现在，我们就从海德格尔开始。

海德格尔在两重意义上谈论“图像”（Bild）：其一，“世界”以“图像”的方式存在，我们了解“世界”，也就是“世界”呈现为“图像”，就此而言，“图像”乃胡塞尔现象学所谓的“现象”；但是其二，“图像”又是为着主体之人而存在的，作为“客体”，作为主观主义的“表象”（repraesentatio, Vorstellen），于是“世界”在“图像”的呈现中隐匿。胡塞尔的现象学不需要主体之“人”，即实存性主体，其“主体间性”的意思是主体之间对其实存性的相互悬置和取消，从而臻于纯净的“先验自我”。一个主体只要不隐含不透明的“绝对他者”，那么“主体间性”就只能是“先验自我”的另一表述。

海德格尔实质上不反对胡塞尔的“先验自我”，在他“先验自我”即“事物本身”；但海德格尔同时认定现代哲学中存在一个使我们无法返回“事物本身”或他所谓的“真理”的“主体”，亦即“图像”或“表象”，一种认识论，因而其哲学的一个重要任务是对“主体”的清算和排除。海德格尔和胡塞尔的哲学目标都是要达到类似于柏拉图“eidos”那样的“现象”，其不同只在于对现代哲学的认知：胡塞尔顺其势发展出他的“先验自我”，而海德格尔则逆其势抨击其“主体”未能达到无“我”的“先验自我”：此“先验自我”因其难以与“主体”划清界限而对海德格尔便不再是一个恰当的术语了。

因此，“图像”对“世界”的遮蔽在海德格尔就既是认识论的，且也是存在论的。“主体”本已错误，它分裂了主体和客体，更何堪其兼为“个体”？“个体”虽为“主体”，但从未也永远做不成胡塞尔玄想的“先验自我”。这就是海德格尔对“图像世界”的批判理路：从认识论到存在论。[1]

我们接下来看弗里德里克·杰姆逊。据杰姆逊所观察，图像即便不是造成审美化的动因，那也是这一审美化之重要特征或表征。受启于德博尔以及波德里亚，他视消费社会或后现代社会为图像社会或美学社会，其中被消费的不是商品之直接的使用价值，而是其图像、其审美价值、其抽象的观念。换言之，“商品具体化（reification，过去常译为‘物化’）在当代消费社会的最终形式不折不扣地就是形象本身”[2]，而决非“物本身”[3]。若以后结构主义而观之，此之谓“无物之词”，能指与所指的链条断裂了，有意义负载的符号被清空了，由此我们除了文本之外便不再拥有任何他物。“显然，这样一个关于商品化的叙述，只要它的意思是说，一切事物在消费社会都具有审美的维度，那就与美

---

1 Vgl. Martin Heidegger, „Die Zeit des Weltbildes“ (1938), in: ders., *Holzwege*, Frankfurt a. Main: Vittorio Klostermann, 2003, S. 75-96.

2 Fredric Jameson, *Signatures of the Visible*, New York & London: Routledge, Chapman & Hall, 1992, pp. 11-12.

3 同上书，p. 12.

学直接相关。”[1]在杰姆逊，商品化即是审美化。

与其关于现代性和后现代性的区分相对应，杰姆逊实际上也将资本主义的历史勾画为两个阶段——商品化和审美化，从商品化到审美化：

> 关于政治或观念，甚或情感和私人生活的商品化，人们漫漫洒洒地已经谈论了许多；而现在则必须加上：商品化如今也是审美化，商品眼下也被审美地消费。[2]

当然，杰姆逊并不自觉地因而始终一贯地坚持这一划分，例如他紧接着便说：

> 这就是从经济到文化的运动；但也存在着同等重要的从文化到经济的运动。[3]

那严格坚持这一区分的是波德里亚，一个从生产社会到消费社会的转向居于其整个学说的核心位置，未若杰姆逊只是随意挪用一下他人的理论而已。顺便指出，杰姆逊在他关于消费社会的论述中基本不提波德里亚的名字，我们不猜何故；但是，阅读杰姆逊，

---

1 Fredric Jameson, *Signatures of the Visible,* New York & London: Routledge, Chapman & Hall, 1992, p. 12.

2 Fredric Jameson, 'Globalization and Political Strategies', in *New Left Review,* no. 4, July-August 2000, p. 53.

3 同上。

我们是一定要想着波德里亚的，自然杰姆逊另有其他资源。

在有关图像化与审美化的讨论中，社会学家斯各特·拉什也别有贡献。在与约翰·厄里合著的《符号经济与空间经济》（1994）一书中，他注意到发生于后现代社会的“物质客体的审美化”，即物质客体被符号和图像的增殖日益掏空其物质内容，于是整个社会便日益被审美化，广义说来，被文化化，或者反过来，审美或文化被日益社会化。这种现象他称之为“审美自反性”（aesthetic reflexivity）。此书之前，斯各特·拉什在其“自反性现代化：审美维度”（1993）一文，之后在其与乌尔里希·贝克和安东尼·吉登斯合集的《自反性现代化》（1994）一书，还有在其最新论文“资本主义与后物理学”（2007），等等，都程度不同地处理过这一话题。不难辨认，拉什的主要目的是勘定并评估审美或“审美化”对于现代性或现代化的后果，但前者究竟是后者的自我反思，还是意味着后者的自我消解，或者，兼而有之，对他来说，仍是一个有待自圆其说的论题。

与本文主题相关，我们从中看见，拉什以及厄里将符号或图像的增殖作为造成社会“审美化”的直接动因，这自然也可以说是在某种方式上受到了波德里亚以及费瑟斯通的影响。[1]

1 参见斯各特·拉什、约翰·厄里：《符号经济与空间经济》，王之光译，商务印书馆，2006 年，第 6 页，第 15—16 页，第 195 页；乌尔里希·贝克、安东尼·吉登斯、斯各特·拉什：《自反性现代化》，第 139 — 220 页，第 267 — 272 页；Scott Lash, ‘Reflexive Modernization: Aesthetic Dimension’, in *Theory, Culture and Society*, vol. 10, no. 1, 1993; Scott Lash, ‘Capitalism and Metaphysics’, in *Theory, Culture and Society*, vol. 24, no. 5, 2007.

图像化论题与19世纪的老费尔巴哈似乎攀不上什么关系，但由于居伊·德博尔在其《景观社会》第一章“完美的分离”中将费尔巴哈的一段话作为题记，这种关系便可能建立起来。这段话出自费尔巴哈《基督教的本质》（1943年第二版序言）：

> 但是，对于影像胜过实物、副本胜过原本、表象胜过现实、外貌胜过本质的现在这个时代……只有幻想才是**神圣的**，而真理，却被认为是**非神圣的**。是的，在现代人看来，神圣性正随着真理之减少和幻想的增加而上升，从而，在他们看来，**幻想之最高级**也就是**神圣性之最高级**。[1]

它给人的印象是，费尔巴哈似乎早在19世纪40年代就已经看到或预见了图像对现实的胜利。苏珊·桑塔格就有此印象。她将费尔巴哈对于现时代的如上描绘视为有关“摄影冲击波的一种预兆或箴言”，“他具有先见之明的抱怨在20世纪已转换成一种被广泛认可的论断”[2]。

查证原文，方发现此论竟大谬不然。费尔巴哈说的是“宗教影像”，是宗教之作为影像，作为幻像，与技术意义上的图像泛滥——这是德博尔“景观社会”思想的现实基础——毫无干

1 费尔巴哈：《基督教的本质》，荣震华译，商务印书馆，1984年，第20页。
2 苏珊·桑塔格：“影像的世界”，见《沉默的美学：苏珊·桑塔格论文选》，黄梅等译，南海出版公司，2006年，第100页。

系。其关联，如果有人愿意建构的话，可以从哲学方面入思：按照德博尔的说法，"景观是对幻觉的物质性重构"[1]，因而除去其"物质性"外壳，"景观"实质上与"宗教幻觉"无异。由此看来，德博尔是有理由将费尔巴哈对"宗教影像"的批判转用于他对"景观社会"的批判的。不过，这决不是说德博尔对"景观社会"的批判仅仅是哲学性的，他还有其他的视角，值得我们另行探讨。

丹尼尔·贝尔在其《资本主义文化矛盾》关于"视觉文化"的评论中，虽然并不曾直接谈论视觉"审美化"，但仍然能够让我们读出他对视觉"审美化"的清醒意识和批判姿态："印刷不仅强调认识性和象征性的东西，而且更重要的是强调了概念思维的必要方式。……由于强调形象，而不是强调词语，引起的不是概念化，而是戏剧化。"[2] 读过波兹曼的《娱乐至死》和《童年的消逝》，我们将不难体味到贝尔未曾言明的"审美化"对现实指谓的取缔。

最后提一下于丽娅·克里斯特娃。她新近写道："与图像文化的诱惑力、速度、冲击力以及肤浅性质相比而言，词语文化、小说叙述以及它为沉思保留的位置，在我看来乃是进行最低限

---

1 Guy Debord, *The Society of the Spectacle,* trans. Donald Nicholson-Smith, New York: Zone Books, 1995, pp. 17-18.

2 丹尼尔·贝尔：《资本主义文化矛盾》，赵一凡等译，三联书店，1992年，第156-157页。

度反抗的一种变体形式。”[1]我们可以从贝尔关于“速度”与印刷文化和视觉文化之不同关系的论述来理解克里斯特娃：“印刷媒介在理解一场辩论或思考一个形象时允许自己调整速度，允许对话。……视觉媒介——我这里指的是电影和电视——则是把它们的速度强加给观众。”[2]对克里斯特娃而言，反抗需以深度的沉思为前提，而视觉文化的“速度”则不给“深思”、“对话”留出空间，它带来的是“肤浅”，也就是不及物。

抛开其细微的差别，我们看到，在将“审美化”联系于“图像化”时，以上这些理论家普遍地将“图像”视作一种与事物本身没有必然联系或者就是遮蔽、扭曲事物本身的“表象”，在他们“图像”既已作为“图像”就一定是波德里亚所谓的“恶的表象”，比波德里亚更为激进的是，他们绝不相信还有“善的表象”。表象乃十足之恶。在这样的理论线路上，我们可以继续地例举下去，而且可能还绝不乏味，例如齐美尔、阿多诺、本雅明、列斐伏尔、布尔迪厄、霍尔、艾柯……等等，但我们想就此打住，因为以上不算很多的例举，我相信，已经完成了我们预定的目标。“图像 - 审美化”实乃西方理论界继承柏拉图遗产的一项集体成果。

我们破坏了韦尔施、波德里亚、费瑟斯通以及波兹曼思想的独创性，但在另一意义上，他们的事业则可谓有先驱，有渊源，

---

1 于丽娅·克里斯特娃：《反抗的未来》，黄晞耘译，广西师范大学出版社，2007 年，第 6 页。
2 丹尼尔·贝尔：《资本主义文化矛盾》，第 156-157 页。

有更多的同道者、支持者，无论他们之间是否相互援引，在精神上即在对认识论的拒斥上他们已是声气相求了。

小　结

现在我们应该能够做一小小的总结了。

第一，就以上所论之主旨看，已成流行即使不便以“共识”相称的是，图像增殖为审美化的直接推动力。当然对于持此观点的理论家们，不言而喻，图像增殖的背后是新媒介技术的力量。因而作为题中之义，技术与审美化的关系以及相关论述亦应列入我们的议事程序。但在我们以上所评述过的理论家那里，这尚未被突出为一个重大议题。我们需要另做研究，看看技术除了在其可见的层面上，例如电子媒介对图像生产和传播的作用，是否在其深层里、在其本根上就是审美化的发动机。现在我们则只想接着指出，第二，由图像所造成的审美化是在哲学上，在哲学认识论上被批判、被否定的，这是说，图像之罪，图像－审美化之罪，在于其对认识对象的遮蔽甚至模拟性取代。

我相信以上论述已经充分证明了这两点，但愿其充分性尚不至达到令人厌倦的程度。然而对于彻底揭开审美化的奥秘这一目标来说，找到图像增殖为审美化的推动力只是刚刚迈出了第一步，我们必须继续追问，又是什么在推动着图像增殖呢？这一追问将我们带向技术。但是技术也不会是审美化的最终原因，因为明摆着的是：又是什么因素在推动着技术的不断更新？

在现代性西方，新技术的发明总是为着工业——实乃商品生产——的需要。科学的目的或有可能是单纯的求知，而技术决不会为技术而技术，其目的是应用。因而在一个以商品为中心的社会里，技术则一定是为着商品的技术。我们将证明，是商品本身的需要在推动着技术，推动着图像化，推动着审美化。若是由此而返观我们既有的论述，即将图像增殖作为审美化的原因，其一新的意义便赫然浮现出来：尽管对于挖出商品作为审美化之终极因而言，图像增殖只算是一个初步的收获，但它已经将我们引向商品的构成。一件商品不仅是实体性的，而且也具有并不必然归属于其实体的、飘离的形象。一个真实地反映了商品之实体的形象并非商品之本质性所需，毋宁说，商品追求的是形象的膨胀、溢出，形象对于商品实体之尽可能无限的超越。了解于此，本文对审美化推动力之未能彻底的研究便不是没有价值的了。有了第一步，就必定有第二步，第三步，等等，因为第一步已经包涵或预示了其后的所有的“进”步，不过其关系并非自明，它有待于我们的劳作来揭示。

两种“距离”，两种“审美现代性”

——以布洛和齐美尔为例

在西方美学史研究中，“距离”是一个老话题，似乎熟烂到无话可讲的地步。但是，如果把距离问题与社会的现代化进程、与由现代化进程而产生的“审美现代性”联系起来，那么它对于我们的意义却远未穷尽。本文以布洛和齐美尔的距离说为例，提出了两种“距离”，即“艺术的距离”和“社会的距离”，相应地，两种“审美现代性”，即“艺术的审美现代性”和“社会的审美现代性”，从而展示了“距离”与当代生活的相关性。

——阅读提示

在西方美学史研究中，“距离”是一个老话题了，似乎熟烂到无话可讲的地步。但近年来，学界关于全球化和电子媒介所造成的“趋零距离”如何危及到，如果不至于“终结”的话，文学以及其它一切人文形式的存在的讨论和争鸣，使得这个沉默多年的话题大有复兴之势。对于“文学终结”论与“距离”的关系问题，笔者已有专论，[1] 此处不再重复。本文将从另外一条思路进入这个问题。我们就从“心理距离”开始。

一、“心理距离”说与“审美现代性”

说到“心理距离”，自然是以爱德华·布洛的论述在美学史上最为典型的了，它最系统，最严密，也最有影响。但如果说它是布洛的首创，恐怕是要加上很多的限定方可说得通的。就其理论谱系，朱光潜先生早就指出，“‘心理距离’说可以在德国美学中找到根源。叔本华已经把审美经验说成是‘彻底改变看待事物的普遍方式’。”[2] 其实，叔本华也是更具体地使用过“距离”一词，不过因出处冷僻而不大为人注意罢了：“我们的生命履历就像一幅马赛克图案：惟当与其拉开一定的距离，我们方才能够认识它、鉴赏它。”[3] 朱光潜对“距离”的分析是“就我说，距离是‘超脱’；就物说，距离是‘孤立’。”[4] 这是对布洛“心理距离”说的阐发，也是对叔本华由哲学而美学的“距离”的解读。距离

1 金惠敏：《媒介的后果——文学终结点上的批判理论》，人民出版社，2005年。
2 《朱光潜全集》第二卷，安徽教育出版社，1987年，第233页。
3 转引金惠敏：《意志与超越——叔本华美学思想研究》，中国社会科学出版社，1999年，第173页。
4 《朱光潜美学文集》第一卷，上海文艺出版社，1982年，第22页。

在审美主体，是“超脱”于为利害盘算所困扰的日常生活中的自我，在对象或客体则是将其从与我们的功利性关系中“孤立”出来，审美活动由此距离化而发生。

对此我们尚需进一步指出，第一，自我的“超脱”与对象的“孤立”分开说是虽各有侧重，一为“我”，一为“物”，但整体观之它们又是同一审美活动的两个方面，是同时出现的，是辩证一体的。不能在“超脱”与“孤立”之间序出个时间的先后来。审美主体的形成过程同时就是审美对象的形成过程，这尤体现于自然之成为美这一现象。不过说到艺术品也不例外，虽然自然或生活已经转化为艺术品，但这样的艺术品并不就是审美对象，而是用接受美学的术语说，文本，有待于在阅读或欣赏中活动起来，成为“作品”，即成为为我的审美对象。当然我们并不否认审美教育在培养审美主体方面的作用，但无论如何，未进入审美活动的主体都不能被视为审美主体，他至多只是一个潜审美主体或文本性主体。形象地说，“音乐的耳朵”在未听到音乐的时刻不过就是普通的耳朵；“音乐的耳朵”只能是在音乐中的耳朵。

第二，由于物不能自己就呈现为审美对象，所以物之“孤立”说到底将取决于一个审美主体的存在及其作用，这就是何以布洛被视为“态度”（attitude）理论家的原因。换言之，主体的审美“态度”是一物能够出现为审美对象的终极性原因。尽管不可否认物理性间隔如时间和空间等天然地具有造成心理距离的效能，但心理距离在布洛那儿首先是一种积极的主观态度，“距离经验是我们能够学习获得的某种东西”，如研究者所指出，

“在这一基本的意义上，距离是一个心意状态或一个态度，而非一个数量尺度。审美距离没有物理距离那样的单位。距离经验几乎可以发生在任何情境，指向任何对象，只要一个观照者有足够的能力施之于如此的经验。”[1] 那么“至少于理论上，任何东西都可以是审美欣赏的潜在对象”。[2] 不难发现，在其对“态度”的强调上，布洛的距离说实在就是笛卡尔-康德主观唯心主义哲学的美学翻版，就是美学上的“人类中心主义”，或审美上的现代性，尽管这并非一定是说布洛对此已有明确的意识或意图。这里我们只是愿意指出布洛距离美学所暗涵的倾向而已。可以作为对照的是，叔本华的审美距离观恰恰是反人类中心主义的，是对生命意志的否定和弃绝，因而预示了 20 世纪的后现代主义思潮。

布洛从心理学的角度去研究审美欣赏中的距离问题，其特色，如果说不是什么创新的话，不在于心理学方法的使用，不在于距离问题的指出，进而总体上说也不在于心理学地考察审美现象，而在于以心理学的方法探讨了一个具体而又自康德以来便位处核心的现代性美学概念即“距离”。布洛在 20 世纪美学史上的经典意义首先是心理学的，“心理距离”是一个审美心理学的概念；但远不止于此，逸出于心理学界限，布洛以独辟的

1 Dabney Townsend (ed.), *Aesthetics, Classic Readings from the Western Tradition,* Belmont: Wadsworth, 2001, p. 238.

2 Michael Kelly (ed.), *Encyclopedia of Aesthetics,* vol. 4, New York & Oxford: Oxford University Press, 1998, p. 317.

“心理距离”视角进而还窥测了如今被广泛讨论的“审美现代性”问题。

二、货币、距离与“社会的审美现代性”

所谓“审美现代性”，其底色是自始以来审美或艺术从日常、功利、实用和理性中的疏离，是这种疏离生产出以艺术为其精华的审美活动，而现代社会对于工具理性的过度崇尚和依赖及由此而形成的一套现代价值观念或简单说来“现代性”又给这亘古便有的艺术与日常生活的矛盾涂抹了新的色彩、强度和复杂性。在“审美现代性”理论中，“审美”被当作对“现代性”的救赎，但反讽的是，这“审美”又与“现代性”同根同祖。可以看到，以现代艺术所体现的“审美”理想恰是自主、自由、个性、创新等这些最基本的现代性原则，于是“审美现代性”就成了一个自相矛盾的概念。这究其根源不在两种观念内部的相悖与相合，而是出自于观念被付诸现实所必然发生的“异化”，因而“审美现代性”不是别的，它是现代性对其后果的审美反思，现代主义艺术的社会批判凡是触及源出现代性之文化现实的都当如是理解。

在这一“审美现代性”的理论语境中，“审美”如果说不只是“距离”，那么“距离”至少也是“审美”最关键的内容。格奥尔格·齐美尔（Georg Simmel, 1858-1918）指出：“在那些提供实际愉悦的案例中，我们对客体的欣赏就不是特别地审美的，而是实用的；只有当其作为增加距离、抽象和升华的结果，它才能够变成审美的。”[1]说“距离产生美”在康德“审美无利害”观念为主导地位的现代性美学中似乎并无多少新意可言；齐美尔曾以康德专论获取博士学位，在1902年至1905年间他几乎每年都在讲授美学，他自然不会就此止步。我们看到，他更以“距离”作为考察现代社会形成和特点的一个重要视点，例如他认为“货币将我们置于愈益根本的与客体的距离之中；印象、价值感受、对事物兴趣的直接性被削弱了，我们与它们的联系断裂了，我们要体验它们仿佛是只有经由一个中介，它不允许它们完整的、自主的和直接的存在全部地呈现出来。”[2]货币在使用价值和交换价值、我们的自然需求和此需求的满足、主体世界和客体世界之间插进一个（货币）“中介”，即一个“距离”，而如果依照于“距离产生美”这一公式，货币当具有艺术的特征和作用，如同艺术一样，它也是对现实生活的抽象化、符号化即距离化，因而原则上货币就具有要求被认作艺术品的权力，“例如说货币交易看来就像是去创造那种作为审美判断一个必要前提的距离。”[3]如果不能否认距离与美的相关性，如果也不能否认造成距离的货币因此与艺术品的可类比性，而另一方面我们又无法不看资

1 Georg Simmel, *The Philosophy of Money*, trans. Tom Bottomore & David Frisby, London: Routledge & Kegan Paul, 1978, p. 90.

2 齐美尔：《社会学美学》，转引自 David Frisby (ed.), *Georg Simmel, Critical Assessments,* vol. III, London & New York: Routledge, 1994, p. 54.

3 David Frisby, 'The Aesthetics of Modern Life: Simmel's Interpretation', in David Frisby (ed.), *Georg Simmel, Critical Assessments,* vol. III, p. 54.

本主义生产方式与精神生活如艺术和诗的敌对而坦然接受它们在距离美学上的和解，那么我们就必须将艺术从距离美学中进一步地区分出来，齐美尔就是这样做的：“只要对象仅仅是有用的，那么它们就是可以互换的，任何东西都可以被其他能够发挥相同效用的东西所取代。但是如果说是美的，那么它们就具有一个特殊的个体存在，一方的价值不能为另一方所取代。”[1]美的之所以成为美的，固然一方面是由于如齐美尔所看到的“美是典型的、超个性体的和普遍有效的事物”，[2]如货币所分享于此的，但可能更是由于另一方面它是一种不可重复、不可替代而独具个性的存在。在此齐美尔揭开了美或艺术的一个悖论：它们既是普遍的，又是特殊的；既是全体的，又是个体的；既是理念的，又是现实的，是接通了所有普遍真理的具体的现实存在。这似乎又回到了黑格尔的“美是理念的感性呈现”的经典话题，在那儿“理念”是“一”，“感性”是“多”，前者是普遍性，后者是个性或个体性。

但是，齐美尔“距离美学”的意义，既不在康德，即将美形式化、去功利化，也不在黑格尔，将丰富而复杂的整个世界蒸发为一个“概念”；换言之，不在用现代性生活去加强经典的力量，恰恰相反，而是沿着既往美学的思路开辟对现代社会特征及本质的新理解和新概括。当代英语世界最著名的齐美尔专家大

1 Georg Simmel, *The Philosophy of Money*, pp. 74–75.
2 Georg Simmel, *The Philosophy of Money*, p. 74.

卫·弗里斯比一语中的："说到底，齐美尔现代性分析的重要意义是，它突出了我们现代经验的审美之维。"[1] 或者，"说到底，齐美尔无可置疑地就是最先使我们意识到现代生活美学的社会学家之一。"[2] 这即是说，齐美尔最重大的美学贡献是，将美学分析施之于我们的现代生活或我们对现代生活的新经验。在齐美尔的意义上，我们可以断定，现代社会就是一个"美学社会"，即一个以距离美学为特征的社会；由是观之，在当代学者如费瑟斯通（Mike Featherstone）和波德里亚对由于图像、符号而引起的"日常生活审美化"的"后现代性"讨论中，是游荡着齐美尔"审美现代性"的理论幽灵的。据此，尽管我们不能否认在齐美尔那里也有那一为浪漫主义、现代主义所标榜的"审美现代性"（例如他揭示过"冒险"与"艺术"在本质上的相类，它是与世俗日常世界的"断裂"，是生活中的"岛屿"或"飞地"），但是其特殊之重要性则只能是依赖于他对现代社会的这种美学描述和界说。

可以将前者称之为"艺术的审美现代性"，后者为"社会的审美现代性"；进而也可以将"距离"分别为"艺术的距离"和"社会的距离"。对于齐美尔来说，"社会距离"是既包涵有艺术的"对象化"即人性的显出和确证，也可能发展为"异化"即对人性的片面化和否定的。因而一个"美学社会"有可能是"反

---

1 David Frisby, 'The Aesthetics of Modern Life: Simmel's Interpretation', in David Frisby (ed.), *Georg Simmel, Critical Assessments*, vol. III, p. 63.

2 同上。

美学”的“社会”。对此倾向，齐美尔有暗示、有警告；我们看到在波德里亚那里，常常是“日常生活审美化”（或用我们的术语，“社会的审美现代性”）与“艺术的审美现代性”的对抗，前者总是被置于后者之批判的审视之下，从而被暴露出其“反美学”的性质来。艺术诚然需要距离，但艺术所需要的那种距离又从来是有节度的。

布洛主题不能被解除，实际上也没有被后人所解除。在海德格尔对“人诗意地栖居”的憧憬中，在他对电子媒介之造成地理距离之消除而并未因此使人多少地更切近于“物”的批评中；在德里达对因电信技术而致情书消失的哀悼中，尽管一同消失的还有他憎恶的西方形而上学和形而上学的认识论；在杰姆逊关于后现代主义新空间如何使“批判距离”被净除的描述中，在他对于沃霍尔“无深度”艺术的深度剖析中；需要再次提及波德里亚，在他对拟像是怎样地谋杀了真实的揭露中，一个典型的后现代景观，都或有所保留地表达了对“艺术的审美现代性”的乡愁。这提醒我们，即使“艺术的审美现代性”或简言之“审美现代性”是一个有问题的理论，它至少也是不能那么被轻易地弃之如敝履的。

哲学·政治·文化·时间

——20世纪西方美学的四个问题

20世纪西方美学已是一段完整的历史，如何从整体上把握这段时间所产生的美学思想，遂为当前美学研究的一个新课题。不只为着西方知识史的兴趣，更是着眼于解决中国现实的理论难题，本文研究指出，第一，人们通常以为相互对立的科学主义与人文主义两大思潮实则具有哲学上的同源性，即共同来自于（启蒙）理性及其辩证法；第二，20世纪西方美学的政治就是以资本主义精神反抗资本主义制度，因而它内在地即是政治的；第三，美学研究对象或审美对象在20世纪发生了一个重大转移，即由“美的艺术”转向作为“泛美学”的大众文化；最后，应将空洞的时间和资产阶级线性进步观从美学史中剥离出去，让美学史显露出美学自身的真实和特性来。

——阅读提示

20世纪美学已成为一段完整的历史，一个有边有际的研究对象，似乎写作一部20世纪西方美学史该是时候了。但是，这只是从时间概念上说，而从内容上看，事情却并不如此简单，原因是，20世纪美学的许多问题，特别是其中50-60年代以来所产生的那些问题，至今仍在争论之中，而在中国，由于其问题语境的成熟晚于西方大约30-50年，对于中国学者来说，撰写一部20世纪西方美学－史，实际上就是在解决自己的问题。任何历史都是当代史，在一个全球化时代，任何外国史可能同时就是本国史。在马克思，历史的结果是世界史。[1]

20世纪美学的延伸性，其与我们自身的切近性，即距离的阙失，一方面增加了写作一部“历史”著作的难度，但另一方面也助长了我们参与其中的激情。为着“历史”的客观，我们将牺牲我们的主观激情。当然结果如何，不是我们可以预先许诺的。

这是我们在正式进入导论[2]之前首先就要明白的，因为以下的导论既试图呈现20世纪美学的真实面貌，又要处理一些有争

1 马克思指出：“世界史不是过去一直存在的；作为世界史的历史是结果。”（《马克思恩格斯选集》第二卷，人民出版社，1995年，第28页）

2 此文曾作为国家社科基金成果《西方美学史》第四卷（中国社会科学出版，2008年）的导论。

议的问题，而通过处理正在争议的问题，能否被人承认地进入了美学的实际，将滋生出再一个的问题。

一、如何哲学地理解20世纪西方美学

20世纪并未提供什么新鲜的基本哲学问题，它给我们的仍是那自有哲学以来便如此的难题，即主观与客观或者主体与客体及其关系问题。美国人罗蒂那个有名的关于哲学主题演变的三段论所看好的当代哲学由古代的本体论、近代的认识论所转向的“语言论”，其实解剖开来看，也是可以归入先前的本体论和认识论的。语言只是20世纪哲学家们普遍感兴趣的一个问题入口，经由这个入口他们走向的不是本体论，就是认识论，或者兼而有之。例如说，语言究竟是工具－符号，还是我们的基础本体论？是我们在说语言，还是语言在说我们？语言是否虚构了形而上学？言说是符号的自体循环，还是及物或即物的交流方式？深入这些乍看属于语言学的问题，可以发现，它们仍是被“主体－认识－真理”这一古老的哲学幽灵所纠缠。英美的语言哲学不是语言学，而是关于语言的哲学；同样，欧陆结构主义也不能只是归于语言学了事，它是穿越了语言学的德国唯心主义。这或许就是怀特海那一不无荒谬的说法，即两千多年的西方哲学不过是对柏拉图的注脚之真实性所在。

20世纪哲学之创新性在于，它积极地回应了当代社会以新的现实性所迫切化了的主客体问题。这就是说，虽然根子里仍

是主客体问题，而表现出来的却是另外一些看似不相干的话题。表面上的不相干恰是传统哲学内在里的现实关怀和它永不枯竭的能量和生命力。哲学固老，但它以对现实问题的言说而长青。

现实问题当然很多，而哲学并不是一门解决具体问题的实用学问或技艺。能够触动哲学灵感、并经得起其问辩的总是那些具有相当普遍性的被抽象了的问题。在这类问题图谱中，最抢眼也最是举足轻重的问题，我们以为，当数“科学”。

据考证，“科学”的本义是知识，尤指系统的知识，在17世纪例如在培根的《科学的进步》（从拉丁文翻译成英文时为《学术的进步》[1]）中，它通常也包括了哲学、历史学、伦理学和神学，因而与“良知”（conscience）毗邻。但是由于“工业革命”在创造物质文明方面所发挥出的巨大作用，以及由此人们对在其中厥功甚伟的“自然科学”的叹服和崇拜，“自然科学”便几乎独占了“科学”的语义。19世纪末狄尔泰之选取“精神科学”（Geisteswissenschaften）一词便是这一语境中一个耐人寻味的现象。它是人文理性对“科学主义”的抗争，对精神现象的研究也应享有“科学”的尊崇，但另一方面这未尝不是对“科学”甚至其风骚霸气的俯首称臣和自惭形秽，因为“精神科学”只能遵照自然科学所给定的基本法则才能忝列于“科学”，其特殊性微不足道。

“精神科学”一语所蕴涵的相互矛盾的对于“科学”的两种

---

1 拉丁文书名为 *De Augmentis Scientiarum*，英文为 *The Advancement of Learning*。

态度，分别被发展为20世纪哲学的两大基本倾向：对“科学主义”的批判，与对“科学”精神的吸纳。现象学、存在主义、哲学解释学、后结构主义和其它各种形态的后现代主义等等，基本上属于前者，而分析哲学则属于后者，因为“它与给当代文明打上最深烙印的两大势力结盟，即科学和技术”。[1]精神分析哲学，如果成立的话，要特别一些，它在形式上接近“科学”，而内在气质上则是反“科学”的。

在此，我们决不是说，20世纪哲学存在有科学主义与人文主义两大潮流，像许多研究者和一些处身其中的哲学家所相信的那样。“科学”精神不等于“科学主义”，“人文”精神也不等于“人文主义”。原因是，“科学主义”，根据威廉斯的研究，是一个“带有批判性的字眼”，“用来定义科学在某方面的局限”。他注意到，“同样，人文学科有其明显的局限，但尚未有一个通用的词汇来定义这个局限”。[2]其实这样的词汇早就有了，就是“人文主义”（或译“人道主义”），20世纪60年代以后该词在后现代主义诸流派中日渐被赋予否定性的意义。如果说“科学”、“人文”来自于启蒙传统，那么“科学主义”和“人文主义”的出现则是由于“启蒙的辩证法”，如霍克海默和阿多诺所阐明的。这就是说，无论在其肯定的抑或否定的意义上，“科学主义”与“人

---

1 乔治·亨立克·冯·赖特：“分析哲学：一个批判的历史概述”，载陈波等编《逻辑与语言——分析哲学经典文选》，东方出版社，2005年，第3页。

2 雷蒙·威廉斯：《关键词——文化与社会的词汇》，刘建基译，三联书店，2005年，第427页。

文主义”都具有同源性，即共同秉承着启蒙哲学所确立的对于理性的绝对信仰。[1]“科学”精神的实质就是“理性”精神，而“理性”精神也就是“人文”精神。“科学”与“人文”是同一“理性”的两翼。依照康德，人先验地具有“纯粹理性”，这使他得以统摄和认识经验的世界。作为启蒙计划或许是其主体部分的康德哲学既是“科学主义”的，也是“人文主义”的。

所谓“科学主义”与“人文主义”的冲突因而就不是两种思想潮流的冲突，而是理性发展过程中其内部所歧出的问题，即理性的异化问题。“理性”需要“科学”和人的“主体性”以开辟自己的道路，而一旦理性放任于“科学”和“人文”，就会出现它所意想不到的“科学主义”和“人类中心主义”，我们知道，“科学主义”常常就是“人类中心主义”。这是自“工业革命”以来，20世纪尤甚，我们所面临的一个重大的现实问题。转换为哲学的语言说，我们这个人类“主体”怎样才能克服我们“主观上”的“科学主义”和“人文主义”而回归到我们“客观上”的真实存在。

美学虽然不就是哲学的附录部分，但要把握20世纪美学的精神就必须了解主客体关系这一哲学基本问题在所谓“科学主义”与“人文主义”的冲突中的体现。20世纪美学流派繁多，主张各异，当然要求我们用心去具体地体会，但主客体关系仍是

---

1 1760年，伏尔泰在致爱尔维修的信中写道：“本世纪开始看到了理性的胜利。”根据权威历史学家的认定，“他指的是人文主义精神和科学的经验主义。”（参见J. O. 林赛编《新编剑桥世界近代史》第7卷，中国社会科学出版社，1999年，中国社会科学院世界历史研究所组译，第144页）

它们或直接或间接地、或明显或隐晦地指涉着的问题。如弗洛伊德美学宣告文艺创作中一个理性主体的死亡，如德里达对意义的解构就是对主体的解构，更不用说那些从积极的方面建构艺术创造主体的表现主义美学了。即便那些强调文本价值的各种形式主义美学家，实际上也是将一个现代性的主体哲学落实为“审美自主性”。

这里应该辨明，西文中的“subject”和“object”既是认识论意义上的主“观”和客“观”，也是存在论意义上的主“体”和客“体”，这种差异的关键性在于，它会导出分别侧重于主客“观”和主客“体”的两种哲学和美学来，例如现象学关注于主客“观”（如意向性、表象、前见），而在弗洛伊德、拉康、福柯以及女性主义者和后殖民主义者那里则是主客“体”（如身体、身份、单个性）。这样的主客体关系被表述为主体与他者（other）的关系，并通过对他者之绝对他异性的坚持（如列维纳斯）而改写了只是作为另一自我的和对象性的客体。他者哲学具有强烈的现实政治诉求。

二、如何政治地理解20世纪西方美学

如果能够将“政治”理解为不只是职业政治家们的思想和活动，而且也是一切关于如何组织社会的并不一定诉诸行动的纯粹思想性的探索，那么应该说当其时特里·伊格尔顿（Terry Eagleton）在他那本著名的《文学理论导论》中大胆地宣称一

切文学和文学理论都是政治的，他是没有什么过分之处的。[1]他后来在该书“中译本前言”中为此立论所做的辩解，即说文学理论“永远是政治性的”“不应该被误解为是企图把文化产品中独特的东西简化为直接的政治宣传目的”[2]，也就没有多少必要性可言，因为通过强调文化产品的特殊性是无法在任何程度上削弱文学和文学理论的政治性的，它们与“政治”的相关是“直接的”抑或如伊格尔顿所暗指的“间接的”，究竟只是一个方式的而非本质的问题。

伊格尔顿是在考察了20世纪主要的文学理论流派如现象学、解释学、接受理论、结构主义、后结构主义和精神分析之后得出如上结论的，而这些流派通常又是可以冠之以或许更宜于被称之为“美学的”，因此他的这一结论也同样适用于它们被当作美学的流派，据此我们可以进一步推断，一切美学的都是政治的；具体言之，20世纪西方美学史就是一部政治的思想史。

将“美学的”当作“政治的”并不意味着可以拿政治的价值标准去要求美学理论，那是过去的做法。作为以描述美学发展实际为指归的一门历史学科，我们所撰写的美学史首先是把政治作为一个解释学的视角，从这一视角观察各种美学理论的政治意指、其起伏和变化。这个政治不是我们现在的政治，不是我们自己的政治

---

1 伊格尔顿“政治”界定为“那将我们的社会生活组织起来的方式及其所包含的权力关系”（Terry Eagleton, *Literary Theory: An Introduction*, 2nd edition, Minneapolis: The University of Minnesota Press, 1998, p. 67）。

2 特里·伊格尔顿：《现象学，阐释学，接受理论——当代西方文艺理论》，王逢振译，江苏教育出版社，2006年，第3页。本书即变更了书名的《文学理论导论》。

立场，诚然我们也无法摆脱这些，而是当时美学与之发生关联的政治，这就是说，它是一种被语境化了因而被客观了的政治，但愿这不会成为一个去政治化的政治，因为政治就是我们的实际存在。

在不同的层面上说，20世纪西方社会有许许多多的政治，有阶级的、种族的、文化的、性别的，等等，但在我们看来，20世纪最根本的政治问题是资本主义的充分发展及其矛盾、危机的充分暴露，因而对它的种种思考和争论。在哲学和美学方面，其思考和争论有直接的，而更多的则是间接的，是经由了多重中介的、曲曲折折的但终归的镜像。其中比较易于看出的是，例如，女权主义政治和美学是对资本主义所依赖的个体自由之彻底性的要求，即它必须被彻底到将女性也包括进“人”的范畴；在19世纪中叶被作为无产阶级圣经而创立的马克思主义，在20世纪的社会批判美学那里其阶级的意义则被扩大为人性一般的意义，资本主义不再只是对某一阶级的剥削和压迫，而是对全人类、对真正人性的戕害，因而美学的批判更具有了特别的重要性。后结构主义从其政治的直接性上看，自然是法国1968年5月风暴的一个后果，有研究者指出，“正是透过由学生和工人发起的这类斗争，福柯和其他人才开始从理论上阐发权力和知识之间的密切关系，认识到权力是透过细微的渠道渗透到社会和个人存在当中发挥其作用的”[1]；而往历史的幽深处望去，它是通

---

1 道格拉斯·凯尔纳、斯蒂文·贝斯特：《后现代理论——批判性的质疑》，张志斌译，中央编译出版社，1999年，第30页。“五月风暴”与后结构主义运动之关系极为复杂，这里只是就一个方面而言。

过对启蒙理性的怀疑和批判而暗指了资本主义制度和精神的困境的。德里达反对解释学的意义“延异”性，这个看似纯粹属于符号学或修辞学的问题，实则是他对“在场形而上学”的解构，对以“理性”、“知识”和“真理”为名对一切“他者”和“差异”实施排斥、压抑和整合的哲学暴政的颠覆——这就是德里达何以对高度政治取向的多元文化论者如斯图亚特·霍尔和女权主义哲学具有无穷魅力的主要原因。利奥塔在其《话语，形象》一书力挺形象对话语的优先权，一种被学者称之为“逾越的美学（transgressive aesthetics）和逾越写作模式”[1]，在其中形象越出了话语所设置的边界。这给人的印象就是在替艺术和诗辩护，然内在里却是躁动着如德勒兹（Gilles Deleuze）和加塔利（Félix Guattari）所称颂的将冲破资本主义“辖域化”的“欲望”的。“话语”不是不可以表现“欲望”，但“表达于话语中的欲望受到了语言规则的构造和限制”[2]；而“形象”的感受性、直接性和多义性或反指意性则天然地与不受任何理性规训的“欲望”结盟。整个说来，法国后结构主义就是这样被理论化了的“革命”和“造反”行动。[3]街头政治固然是失败了，可它被后结构主义者在学院内、在“文本”的字里行间所赓续，一样地轰轰烈烈，

1 同上，第194页。

2 同上，第196-197页。

3 作为后结构主义阵营的一员主将，克里斯特娃后来吐露，其“互文性”概念包含着“反抗”的思想，她甚至认为：“文化与反抗之间具有内在的、难以消除的联系”（于丽娅·克里斯特娃：《反抗的未来》，黄晞耘译，广西师范大学出版社，2007年，第101页。该书法文原版出版于1998年）。在她看来，“内心反抗”（同上书，“前言”第1页）是永恒的，而“政治反抗”不过是一种“世俗表达形式”（同上书，第3页）。

一样地硝烟弥漫，也一样地惊心动魄。

以上这些流派都是美学政治化的荦荦大者，是美学为政治服务的显例，是美学与政治相关的无可辩驳的铁证。但是也有那委曲小变者，那远离政治者，更有那公然要切断与政治瓜葛的"为艺术而艺术"论者，如作为一种叔本华主义的布洛的"心理距离"说，如执着于"文学性"寻找的俄国形式主义，如具有唯美主义灵魂的克罗齐的"艺术即直觉"理论，如封闭文本、使其孤立于一切社会关联的英美新批评派，等等；这些可笼统称之为"审美自主性"的理论自上世纪80年代中期以来例如在美国已经不怎么时兴了，但它在美学界和文学艺术界从未销声匿迹过，而是早就沉潜为一种不言而喻的公理，或良心，或态度，被小心翼翼地看护着。一旦审美遭到外物的过度采掘、盘剥和榨取，便立刻就有抗议之声发出。但是这一切只是提醒我们对于美和艺术的政治观察需要更加地谨慎、灵活和语境化，来不得半点偷懒的逻辑化，而决不至于从根本上解除美学与政治的传统盟约，在此我们不必重提老普列汉诺夫对唯美主义虚伪性的政治揭露和批评，其中对于后者多有冤枉，因为例如王尔德就声称过自己的社会责任，而是需要注意阿多诺的一个同情式的理解和评论：

更确切地说，艺术是通过其与社会的对立性位置而成为社会性的，那一位置是唯在艺术作为自主之物时才能取得。不是去遵从现存的社会规范，也不是把自身修

> 造得“于社会有用”，而是将自身凝结成一自在的本体，艺术由此而恃其纯粹之存在批判社会……[1]

这就是说，坚持审美自主性是实现其社会批判功能的前提：艺术只有建构起自己的身份，找到自己特殊的立足点，才能发起自己的社会批判，否则就流于一般的宣传品或政治的附庸了。从历史上看，我们知道，“由康德所奠基的审美现代性即‘自由美’对于‘依附美’的优先性，换言之，对审美自主性的高扬，曾经在席勒那里、在英国浪漫主义诗人那里、在青年马克思那里，最后是在 20 世纪现代主义文学那里，演变成为对资本主义生产本质和社会罪恶的批判。”[2]

这些乍看起来纯粹的、独立不倚的或者“为艺术而艺术”的美学，实际上却是在“疏离”的意义上实现其政治功能的：其一，“疏离”是它们“介入”政治的独特方式。它们无需主动去做什么，只要简单地在那儿，默默地在着，坚持着一个“疏离”的方式，其政治性就已经是实际地发生了。其二，这种“疏离”的政治性还在于它本源上隶属一个被人反复阐述但仍嫌暧昧的资本主义精神，不是韦伯的禁欲苦行，不是桑巴特的贪婪攫取，不是他们两人争论中所共同签署的理性主义（被他们狭义化了

---

1 Theodor W. Adorno, *Ästhetische Theorie*, hrsg. von Gretel Adorno und Rolf Tiedeman, Frankfurt am Main: Suhrkamp, 2000, S. 335.

2 金惠敏："消费时代的社会美学"，《文艺研究》2006 年第 12 期，第 6-7 页。关于美学与社会的关系在审美现代派那里的表现，参见该文第一节“‘美学’反对‘社会’”。

的理性主义），也不是舍勒在情感上找出的“怨恨”，而是那个超越并统领这一切的由笛卡儿在哲学上所确立的“我”字当头的现代主义主体性精神——资本主义制度是对它的实践以及不可避免的异化，而“疏离”美学，包括现代派和它的前身消极的或积极的浪漫主义，则是向它的回归和对异化的制度的批判。以“疏离”为特征的“审美现代派”其实并未创造出一种外于现代性的审美意识形态，相反，它是以资本主义精神对资本主义实践的反思和批判，更简洁些，是现代性反对现代性。[1]这就是审美自主性理论的深度政治学。

对于20世纪西方美学，政治的阐释，尽管我们可能早已厌倦，仍是“一条不可逾越的地平线”，问题只在于如何恰当地使用它，不是让政治去遮蔽和取代美学，而是让美学在政治的探视下显出其自身，或者就是成为其自身。

1 贝尔指出：“资本主义经济冲动与现代主义文化发展从一开始就有着共同根源，即有关自由和解放的思想。它在经济活动中体现为‘粗犷朴实型个人主义’（rugged individualism），在文化上体现为‘不受约束的自我’（unrestrained self）。尽管两者在批判传统和权威方面同出一辙，它们之间却迅速结成了一种敌对关系。可以用弗洛伊德的理论来解释此种现象，指出是转移到文化方面的性本能威胁了生产工作所必需的纪律。这种说法虽有些道理，但太抽象了。较为符合历史的解答似乎是这样：资产阶级精打细算、严谨敬业的自我约束逐渐同他们对名望和激动的孜孜追求发生了冲突。当工作和生产组织日益官僚化，个人被贬低到角色位置时，这种敌对性冲突更加深化了。工作场所的严格规范和自我发展、自我满足原则风马牛不相及，难以和平共处”（丹尼尔·贝尔：《资本主义文化矛盾》，赵一凡等译，三联书店，1989年，第33-34页）。在我看来，贝尔这里所描述的是资本主义精神的对象化和异化过程。

三、如何文化地理解20世纪西方美学

"美学"作为一门学科在其创立之初即在"美学之父"鲍姆嘉登那里，便被规定为关于"自由艺术的理论"，这个"自由艺术"就是后来黑格尔在其《美学》中开宗明义地以之为美学研究对象的"美的艺术"。这是相当狭义的一个"艺术"概念，如果将实用工艺、自然和社会也包括进来，那它们只能是作为在艺术中所集中体现的"美"的理念的投影。如今，美学以艺术为中心仍是一个根深蒂固的观念，似乎只有关于艺术的"美学"才具有普遍意义，而那些关于当代生活、文化现象的美学如"体育美学"、"影视美学"、"技术美学"、"服饰美学"、"旅游美学"、"身体美学"等等，严格地说，统统是歪门邪道，而即便宽容地说，其存在的价值也不过它是对"艺术"的增补和烘托。非艺术或低级的艺术是不能进入美学研究的视野的。美学只能是关于高雅艺术的学问，因为唯有高雅艺术才能给人以精神的陶冶，才能培养出健康的情趣。

这在马修·阿诺德（Matthew Arnold, 1822-88）就是，唯有他所定义的"文化"，即"世上所思所言之精华"[1]，当中主要是艺术和诗，才能完成一个伟大民族所必需的人文的即道德的、近

---

1 Matthew Arnold, 'Literature and Science', in his book *Discourses in America*, London: Macmillan, 1912, p. 82.

于宗教的和审美的教育。不同于柏拉图，作为一位文学的和社会的批评家，阿诺德是既看重教育，又寄希望于诗在其中的作用，就此而言他就像中国的孔夫子，将“诗教”提升到关乎“修齐治平”的高度，曹丕后来扩大为“文”，称“文章”乃“经国之大业，不朽之盛事”。不消说，孔子的“诗”和曹丕的“文”都是经过“删”、“选”的那些纯正无邪的佳作，阿诺德亦在此意义上提出“好诗”（best poetry）的概念[1]，而另一方面我们知道孔子是要“放郑声”的，为的是“郑声淫”，这就是说，孔子在言“诗教”时是早就规定好了雅俗之分野的。这古来的雅俗对立的观念，同样也出现在柏拉图那儿，衍化为阿诺德对作为“所思所言之精华”的“文化”与“大众”文化的区分，以及对民主化而可能造成理想丧失的忧虑。他以“文化”“少数者”的优越指斥美国“大众”的庸俗和堕落，说他们只是依其低下的本能行事，只是相信从报纸上读来的东西，而对永恒的和超越的真善美毫无热情和兴趣。与追求真善美的“文化”精神背道而驰，“大众”文化不过是培育和怂恿“大众”的低级趣味和物质性欲望，因而是不能以“文化”相称的。

在此我们不拟从价值上评说阿诺德的“文化”观念，例如它是进步的抑或保守的，而愿意从事实上指出一个历史性的

1 “我们需要的是好诗；这好诗将被发现具有一种能够塑造、支持和娱乐我们的力量，而其它任何东西都无法做到这一点。”（Matthew Arnold, ‘The Study of Poetry’, in P. J. Keating（ed.）, *Matthew Arnold: Selected Prose,* London: Penguin Books, 1970, p. 342）

“文化”巨变：这就是资本主义正在生产出一种反“文化”的工具主义、物质主义（materialism）和科学主义的社会意识形态，以及推助这一意识形态并构成其一个有机部分的流行文化形式，阿诺德以美国报纸为例，其中没有真实和理智，也缺乏严肃的旨趣，而仅仅是兜售名人和轰动效应。报纸作为一种“大众”媒介，原本上就是大众性的，是大众需求的生产和满足；是民主性的，是对权威、精英、神秘性或独创性的瓦解。在一个大众媒介的时代，阿诺德那时只是看到了一个纸媒的阶段，美学研究包括文艺批评如果固守于“所思所言之精华”，那么它将必然地流为一种唯美主义，一种复古主义，或一种“审美现代派”。

以雷蒙·威廉斯为先驱的英国文化研究在20世纪50年代末期的兴起，宣告了阿诺德（为利维斯所深化和发展的）精英主义“文化”观的终结，这就是，为阿诺德所排斥的“大众”在威廉斯这里开始成为“文化”的题中之义。按照威廉斯的重新界定，“文化”作为一种“生活方式”，是既包括了传统所谓的“知识的”和“精神的”，也包括了“物质的”（material）人类活动的。[1]“物质的”一语与“大众”相通，将人类的物质性活动纳入“文化”范畴，在威廉斯因而就是将普通人的指意实践即“大众文化”合法化；文化不能只是精英的，威廉斯要求，“文化是普通的”。[2]在英国文化研究史上，这种以物质性和普通性定义

---

1 Raymond Williams, *Culture and Society*, *1780-1950*, London: Chatto & Windus, 1959, p. xvi.

2 Raymond Williams, *Resources of Hope,* London: Verso, 1989, p. 4.

“文化”的一个实际后果是，“将电视、报纸、舞蹈、足球以及其它日常制品和实践开放给批判而又同情的分析”。[1]“大众文化”终于进入了“文化”研究的神圣殿堂。

自然，威廉斯的本意并不是要以“大众文化”取代精英文化，如上面他那个综合性的定义所表示，又如他在提出“文化是普通的”时所申明——“我们在这两种意义上使用文化一词：指一种全部的生活方式——共同的意义；指艺术和学问——发现和创造性努力的特殊过程。有些作者用该词表示这些意义中的这一个或那一个。而我要坚持的是两者，是两者结合起来的重要性”[2]——但是，“大众文化”之挤入“文化”的一个重大的理论后果是，传统的“文化”版图被实质性地改写了；而如果说以前“文化”一直主要地就是“艺术”文化，那么“文化”版图之被改写的一个美学后果则是美学将不能再是仅仅关于“艺术”的学问；换言之，威廉斯之后，美学的任务将是如何对待“大众文化”这种“非艺术”现象，一方面它无法为传统的“艺术”概念所涵括，但另一方面又不是完全与“艺术”无涉，而是有着大量的挪用和重构。由于英国文化研究的反精英性质，因而也就是“反美学”的性质，因为“美学”即隶属于一个精英的传统，其于20世纪西方美学史的意义迄今还未受到应有的重视。

与英国文化研究差不多同步，法国的社会学家和哲学家也

1 Chris Barker, *Making Sense of Cultural Studies, Central Problems and Critical Debates,* London: Sage, 2002, p. 68.

2 Raymond Williams, *Resources of Hope,* p. 4.

发现并理论了与消费文化共生的社会审美文化现象。罗兰·巴特对时装的研究，列斐伏尔对日常生活的解剖，居伊·德博尔（Guy Debord）对“景观社会”的界说，一直到波德里亚对消费社会之“仿真与拟像”的指认，等等，显然与英国文化研究的态度不同，其中几乎是完全的批判而少有同情性的分析，但当代社会所具有的新的“审美”特性还是被客观地呈现了出来。根据他们的理论图绘，第一，我们已经由马克思时代的“生产社会”进入了后现代的“消费社会”；第二，这个“消费社会”是一个将物变成了符号即“物符”（objet-signe）的社会；第三，物作为一个能指，不再代表其实际的使用价值，而是指向一个被虚构和想象的价值，或者说，在“物体系”中能指与所指的自然联系被重新组织，例如“**一条小小的发带透出漂亮雅致**”被转换为“**一条发带是漂亮雅致的符号**”[1]；第四，如果我们能够承认黑格尔的经典公式“美是理念的感性显现”之关键点是“显现”，那么以符号这种感性形式去显现被生产出来的诗意欲望，当会造成一个美学的世界，符号的增殖就是美学的增殖。由于电子媒介的迅猛扩张，尤其是其无穷的图像生产能力，如果说印刷以复制文字符号为主的话，符号的美学在电子媒介时代就主要地表现为图像的美学，巴特所一般而论的“符号”被波德里亚突显为图像符号和由此而来的“日常生活的普遍的审美化”（une esthétisation

1　罗兰·巴特：《流行体系——符号学与服饰符号》，敖军译，上海人民出版社，2000年，第51页。黑体为原有。

générale de la quotidienne)[1]。或许有些危言耸听，波德里亚断言，整个社会的审美泛化将招致“艺术”的终结，因为“当一切都成为美学的，那就没有什么是美的或丑的，艺术自身亦将不复存在。”[2] 具体说，“为着图像的单纯传播，艺术消失于一个平庸的泛美学之中。”[3] 原因在图像，是图像毫无意义的增殖终结了“艺术”的存在。而如果“艺术”真的终结了，那么以“艺术”为其研究对象的“美学”也必将走向终结。

对于“艺术”和“美学”的前景，其实，波德里亚并非如我们想象的或他本人常常表演的那样悲观，他所谓的“艺术”是有特定的内涵的：它是“真正的天才”、是“冒险”，是“幻想的力量”，是“对现实的否定和与现实相对立的另一场景”，是“一种超越性的形象”，——“在这一意义上，艺术消失了。”[4] 我们知道，这是康德和浪漫主义运动以来所形成的现代性“艺术”概念，是“审美现代派”的“艺术”理想。因而波德里亚所宣称的“艺术的终结”就不是一个泛泛之论，而是被他赋予了一种具体的历史意味，即“艺术的终结”在他意味着一个现代性“艺术”观念的终结，由此“艺术”将步入一个后现代的“泛美学”(transesthétique) 的新时代。

面对艺术的转型，美学应当如何因应之而不致自身被历史

1 Jean Baudrillard, *La transparence du mal : Essai sur les phénomènes extrêmes*, Paris, Galilée, 1990, p. 19.

2 同上书，p. 17.

3 同上书，p. 19.

4 同上书，p. 22.

所抛弃，是20世纪许多美学家思考的一个主题，除上面提到的英法作者外，还有如美国的杰姆逊，他将艺术置放于后现代文化语境的考察已成经典；又如阿瑟·丹托，其“艺术界”理论表现了对艺术史传统所拒斥的种种实验艺术的认定和接纳。再有更是尽人皆知的德国本雅明的艺术在机械复制时代的“灵晕”的消失，霍克海默、阿多诺和马尔库塞对“文化工业”的以艺术为其救赎的批判，无论其是否正确，都应视为对在审美对象即“艺术”发生变化之后的美学前途的积极求索。评价其求索之得失不是本文的任务，在此笔者只是提出，将审美对象的变化即“艺术”的“文化”化、“大众”化或日常生活化作为理解20世纪西方美学的一个有益的透视角度。

四、“时间”概念与20世纪西方美学的分期问题

任何历史著作只要它不是简单地罗列史实，就必然涉及一个历史分期问题。中国人习惯以朝代的更迭作为分期的标准，这倒也简单实用，而且也不无根据，因为政治确实在社会和思想的发展上扮演着决定性的作用。但是在接受西方人的纪元方式之后，我们便转而采用“世纪”来为历史分期，这尤表现于对外国史的编撰。这种以西方纪元为中国历史分期，其不适当性已为人注意和诟病，但似乎对于西方历史它则当是适用的和有效的，殊不知这里存在一个根本性的悖离，即一方是空洞的时间，尽管它一开始被赋予宗教的意义，而另一方是有意识、活生生的人类

活动；不是时间赋予人类史以意义，而是相反，是人类活动将单纯的时间变成一个有意义的符号。

因而当我们将自己的研究对象限定在20世纪这一时期的西方美学时，对于时间的空洞性和思想的丰富性、复杂性和独立性我们是有充分的意识的。我们没有这样的想象，只要美学走过世纪的拐点便是一个全新的境界了。进入“世纪末”，并不一定就能看到“世界末”的情绪；而“新世纪”也并非就是满天彩霞。在一个世纪里出现的美学思想，其最闪亮之点可能在世纪末，也可能在世纪初，或可能在其间的某一个点上。

据此我们认为，根本就不存在“20世纪西方美学”这一概念，存在的只是在20世纪这一时段里所发生的美学。退一步说，即使存在一个“20世纪西方美学”概念，那也是我们出于自己理解的一个汰选，即抽出20世纪某一段时间的几个流派作为该世纪美学思想的代表，而割弃了其它时间段里的美学。在真实的“20世纪西方美学”概念中，时间已经不再具有主导性和标志性的作用，它成了美学史的附庸，作为一个权且的、方便的标签。如果它不是标签，而是一个意蕴深广的符号，那则是由于它得到了来自于其间的“西方美学”的保障。撤除这一保障，“20世纪”将不复存在。广而言之，历史是人的历史，而非时间的历史；时间没有历史，只要我们不是如理论物理学家霍金那样，将时间作为某一物；而如果把时间作为某物，衡量时间形成的那一参照系，与时间相类似，离开了作为某物的时间，也一样是毫无意义的。这就是康德何以将时间（还有空间）说成是属于主体性的一个重要原因。

我们反对“20世纪西方美学”作为一个概念，另一原因是在它背后隐藏着一个奠基于18世纪资产阶级启蒙运动而今已根深蒂固即已被正统化了的历史进步观。依照这种观点，历史的进步是不可逆转地一直向前的，这是因为人类精神或理性处在一个永无止境的进步过程之中。[1] 表现于思想史或我们这里的美学史的写作，这种观点假定，美学思想史就是对美的认识不断完善、逐步接近于美的真理的过程，美学史就是美学思想的进步史，就是后来的美学家将他们的先辈变成累累尸骨的历史。就20世纪西方美学史的编撰而言，我们看到，有的著作将它描绘成仿佛一个有机物的生长过程：形成期，展开期，成熟期，最后终于成就了一个实体性的“20世纪现代西方美学”概念。线性的启蒙进步观完全违背和掩盖了思想史的真实，例如我们不能随便论定形成于20世纪初年的弗洛伊德美学就一定不如20世纪末期的西克苏（Hélène Cixous）美学，或者20世纪的阿多诺在美学上超越了19世纪的黑格尔或古希腊的柏拉图。思想史的每一位伟人都是一个不可逾越的巅峰，一个不可重复的独特的因而不可取代的个性。思想史不承认时间律，后来者不具备时间的优越性。物质世界的进步，人类改造自然能力的提高，并不必然带来思想文化创造方面的相应的进步。这一点，马克思早

1　参看孔多塞：《人类进步史表纲要》，何兆武等译，三联书店，2003年，第2-3页，第195-196页。

就通过将产生于野蛮时代的古希腊艺术作为就某方面而言“一种规范和高不可及的范本”[1]而昭示了我们。[2]

空洞的时间，天真的线性进步观，都是外在于人类精神创造活动的人为粘附物。将它们从美学史上剥离出去将显露出美学史自身的真实和特性。美学史在时间中发生、展开，但又不接受时间的框架。美学史之作为“历史”，只是意味着种种美学思想在时间序列中的发生和展开，意味着在它们之间具有相协商的而非后来居上的关系。“历史”当然也是一种价值观，但其作为价值观的参照系一是当时性，即一种思想的价值将取决于它对当时现实的回应；二是对象性，即看它对于其对象的揭示深度。至于它能否为我所用，虽然这要求也合情合理，但那不是思想史家的本务，是他应该尽力回避的东西，是他可以留给思想家和政治家的东西。历史中有评价，但那不是主观的，而是客观的。绝对的客观性显然是一个幻想，但是对于一位真正的历史学家来说，他能够做到多少，将会收获多少。

从时间的限制中解放出来，我们将把20世纪西方美学史看作一个同19世纪美学相联系的过程，至于这种联系是创新性的或守成性的，不是一个纯粹的时间概念所可界定的。例如国外有学者就指出，“在20世纪第一时段即一战之前，美学继续以

---

1 《马克思恩格斯选集》第二卷，第29页。

2 马克思注意到物质生产的发展与艺术发展的不平衡关系，从而提出**“进步这个概念决不能在通常的抽象意义上去理解”**（《马克思恩格斯选集》第二卷，第27页）。这暗示，在艺术史领域应当建立一个不同的“进步”概念，或者，艺术史可能就与“进步”无关。

18世纪末康德所奠定的、整个19世纪艺术家和哲学家所发展的原则为基础。"[1] 例如布洛、贝尔和克罗齐等人的美学观点，"尽管它们把我们带到了一战时期，然而却可以被看作属于一个扩展了的19世纪"，[2] 甚至还可以说，"在20世纪前半叶，美学"仍是"建立在为康德所打下并为各种审美态度或审美经验理论所发展的基础之上的。"[3] 但是这位作者没有充分意识到后现代主义作为一种精神气候对于20世纪后半叶美学的划时代影响。我们认为，只是由于50年代开始发动、到60年代基本成形的后现代主义美学才构成20世纪美学的区别性特征，区别于它在上半叶的，也区别于19世纪的。这种作为一种精神气候的后现代主义美学其实弥漫在许多那些人们通常并不以或者反对以"后现代主义"相称的美学流派那儿，如英美分析美学、德国哲学解释学、女性主义美学、文化研究，以及最近的"环境美学"[4] 等等。后现代美学的革命性意义，简单说来，是它对本质主义在美学中的种种表现的清理和批判。

将20世纪西方美学划作现代主义和后现代主义两个时期，

---

1 Dabney Townsend (ed.), *Aesthetics: Classic Readings from the Western Tradition*, 2nd edition, Belmont, CA: Wadsworth/Thomson Learning, 2001, p. 216.

2 同上书，p. 271.

3 同上。

4 主要倡导者为美国的阿诺德·伯伦特，他本人出版有《环境的美学》一书（Arnold Berleant, *The Aesthetics of Environment*, Philadelphia: Temple University Press, 1992）；并与他人一起被特邀为《美学和艺术批评杂志》编辑过一期"环境美学"专号（Arnold Berleant and Alan Carlson, guest eds., Special Issue: *Environmental Aesthetics, Journal of Aesthetics and Art Criticism* 56, 2 [Spring 1998]）。

决不意味着将后现代主义在价值上凌驾于现代主义之上，后现代主义反对这种现代主义的进步观。由于从时间中解脱出来，并不再以"进步"论英雄，我们就把关注的重心放在作为个体的美学家，其理论本身的独特魅力，其对于艺术现象和审美文化现象的阐发力度，其与当时外部语境的关联，等等。这就是，我们比以往更加地把美学作为美学；或者说，我们的目标是回到美学史自身，让美学史成为美学的历史。

在此我们并未讲出什么新意，因为它一直就是我们或隐或显的史学传统，我们只是通过对时间和进步观的清除来重申和捍卫这一传统。当然这也是多多少少经过我们理解和选择的传统，——传统活在我们的理解之中。

导论不是一本书的内容摘要，尤其像我们这样简略的导论更不可能——它至多只是提供了理解纷纭美学现象的一个参考路数。我们期待，真正的收获将是由此导论而转入本书，由本书而进入原典文本，由文本而进入美的世界，包括艺术的和现实的。

那么，现在就让我们掀开第一章吧！

影像的复仇

——柏谢尔·玛库的多媒介装置《鬼魂上，鬼魂下》

柏谢尔·玛库是一位巴勒斯坦裔英国艺术家，其新近展出的多媒介装置《鬼魂上，鬼魂下》，蕴含了一个“复仇”的意指，其核心主张是“身份”与“土地”的回归，这显然是玛库的“政治”了，然而它终归只能是“艺术”的政治。玛库之借用《哈姆雷特》的舞台提示，一方面赋予其作品以一项政治的谋划，但另一方面也同时将此谋划转变为“鬼魂”和影像，于是政治的复仇成了影像的复仇，或者说，政治在此变脸为艺术。但此政治的艺术化并非对政治的去势和放弃，对玛库来说，它是以艺术的方式介入了政治，是对政治的另一种思考：政治不能没有感性或情感的维度。

——阅读提示

如果没有关于柏谢尔·玛库（Bashir Makhoul, 1963-）的任何背景知识，漫步在他的《鬼魂上，鬼魂下》（以下简称《鬼魂》）多媒介装置艺术展览[1]所营构的迷宫般的街巷和市镇，你会感到你是在进行一次“唯美”之旅，其间你所看到的每一幅画像都美得让人晕眩，美得让人心碎，让人莫名地伤感、忧郁，甚至绝望。

这是玛库之一贯的艺术风格了。在其《冲突中的回归》（以下简称《回归》）系列展览里，一方面有似乎烟雨朦胧的都市街景，有都市建筑依傍着近水远山，有老树忘情于都市的日常气象或者分享着它的历史沧桑；另一方面则有与此形成尖锐对比的垃圾堆、破损的建筑物、隔离墙、检查站等这些似乎根本不可能美丽起来的东西，但统统被艺术家赋予美的亮色，一种强烈的效果。

《鬼魂》没有放弃《回归》这样“唯美”的追求，但不再追求其直接的和显在的对比效果，而是将镜头对准寻常的街道，寻常街道之寻常的景色，有积水，有丢弃的垃圾，有鞋铺，有晾晒的衣物，有涂鸦的墙壁，有杂物堆积的屋顶，有油漆剥落的房门，等等，在这些寻常的事物中，艺术家通过透镜作用，即随着观赏者角度不同而呈现出不同的图像，通过柔和的光线敷着，生产出一种不是多么强烈但绵延悠长的润入心田的效果。如果说前者

1 Bashir Makhoul, *Enter Ghost, Exit Ghost,* curated by Gordon Hon, Beijing: Yang Gallery, from March 15, 2012 to April 15, 2012.

带有“崇高”的兴味，那么后者则可以用“优美”来形容，“优美”虽不具“崇高”之震撼，然有着“崇高”所不及的持续性和耐久性。不过，“崇高”也罢，“优美”也罢，均归属于“美学”的范畴。在其最浅表的意义上，玛库艺术创作的一个特点是充分满足观众的形式美感或视觉美感，例如，即使是前文提到的那堆垃圾也被打上了令人赏心悦目的色彩和令其升腾、升华的亮光，而实际上我们知道，垃圾通常是沉沦的。

然而在了解了玛库的身世和创作历程之后，再次游览这装置艺术展览，再次深入这美轮美奂的“迷宫”，美感的诱惑退潮了，裸现的是各种形式的政治诉求，或者不如更准确地说，是“唯美”的政治，这两种通常不能和谐相处的元素眼下竟奇妙地混合在一起，而且是相互地给予：政治给予美学以深度和力量，美学给予政治以节制的优雅，类似于孔夫子心仪的《关雎》一诗，“乐而不淫，哀而不伤”，或者如温克尔曼对《拉奥孔》雕塑的赞叹，“高贵的单纯，静穆的伟大”，而由于这一点，玛库便超越了我们很难指其为狭隘、偏执的“民族主义政治学”而获得广阔和普遍的人类意义。对此，我们随后再展开。

玛库是英国当代著名艺术家。他拥有英国国籍，在英国接受了高等教育，现主掌着百年来在英国艺术史上扮演着重要角色的温彻斯特艺术学院（后成为南安普顿大学的一部分，但仍葆有相当的独立性）。但这些似乎只是给他一个可以安全地谈论政治的位置或身份，以及技巧方面的训练和提高。而其艺术的冲动、情感、对象，即其艺术最内在的存在和结构，则是来自于、隶属于他本人的出身、经历以及形成其性格的历史文化的语境。

在负笈英伦之前，他的身份被规定为“以色列籍阿拉伯人”（Palestinian Arab）而非“巴勒斯坦籍阿拉伯人”。阿拉伯人？没有问题，他确实是阿拉伯人，但阿拉伯人绝非如犹太复国主义者所想象的那样，是游牧的和原始的，总是与骆驼、帐篷、沙漠等意象相伴。正如犹太人曾经拥有土地一样，巴勒斯坦阿拉伯人也拥有名为“巴勒斯坦”的土地，但是，这块土地的名字在1948年5月14日突然被改称为“以色列”，于是原先生活在这片土地上的人就成了“以色列籍阿拉伯人”。这一天犹太人复国了，而巴勒斯坦人则失去了国家、家园，此后只能悖论性地寄居在其祖传下来的土地上。

对于身为巴勒斯坦人的玛库来说，这是“身份”的丧失，他不再是“巴勒斯坦人”了，而成了“以色列人”，是以色列共同体内部的一分子，因而这不只是身份的“失窃”（因为“失窃”意味着它仍然作为一个整体存在着，虽然是在别处），玛库更愿意称之为身份的“挪用”，原先的身份被转移和整合进另一种文化体之中。他举例说，这就像一款明信片，上面印着这样的图像，一种典型的阿拉伯食品“法拉福尔”（falafel）点心上插着以色列的旗帜。我们知道，旗帜意味着占领。而插着以色列旗帜的法拉福尔，对玛库来说，就是巴勒斯坦被占领土。

被“挪用”的“身份”要恢复，要找回，让其归位于它从前所附着、相胶结、相浸润的土地，而不再像“鬼魂”那般地飘荡无依。“回归”于是就是玛库作为一位先天便拥有巴勒斯坦“身份”的艺术家对此“身份”的寻认和声索，这是第一层意义上的“回归”。

而找回这种身份，如果不将其安置于坚实的土地，那么即使看见了这种身份，它也仍旧是“深夜时分”[1]的鬼影，消失在破晓之前，它无法正大光明地生活在世。因而“回归”的第二层意义，就是寻找寄托“身份”的土地。而不幸的是，在以色列宣布建国的第二天，即5月15日，大约有70万巴勒斯坦人被驱离或逃亡。玛库没有身临其境，那时他还未出生，但他父母加入了这一仓惶出逃的大军。没有交通工具，他父母就徒步走往黎巴嫩。由于实在无法忍受难民营的恶劣条件，他父母旋即决定返回被占家园。但返回谈何容易？犹太复国主义者把守着黎巴嫩边境，只许巴勒斯坦人出，不许其进，违反规定就会被射杀。返回的路充满艰辛和恐惧，其中最使他母亲刻骨铭心的是贯穿整个历程的黑暗（为了安全，他们选择夜行）、寂静（同样是为了安全，他们彼此不能说话）和干渴（渴得产生幻觉和异象）。这不是玛库的经历，但给他以强烈而持久的震撼，“回归”成为他艺术创作的主题。

但这并非说，在玛库，“回归”巴勒斯坦“身份”与“回归”巴勒斯坦土地、家园是可以分开的两个主题。非也，它们是两个

1 William Shakespeare, *Hamlet*, ed. Harold Jenkins, London & New York: Methuen, 1982, p. 168.

紧密关联、相互支撑的主题:“身份”需要“土地”来栖身，而“土地”也需要“身份”来命名，从而作为“国家”。没有“名称”的“土地”仅具有“地理”的意义，或者对人来说就不存在。反过来，没有“土地”的“名称”是记忆、历史，或相对于现实而言，是“鬼魂”，是“孤魂野鬼”。但对于玛库来说，情况既不是有“土地”而无“名称”，也不是有“名称”而无“土地”，而是其“土地”与“名称”原有关系的撕裂和背反；找回“名称”与找回“土地”是“回归”的一体两面，这两面笼统说来分别是“文化”与“政治”。需要立即补充，“文化”即“政治”，即具有“政治”的诉求，需要“政治”来实现，而“政治”亦即“文化”，人们常说，“政治”即“利益”，言下多在经济利益，其实还有不可忽视的“文化利益”，扩大而言，“精神利益”，“宗教利益”，“情感利益”，以及其它一切非物质的利益。

玛库的“政治”当然不乏物质利益方面，这不是说他与其他巴勒斯坦人一道在争取例如生存的权利，他个人没有冻馁之虞，没有安全之虞，其物质层面的“政治”主要表现为生命、生存无法保障的巴勒斯坦人代言；这种与物质利益不具有直接联系的“代言”赋予玛库的“政治”以话语的维度，并由此而接通其文化的维度，而这才是纠缠玛库的“鬼魂”。

让我们回归关于“回归”的话题！回归故园与回归身份之不可分割被他表现在以祖母为主题的名为《觉醒》的装置摄影之中。在这组作品中，他将祖母不同时期的两幅图像并置，一幅是年轻时的祖母，淳朴美丽的巴勒斯坦姑娘，一幅是垂垂老矣的祖母，脸上写满了沧桑、悲凉和无助，她因长期客居贝鲁特而略带有黎巴嫩口音。由此，“身份”与“故国”的两重回归意指呼之欲出。作者表示，在创作这组作品时，他想到“身份”不仅与“地点”（place）相关，且应联系于“所有权”（ownership）：

> 也许由于作为一个巴勒斯坦人而在以色列长大的缘故，我非常清楚这个地方既是我的国家又不是我的国家。居住在以色列的巴勒斯坦人总是被不断地提醒：他们并不在一个叫作“巴勒斯坦”的地方，而是某个叫作“以色列”的地方，一个在其中他们只是被容忍的地方。我们村子在任何以色列地图上都找不到；巴勒斯坦的所有地名都被希伯来化了，等等。就我个人而言，我的脚下是一个真实的被称为“巴勒斯坦”的地方，可是举目所见这个奇怪的地方到处都被称作“以色列”。[1]

根据玛库，“故国”不只是一个地理学意义上的“地点”，而且更重要的是，它必须具备“所有权”的关系，即是说，你必须拥有它，由此纯粹是地理性的“地点”便获得了建构“身份”的功能。

“所有权”在自由主义政治哲学那里被作为“生命权”及其附属权利如“自由”，稍作延伸，也是“主体性”的权利：一个

1 Bashir Makhoul & Gordon Hon, ‘Found in Conflict’, in August Jordan & Jonathan Harris (eds), *Bashir Makhoul,* Jerusalem: Palestinian Art Court - al Hoash, 2012, p. 162.

人是什么，即“身份”，取决于他拥有什么。此“拥有什么”，即“财产”，既可以作为一个人生命的内在构成，也可以是其社会构成：其社会地位，其社会身份，等等。但是，依据淡泊的中国哲人老子，“所有权”或“财产”只是一种概念，其存在只是一种概念化的存在。我们知道，概念的本质是“区分”，而“区分”则会招致社会动乱。在老子，理想的社会是“小国寡民”，“甘其食，美其服，安其居，乐其俗”而不拥有它们——在这样的社会里，人人乐得其所而不只有“他”，故能够做到“邻国相望，鸡犬之声相闻，民至老死，不相往来”。[1]用西方的哲学语言说，老子反对主客分裂的认识论。玛库提到的“所有权”虽然也是概念性的，但与老子描述的初民状态不同，他不是因为在实际上“拥有”而不自“知”其“拥有”，而是在实际生活中“拥有”而在概念上被反复告知不再“拥有”（必须假定以色列当局允许巴勒斯坦人仍然可以居住在原先叫作“巴勒斯坦”的地方），玛库所经受的是“身份”创伤，是概念上的创伤。

“故国”的概念以其不在场为前提。当我们生活在我们自己的国家，严格说来，它不是“故国”及其一系列同义词如“祖国”、“故乡”、“家乡”等等所表述的。“巴勒斯坦”是玛库的“故国”，这根本上是因为在命名的层次上，“巴勒斯坦”被告知已不存在，他在巴勒斯坦找不到“巴勒斯坦”。他移民英国，在名义上也不再属于巴勒斯坦。“巴勒斯坦”于是从他出生的那天起直

1 参见《老子》第80章。

到如今都是一个“故国”，一个没有现实存在的“地点”，一个“影像”，一个“鬼魂”。

或许有人会提出，“身份”并非一定要与“土地”相关。的确，有“身份”而无“土地”的例子很多：当今几乎所有大一些的国家都有少数族裔，例如美国，以其纽约为例，人称“人种博物馆”，这些人种脱离了自己的祖国或土地，但仍然保持着某种形式的族裔认同。对于他们，其身份与其土地是分离的。再以犹太人为例，在其耶路撒冷被罗马军攻陷直至以色列建国这段近两千年的漫长历史中，犹太人的身份也没有依托于哪块土地。但是，没有土地依托的身份终究是不稳定的，在心理上，在文化上，在对实际利益的主张上，等等，如同与现实无关因而漂浮的能指，这就是失去土地很久的犹太人回归其故土的原因，同样，这也是其土地被占领不久的巴勒斯坦人坚持回归的原因。有学者断言：“世界上一切社会和文化都感到，扎根在属于自己的一块土地上才有安全感和认同保证。一切人类共同体都需要一块可以保证他们生活并通过它能表明自己存在的地理区域。”[1]由此，我们将不难理解玛库何以要将身份与土地、对土地的所有权相连接了。玛库绝不贪婪，思念故土，回归家园，是每个流浪者或流放者之精神和心理的合理需求。这就是玛库的身份“现象学”：如果说身份乃一意向性建构，那么这其中必然存在一个

1 胡安·诺格：《民族主义与领土》，徐鹤林、朱伦译，中央民族大学出版社，2009年，第12页。引文是作者对他人观点的叙述。

“意向客体”，而此“意向客体”如果不是纯粹主观的幻象，那么它就必须是某一现实之物的意识呈现。“意向”是一种能力，它不能为无米之炊。“意向客体”虽不是真实之物，但没有后者也必然不会有前者。同理，对于后结构主义者来说，能指之所以会“延异”下去，主要在于有一个尽管永远无法接近但也总是在那儿诱惑着的对象的存在。

了解了玛库的身世以及他以前的一些作品，回头再来看其《鬼魂》，便会明白其中的美学政治或政治与美学的微妙关系了。

玛库何以要借用莎士比亚的词汇来标题他的艺术作品？换言之，为什么“鬼魂”？在最直观的意义上，透镜图像之变换或变幻就像出没不定的鬼魂。为了加强这些“鬼魂”图像的虚拟性，艺术家甚至不用实景，而是不时地代之以实物模型摄影，这就是说，“鬼魂”不仅表现为图像，而且是图像的图像，因而便愈见其虚幻不定了。一个或可分享的体验是，当参观完毕，回头再细细阅读展览手册时，我们会发现书中对展览的摄影与实际的展览摄影相比要更加地迷人，更具有鬼魂的性质，这原因大概是，它是对图像的再图像化，虚拟的再虚拟化，真实愈加遥远而迷离了。

钱钟书在其《谈艺录》中称引达文齐（通译“达芬奇”）如左：“镜中所映画图，似较镜外所见为佳，何以故？”（Why does a painting seem better in a mirror than outside it？）[1] 其意当在楬

1　参见钱钟书：《谈艺录》，商务印书馆，2011 年，第 380 页。

櫱艺术的要旨乃虚化，或者/以及，再虚化。其评论曰："窃谓斯语足供谈艺持'反映论'者之参悟也。"[1] 艺术一向尚"虚"而不屑于质"实"，钱氏以大量诗例证明："看水中山影，诗家常语。"[2]"水中山影"是天然的图画，而诗中的"水中山影"，如达芬奇的镜中之图画，乃图画之图画，此与钱氏所想象的以"反映论"谈艺相距甚远。

作为对德里达"鬼魂"的阐释，批评家瑞恩·毕晓普指出："一个鬼魂只有当其返回尘世才能成为鬼魂。"[3] 但返回尘世只是意味着鬼魂的出现，其外观，其形象，其固化，而要使尘世之人或观众知其为形象，而非真实之物，还必须依赖其退隐。我们因而更愿意说，唯当其退隐时，鬼魂才与现实之人比较着而成为鬼魂。仅有出现的是活人，仅有退隐的是死人，而鬼魂则是可隐可现、显隐无常的。鬼魂与图像相通，或可以说，它就是图像。

进一步，为什么要称这些图像所表达的东西为"鬼魂"呢？换言之，那些被表达的东西何以就变成"图像"或"鬼魂"了呢？因为，它们已经不存在了：一是实际上的不存在，即原先的巴勒斯坦被占领了，江山易主；二是在概念上也不存在，占领者挪不走巴勒斯坦人的土地，但通过对这块土地的再命名，他们试

1 钱钟书：《谈艺录》，商务印书馆，2011年，第380页。

2 同上。

3 Ryan Bishop, 'Spectres of Perception, or the Illusion of Having the Time to See: The Geopolitics of Objects, Apprehension and Movement', in Bashir Makhoul's *Enter Ghost, Exit Ghost,* in August Jordan & Jonathan Harris (eds), *Bashir Makhoul,* p. 239.

图在巴勒斯坦人的记忆上抹去巴勒斯坦的实际存在。“鬼魂”意味着实际上的不存在，实际的存在变成了概念；但更其复杂的是，一方为巴勒斯坦人的概念，另一方为以色列人的概念，两种概念之间也像实际上发生的那样，上演着占领与抵抗的拉锯战，因而对玛库来说，即使其以概念存在的“身份”与“故国”也变得摇摆不定，如鬼影一般飘忽无常。

因而“鬼魂”将不是流畅无碍的叙事，具有欢快的逻辑特征；“鬼魂”本质上是反叙事的，其叙述逻辑假定说有的话，那将是查无来由的断裂。这体现在图像的转换上就是，当观众移步于画廊时，不完全是一步一景，此景下，彼景上，而是在此景与彼景的转换过程中，会出现此景与彼景的重叠时刻。这种重叠不能理解为两个影像的友好衔接，相反，它是两个影像之间的相互否认和破坏，结果前一个影像无法“善终”，后一个影像不能“善始”，时间的序列被打破，依据康德，这便是理性的序列被打破。而失去理性序列及其控制的影像则将是凌乱而如“鬼魂”了。

影像重叠的透镜技术在《回归》中就已经被使用了。玛库发现，透镜不仅允许在同一区域的多重图像，而且更让其着迷的是，“在表面和一些点上，图像是重叠的和汇聚的”，他表示：“我尤其喜欢当其不再发生作用的图像，即是说，在过渡中被中止的图像，我对先后相继的图像从来不感兴趣。我希望图片在先与后之间被中止，然则依旧能够变化和闪烁。”[1] 艺术家这样

---

1 Bashir Makhoul & Gordon Hon, ‘Found in Conflict’, in August Jordan & Jonathan Harris (eds), *Bashir Makhoul,* p. 191.

做的初衷是由于这些图片所反映的地点已经负载过多，对他本人或对于媒介受众都太过熟悉了，他必须使之“陌生化”（de-familiarise）：让每一幅图像都不再只是它本身，不再只是对应于它的实际指涉物，而是为其它图像所修改，结果这图像就变得既是其自身又不是其自身了。其实，“陌生化”并非一定要创造一个全然的异类，它是“去－熟悉化”，使熟悉的变成不熟悉，在“不－熟悉”中既有“熟悉”也有对“熟悉”的解构。如所周知，在俄国形式主义者那里，“陌生化”是创造“文学性”或艺术性的根本手法。玛库在《回归》之尝试透镜技术即“陌生化”技术首先是有着艺术方面的考虑的，“陌生化”能够为他创造出一种艺术所需要的熟悉与他异之间的张力和动态，但到了《鬼魂》，尽管仍旧需要“陌生化”，然而重要的是它成了表达“回归”之不可能的一种恰当形式：“回归”不是一项理性的、可按部就班地付诸实施的计划，而是影像的重重缠绕，错综复杂，波光明灭，来无踪、去无影，犹如“鬼魂”。

在《哈姆雷特》那儿，“鬼魂”意味着“复仇”。玛库之借用“鬼魂”隐喻，我们认为，亦当蕴含了一个“复仇”的意指。不过，正如在《哈姆雷特》，“复仇”一旦与“鬼魂”相联结，为“鬼魂”所发动，甚或督促，则它依然不是一种决心、决定和行动，它是犹豫、彷徨、蹉跎，甚或有怯懦不时来袭，是毋宁说被局限在内心世界的躁动不安，听凭机缘和命运的安排。看似哈姆雷特最终报了杀父之仇，但这严格说来不是其复仇“计划”的理性实现，而是一个跌跌撞撞、结果竟被盲然撞上了的偶然结局。哈姆雷特的“复仇”始终徘徊在“鬼魂”的阴影之下，为“鬼魂”所左右。行动，还是放弃，[1] 对哈姆莱特是永远不能自主而只是交付了“鬼魂”的问题。但是，话又说回来，“复仇”的“鬼魂化”，影像化，并非复仇计划的全然取消；对哈姆雷特，它是复仇的内在化、情感化，对玛库，它是复仇的艺术化、美学化。试想，如果我们是玛库或者流散在外的巴勒斯坦人，当我们看见自己曾经快乐地在那儿生活过的村镇，我们曾经快乐生活的情景，只能以影像或鬼魂的形式出现时，我们将是何等地被内心煎迫？！玛库把“故国”表现得很“唯美”，而愈是“唯美”，则愈是引发更大的思念，更大的思念之痛！巴以冲突是一个复杂的政治问题，我们没有能力去评论，但这一政治给巴勒斯坦人（应该也包括以色列人）所造成的情感创伤，来自巴勒斯坦人的呻吟、倾诉、控诉则是在政治上解决巴以冲突时所必须考虑的一个情感因素。因此我们也能够说，玛库的作品以艺术的方式介入了政治。

观赏玛库的政治艺术品，我们很容易联想到杰姆逊对第三世界文学的定性。他断定，“所有第三世界文本……都必然是寓言性的”，是“民族寓言”，[2]“讲述个人的故事和个人的经验最终

1 哈姆雷特的独白“To be, or not to be”兴许有哲学的暗涵，但结合下文“在心中忍受”（in the mind to suffer）和“拿起武器”(to take arms) 云云，其首要和直白的意思当是“行动，还是放弃”。（See William Shakespeare, *Hamlet*, pp. 277-280）

2 Fredric Jameson, ‘Third-World Literature in the Era of Multinational Capitalism’, in *Social Text*, no. 15 (Autumn, 1986), p. 69.

将不得不牵涉对集体本身之经验的全面而吃力的讲述”[1]。需要明确，杰姆逊所谓的“寓言”是政治寓言。显然，玛库的作品也具有第三世界文本所常见的寓言性质和政治喻指。不过运用杰姆逊来审视玛库应该到此为止，因为在将第一世界文本与第三世界文本相比较时，在借用黑格尔著名的主奴辩证法来揭示这两种文本的区别性特征时，杰姆逊似乎将概念性因而普遍性拱手让与前者，而将物质性、特殊性因而拘泥、狭隘、功利等标签贴在后者身上。诚然玛库的艺术从其个人经验出发，进一步还沟通了其所认同和归属的巴勒斯坦人民的集体无意识，但远不止这些；它不仅仅是个人的、集体的，而且也是全人类的，其全人类性在于每当出现同样的情境，便会有同样的心理感受和症候。玛库的祖母因久居黎巴嫩而带上了当地口音，这让玛库痛彻心扉。祖母寄来的录音带，那原是作为他创作素材用的，但他一次也没有听完过，其中字字是血、声声是泪，听来心如刀割。与此极其相似的一个例子发生在中国开封，这距今一千多年前全世界最繁华的宋朝首都，它曾经吸引了一批犹太人前来经商、生活，但一千多年后的今天，他们并非被迫地同化为中国人，除了体貌上仍可发现犹太人的特征之外，其它一切悉与中国人无异，中国人的姓名，中国人的生活习惯，等等。在犹太人离散史上，这是唯一被同化的一例。前些年一个以色列团体前来寻找失落了的同胞，看到他们文化身份的“被挪用”，潸然泪下。或许有所区别

1 同上书，pp. 85-86.

的是，玛库的故事是一个纯粹的悲剧，而开封犹太人的则是一个悲喜剧。

玛库超越性的意义，至少对于中国，还在于他为艺术之介入政治提供了一个范例。在中国传统文化中有“文以载道”的观念，其蜕化了的当代形式是“文艺为政治服务”，因为“道”和“政治”都是在认识上已经被规定因而十分清晰的准则，留给文学家、艺术家的便是去图解、例示这样的“道”与“政治”。艺术在中国几乎没有被作为一种政治“探险”形式，尽管中国人不乏政治灾难；中国少有“艺术政治”，而多的是“政治艺术”，被政治所主导、所教诲的艺术。杰姆逊所推崇的鲁迅是少有的例外。玛库以其真切的个人体验揭开政治的情感维度值得中国艺术家和政治家认真学习。

玛库对于中国的意义应该还有许多，例如，他的身份意识、悲剧意识、创伤意识，在中国艺术家这儿就很缺乏。由于文化语境的不同，玛库在中国的接受恐怕尚需时日。好在中国正在成为全球大国，相应地正在获得全球视野与全球胸怀，正在解除中西二元对立思维，正在学会理解在中西二元之外的其它各种文化，在这种大趋势下，玛库当会得到越来越多的知音。

理论没有“之后”

——从伊格尔顿《理论之后》说起

对理论的敌视在文学研究界一直是沉浮不定但从未也永远不会寂灭的一种态度。最近由于伊格尔顿《理论之后》的出版和相关介绍，要不要理论，以及要不要后现代理论，又成了一时的话题。本文从伊格尔顿《理论之后》说起，一方面指出了伊格尔顿始终一贯的对“理论”的忠诚；另一方面，也批评了他对后现代“文化理论”的误解，提出后现代理论如德里达的解构乃是一种被更新了的认识论，一种文化批判。本文同时还展示了伊格尔顿与后现代理论的复杂关系。本文意在证明，若是从伊格尔顿和他的《理论之后》出发，我们是既不能取缔理论，也不能轻易抛弃后现代理论，除非另辟蹊径。

——阅读提示

时下各种理论都在宣布什么“终结”了，如“文学的终结”、“美学的终结”、“哲学的终结”、“人的终结”、“书的终结”、“意识形态的终结”、“历史的终结”、“物种的终结”、“组织化资本主义的终结”等等。我们先不评论是否真有什么东西终结了，英国左派理论家特利·伊格尔顿给我们来了个釜底抽薪，通过《理论之后》(2003)一书，他宣布了“理论的终结”——“文化理论的黄金时代已经结束很久了。”[1] 伊格尔顿大概很想说吧：既然“理论”都终结了，那么“理论”所宣告的各种“终结”当然也就只能是终结了。而且或许对伊格尔顿同样要紧的是，他们这些人也差不多都死光了。他不无幸灾乐祸地嘲讽到：“看来，上帝可不是个结构主义者。”[2] 上帝不会让你们的生命在“能指”中无限“延异”，上帝终究要让你们面对“所指”，面对“死亡”这个无情的现实。他指出，其中有几个还死于非命呢，艾滋(福柯)，车祸(巴特)，或者被关进精神病院(阿尔都塞)。真真个“尔曹身与名俱裂”呀！

但是，如果伊格尔顿的“理论的终结”也算一种理论的话，那么结果一定是它还未出生就已经死亡了。理论似乎根本上不再可能。

伊格尔顿显然不会幼稚如此，一是他的“理论”有所特指，

1 Terry Eagleton, *After Theory,* New York: Basic Books, 2003, p. 1. 凡出自该书引文，均以英文原版为准，并适当采纳了台湾中译本(泰瑞·伊格尔顿：《理论之后：文化理论的当下与未来》，李尚远译，台北：商周出版，2005年)的一些处理。

2 Terry Eagleton, *After Theory,* p. 1.

就是以法国（后）结构主义为代表的后现代理论，他称其为“文化理论”（cultural theory）；二是一直以来他都在为“理论”的合法性做辩护，例如他在初版于1983年的《文学理论导论》一书早说过的：“对理论的敌视通常意味着反对别人的理论，而同时则忘记了自己的理论。”[1]并不需要多么费力地研读20年后的这本新著，就可以发现，伊格尔顿决非一般地反对理论，而是通过“理论之死”这种振聋发聩的形式唤醒人们对于后现代理论之局限的反思——他试图证明，后现代“文化理论”不能终结人类对于“真、善、美”的追求。哪种理论若是胆敢如此，那它就是自取灭亡。对于“9.11”以后的世界，“宏大叙事”不仅依然有效，而且愈益迫切！有研究者看见：“如果说《甜蜜的暴力》（亦出版于2003年——引注）一个突出的主题是发出号召，要求重新考量不时髦的‘形而上学’话题，以开辟对于人类斗争诸方面进行概念化和表述的新方式，那么《理论之后》则代表着这一转向的顶峰。”[2]晚近的伊格尔顿哪里是什么不要理论，相反，他简直是“太理论”了，“太形而上学”了！

不过，这里对伊格尔顿可能存在两个问题：一是他本人就与后现代理论具有不清不白的关系。例如，其《文学理论导论》初看在介绍他人，煞有介事的，然绕来绕去，终归不就是要取消

1 Terry Eagleton, *Literary Theory: An Introduction,* Minneapolis: The University of Minnesota Press, 2nd ed., 1998, p. x.

2 James Smith, *Terry Eagleton: A Critical Introduction,* Cambridge: Polity, 2008, p. 150.

审美的、想象的“文学”概念吗？这个观点，就其解构性而言，与被他列入“死亡名单”的罗兰·巴特的“作者之死”实乃异曲同工。我们知道，“作者”与（审美的）“文学”这两个概念都是现代性或审美现代性的产物，它们所张扬的是与现实和社会的对抗性立场，是康德以来的所谓“审美自主性”。巴特将一切“作者”都归于“语言”，例如说“是语言而非作者在说话”（c'est le langage qui parle, ce n'est pas l'auteur）[1]，于是“作者”死了；伊格尔顿则将一切“文学”（理论）都归于“政治”。这样“作者”和“文学”便被消解而不再独立自主了，它们永远是被外物所结构、所决定的。如今伊格尔顿高喊“理论之后”，联系他的过去，尤其是在其《文学理论导论》结束处，他对“文学之死”的热切期待和直接呼唤，不由得让人猜想他是再一次地加入了后现代的众声喧哗，——后现代的“终结”大合唱。他确乎是不能自拔了，现在即便要反对后现代的“终结”，他也禁不住用后现代的做派来反对后现代。

二是伊格尔顿要我们回到的道德形而上学、现实感和战斗精神并非为法国“文化理论”所忽视和回避。后结构主义不缺乏这些，它只是要我们对这些进行激进的反思。例如，在德里达那里，仍然有“他者”，有“终极”，德里达要我们注意的是，“他者”和“终极”是怎样被“语言”所“延异”，因而其目的也就

---

1 Roland Barthes, *Essais critiques IV, Le bruissement de la langue,* Seuil, 1984, p. 62.

是将我们引向一种文化批判，一种认识论的批判。[1]对于解构之被误解为全然的“否定”，德里达曾辩解说：“在我它总是伴随着一种肯定的渴求（une exigence affirmative）。我甚至愿意说若是没有爱，它从来就不能进行……”[2]伊格尔顿没有读懂后结构主义，没有读懂德里达，远远没有，这与其说他学问不精，研究不透彻，毋宁说是一种情绪（但愿不是嫉妒）蒙蔽了他的双眼。伊格尔顿才华横溢，文采斐然，可惜常常飘着，不着边际。

对于各种“终结”论，也包括伊格尔顿的“理论的终结”，其实，我们没有必要大惊小怪。马克思主义的创始人之一恩格斯不是也宣布过“德国古典哲学的终结”吗？我们中国人缺少马克思主义的辩证思维，过去没能理解到恩格斯的“终结”（Ausgang）也同时意味着一种“转机”和新的“出路”。查德文词典，“Ausgang”兼有这两个相反的义项。但词典不会给出该词所蕴涵的辩证思维：“Ausgang”是一个分界点，对于走过的一段路程，到这里就完结了；而越过这个点则是一条新的征程。这个点是终点，也是起点；起点和终点在此是同一个点。当人们达到终点时，同时也就已经位于下一程的起点了。除非谁没有“前程”，那么这个点对他可就是完完全全的终点了。而谁若是能够有意识地、主动地“终结”过去，向历史告别，则他已经是有

---

1 参见金惠敏：“自然与文化的解构限度——思考在德里达‘之后’”，载《外国文学评论》2008 年第 4 期。与流行的理解不同，此文将德里达的解构解释为一种新的认识论。

2 Jacques Derrida, *Points de suspension, entretiens,* chosis et présentés par Elisabeth Weber, Paris : Galilée, 1992, p. 89.

“前途”了，无论这前途是真有，抑或虚有，即仅仅缥缈于他的憧憬之中。“终结”常常是因为我们怀有“期待”。对于一个乐观的人来说，“分别”不就是“重逢”的起点吗？

我们严重地误解了恩格斯的“终结”，也误解了伊格尔顿的“理论之后”——“after theory”。就如恩格斯的“Ausgang”，伊格尔顿的“after theory”也出现在一个具有双重涵义的分界点上：在这里，“终结”他认为错误的后现代理论，而“追寻”他所推荐的正确的理论。理论在变换着，但理论自身并未终结，而是通过变化而不断获得新的生命。“理论之后”仍是“理论”——这是伊格尔顿的信念，对此可以加强的是，决不是纠正，理论从来就没有什么“之前”“之后”，理论就一直不间断地存在着，因为“终结”理论，其本身也是一种理论；可以假定“终结”是一条“鸿沟”，但“终结”理论作为一种理论是先已填平了这条“鸿沟”的。

伊格尔顿担心他这个“煽情”的标题遭到一般读者的片面理解，[1] 所以在开篇就提醒：“如果有那么一些人，看到本书的书名，以为‘理论’现在已经过去了，我们全都可以就此松一口气，重返理论之前的天真岁月，那么他们可是注定要失望了。”[2]

---

1 Frank Kermode 评论该书说：“伊格尔顿从未有过如此的深邃和智慧。……本书要是不引起相当的骚动，我会感到惊奇。”（见该书封底）“深邃”“智慧”云云实属过誉，而断定其中的争议性则可谓“独具慧眼”。本书“煽情”多于“理性”，要是把这种“煽情”当真，当其真为“深邃”和“智慧”，而与他较真，那可就中了他的“奸计”了。伊格尔顿近年的“煽情”已引起许多国际学者的反感。不过，这不是我们关注的焦点。

2 Terry Eagleton, *After Theory*, p. 1.

该书末尾再强调：“我们永远不会处在‘理论之后’，因为没有理论，就不会有反思的人类生活。”[1] 显然，“理论之后”的任务一是宣布后现代的“行将就木”[2] 或就是“寿终正寝”，二是将“理论”从后现代的压抑下解放出来，让它走出“符号”，直面现实，“探讨新的话题”——他身体力行，“本书便是这种探讨的开端”。[3] 毫无疑问，“理论之后”另一方面就是新一轮理论的开始。事实究竟如何我们不论，但至少说，伊格尔顿是胸有这样的想象和逸气的。

笔者本人几年前也曾无辜陷进“文学终结论”的论争。所以，在这里说说关于“终结”论的认识，或许都是一些常识了，在中国的学术语境还是有必要的，因为许多人不只是反对“终结”，也反对“理论”——例如，在文学研究界，一些学者竟要让人相信，可以只读作品，而不问理论。

对此，我们还是引用伊格尔顿的一段话来做个回答吧：

> 假使没有某种文学理论，不管其多么难解和隐秘，我们首先就不知道什么是“文学作品”，或者，就不知道如何去读它。[4]

---

1 Terry Eagleton, *After Theory*, p. 221.

2 同上。其原话是：‘[T]he style of thinking known as postmodernism is now approaching an end.’ 不过，“寿终正寝”或者“死于非命”更是他要说的。

3 Terry Eagleton, *After Theory*, p. 222.

4 Terry Eagleton, *Literary Theory: An Introduction*, p. x.

这句话出现在他《文学理论导论》的“前言”。20年前此书我们就有了三个不错的中译本（刘锋、伍晓明、王逢振）。因而伊格尔顿那对理论的捍卫和执着，我们应该是早不陌生了。现在对于理论，即使在《理论之后》，我们看见，他初衷不改，痴情依旧。

理论，任重道远；理论期待着毁灭自身，当然这是在所有的“问题之后”。

财产作为再现

——对老子财产观的一个后结构主义阅读

在中外学界关于财产的众多讨论中，老子的财产观尚未引起一定的注意，对它做后结构主义语言学的阅读则更是罕见。本文首先给出老子财产观的对立面，即认为财产即人格（personhood）。这种理论在中国文化传统中有所表现，而在西方社会由于自由主义的推动而居于主流位置。老子将财产界定为分割、私有、圈定、排斥和占有，它是“有欲”，但更是“有名”，是“秀出”于无意识和日常生活，因而也就是在语言中的存在，是后结构主义的“再现”。本文在把老子财产观引入当代学术视野的同时，其不得不做的另一项工作是，强力推行老子后结构主义式命题“道可道，非常道”于其整个文本。这虽是前一项工作的基础和前提，但亦具独立意义，是对老子研究的一种突破。

——阅读提示

财产问题就像柏拉图或亚里士多德一样古老[1]，然而它也像昼出夜伏的太阳一样，虽为同一者的往复循环，但总是给人以不同而新鲜的刺激和感受，有时也不乏令人震颤和恐惧的体验。在遭遇经济衰退因而失业率居高不下的欧洲、美国、日本，在兼有着经济高速发展而同时让普通民众徒唤奈何、让其“信心”一挫再挫而几至绝望的通货膨胀的中国，在福山之“历史终结”论一经提出便已终结、社会主义与资本主义孰优孰劣的现代性辩论已经从知识层面推向以游行、示威、罢工、占领[2]、暴乱和恐怖为形式的物质层面的“后冷战时期”，财产几乎就是每个人最真切的经历和牵挂，甚至，其日常生活的“政治无意识”。再自然不过的了，财产于是浮现为当今全球学术界一个新的兴奋点，吸引着愈来愈多的关注和投入。以“财产”为其首要论题的本

1 See Peter Garnsey, *Thinking about Property: From Antiquity to the Age of Revolution,* Cambridge & New York: Cambridge University Press, 2007, chapters 1 & 2. 该书讨论了柏拉图、亚里士多德等古代思想家的财产观及其在19世纪早期以前的接受史——例如说，洛克就持有与亚里士多德近似的“劳动”概念（See Ibid., p. 145）。作者声称：“我开始去挑战一种主流历史范式，它以为，对于权利理论，尤其是私有财产权，古代世界很少贡献，或者在某些叙述中就是毫无贡献”（Ibid, p. 1）。

2 “占领”是指发端于2011年9月17日纽约的占领华尔街运动。在该运动的一份官方报纸上，有作者将最近30年描述为这样一个时期：“人类历史上财富从底层向高层的最大转移”（Cornel West, ‘A Love Supreme: “Deep Democratic Awakening”’, in *The Occupied, Wall Street Journal,* North American edition, November, 2011, issue 5, p. 1）。这场运动的焦点不是财富而是财富为谁所有即财产权的问题。

次会议即是这样的一个例证。[1]

本文不拟提供一个关于财产的历史谱系，也不旁涉当代众多的财产理论，而是回到历史上一个堪称像柏拉图或亚里士多德一样古老的老子的财产观，对它进行后结构主义的解读，探索其对于当代财产讨论特别是关于财产的文化研究和文化理论所可能具有的某些贡献。

一、财产作为人之生命存在的本体论

我们暂且不直接进入老子的财产观，而是先行给出一种与其旨趣初看起来可能完全相反的财产观。依据这种观点，第一，财产归属于人的生命存在；第二，财产同时也归属于人的主体性建构。前者为财产的本体论，后者为其认识论。综合言之，财产是人生在世的有力存在。

关于财产，中国传统文化中有许多说法。就个人经历而言，我听到的最早的一个说法来自于我的祖父。那是 30 多年前的旧事了。1978 年我考上了大学，临行前，祖父要我多带些盘缠，说："出门在外，钱是人的胆。"这是一种源远流长的民间智慧，文人雅士可以鄙夷金钱，贬其为身外之物，而对绝大多数普通民众而言，它实则是身内之物，构成了我们身体性和精神性的本己

1 此文原为提交上海外国语大学主办的"财产、审美化与国际文化研究"国际研讨会（2011 年 9 月 21 日至 24 日，上海）讲演稿，后做了修正和大幅扩充。

之在。我们说“艺高人胆大”，“腹有诗书气自华”，同样道理，我们也说“财大气粗”，尽管此说含有一些贬义。“艺”存于身，而“财”亦存于身，由外而内地进入身体。中国农民将盖房作为人生的一件大事，现在的城里人也热衷于购房，他们宁可为此背上终身的沉重债务，由此可见：拥有财产对于人的生命具有何等深刻的内在意义！俗谚之“人为财死，鸟为食亡”，虽有在取向于财产时对生命的不舍和无奈，但更可以理解为对生命本质的揭示、认可和达观：生命的过程就是将外物转化为己身的过程；生命耗费在以至最终消散在对外物的征服上，而生命之花却也正是绽放在这样一个征服外物的过程之中。鸟不觅食不成其为“鸟”，人不为“财”不成其为“人”，这既是生命以求延续其自身的本能性活动，也是生命建构其身份或主体性的社会活动。简言之，财产既是物质也是精神，是身体也是意识，是生理学也是心理学。

儒家亚圣孟子从“王道”的角度看到民众之拥有“恒产”对于稳定人心进而社会秩序的巨大作用：

> 民之为道也，有恒产者有恒心，无恒产者无恒心，苟无恒心，放辟邪侈，无不为已。[1]

> 无恒产而有恒心者，惟士为能；若民，则无恒产，

1 《孟子·滕文公上》。

因无恒心，苟无恒心，放辟邪侈，无不为已。[1]

关于“恒产”，朱熹有注：“恒，常也。产，生业也。恒产，可常生之业也。”[2] 虽然严格说来，孟子的“恒产”并不就是现代意义上的“财产”，它是“生－产”，生命本身的再生产[3]，维持生命存在的生产活动，用流行的话说是，稳定的工作和稳定的收入，但它毫无疑问又是与财产高密度交织的：它是物质的，贴己的，有盈余的，更重要的是，它具有心理的后果——唯有此心理后果，财产才能由外于人的存在而转化为人的内部存在，即人本身的存在。

如果说孔子更重外在形式，如“礼”，那么在儒学传承史上，孟子则代表了一个“心学转向”。关于孟子学说的心学特点，前人早有发现：“《孟子》一书，只是要正人心，教人存心养性，收其放心。至论仁、义、礼、智，则以恻隐、羞恶、辞让、是非之心为之端。论邪说之害，则曰：‘生於其心，害於其政。’论事君，则曰：

1 《孟子·梁惠王上》。

2 朱熹：《四书章句集注》，中华书局，2006 年，第 211 页。

3 关于“恒产”，推原孟子本人的解释，应该涵盖了生命活动的各个方面。孟子谓：“明君制民之产，必使仰足以事父母，俯足以畜妻子，乐岁终身饱，凶年免於死亡”（朱熹：《四书章句集注》，第 211 页）。由此可知，“生－产”就是“养家糊口”，既包括为劳动者个人的生产，也包括为家庭成员的生产。换个角度说，“生－产”也是“养生丧死”（同上，第 203 页）。关于“丧死”，略做解释：在中国传统文化中，“死”不是肉体生命的终结，而根本的是“社会生命”的终结，它往往在肉体生命终结三年之后才告终结，在这段时间存在一个“丧死”的环节，即对死者的安葬与漫长的、复杂的祭祀，例如，古俗有“三年之丧”，今民间犹存。故，“丧死”在中国人的观念中亦属“生”的范畴。

‘格君心之非’，‘一正君而国定’。千变万化，只说从心上来。”[1] 这说的是，孟子凡事皆欲追溯其心理“依据”，但其“心学转向”亦应包括凡事皆有其心理“后果”这样的假定，如所引“有恒产者有恒心”所表明的。以“心”为核心，前后左右皆可以“心”视之。“心”是“端”（开始），心亦是“末”（终点），大千世界无不应之于“心”。“恒产”之所以重要，是因它对应于“恒心”，而“恒心”乃“礼义”、“王道”之始也。但孟子并不因此就是一个唯心主义者，如所看到，他重视的是心理形成的物质前提。

在对财产之心理向度的强调上，当代美国经济学家布坎南发展于洛克的观点或许可以说达到了一个新的高度、自觉、精致和生动。其核心命题是“财产即自由的保障”。根据该命题，人唯在自给自足状态中才能获得最大限度的独立性；反之，进入任何交换关系则都将意味着对他人活动的依赖因而个人自由在某种程度上的丧失。然而一个悲剧性的事实是，在专业化经过长期发展的现代经济中，没有谁能够外于市场、生活在一种与世隔绝的自给自足的状态之中。这就是说，在市场经济中，没有谁能够是自由的。布坎南指出，要获得自由，就必须有条件从交换关系中退出来或者拒绝进入其间。他发现，这个条件就是拥有财产：“私有权使得个人能够退出因交换－市场所形成的相互依赖关系网络，而迈向宝贵的自给自足的状态。”[2] 例如说：“拥有住

1 转引朱熹：《四书章句集注》，第 199 页。

2 詹姆斯 · 布坎南：《财产与自由》，韩旭译，中国社会科学出版社，2002 年，第 37 页。

宅的家庭一直在生产它自己的住房服务，它不需要参加任何一种与供应者们订立的契约或者进行的市场交易。拥有他自己的汽车的个人日复一日地生产他所需要的交通运输服务。”[1] 尽管拥有而不是租用住宅或者汽车可能要付出更高的代价，但是人们仍然不计成本，原因是“个人赋予了从市场关系中退出的自由以绝对的价值”。[2]

诚哉斯言！然而，财产给予人的绝非仅仅是“自由”，更非一种消极的自由，如“保证者”（guarantor）一词所暗示的。财产给予我们躲避市场风险的自由，它也能给予我们据以征服世界的自由，即积极的自由。财产要想增殖，必须转化为资本。如果说资本是积极的，那么潜在的资本即财产也将具有积极的一面。须知，对于现代性西方而言，首先要合法化财产权，然后才有可能为财产的再生产开辟坦途。这就是何以古已有之的财产问题在 17-18 世纪被凸显为一个时代主题的原因。对生命权利的保护虽则看似消极，然其隐含的意图即推动资本主义的发展却是一点儿也不消极的。美国胡佛研究所出版的一本面向大众读者的小册子将美国革命主要描述为捍卫财产权的斗争，如其最初的一个口号所表明的，这个口号是：“自由，财产，废除印花税！”该书相信，正是由于美国革命对财产权的誓死捍卫以及后来在法律和宪法上的实质性保证，“美国经历了在世界史上无

1　詹姆斯·布坎南：《财产与自由》，韩旭译，中国社会科学出版社，2002 年，第 37 页。

2　同上书，第 36 页。

与伦比的经济增长和个人自由”。没有财产权，就不会有“一个胜利的资本主义的时代”。虽然作者们并未忽略马克思、恩格斯《共产党宣言》废除私有财产的号召，但柏林墙的倒塌和共产主义体制的式微使他们坚持财产私有权是经济增长的必要条件。[1]此处我们不拟辩论究竟是共产主义公有制还是资本主义私有制更有利于生产力的解放和发展，我们只是希望指出：作为生命的构成，财产也内在有生命力的外向和张扬，在胡佛研究所学者的宣传中，这种外向和张扬具体化为经济的“繁荣”。

财产是人的生命，其内在，其外在，其守持，其进取。安·兰德提醒：“必须记住，财产权是一种行动的权利，像所有其它权利一样：它不是对于一个客观对象的权利，而是对于行动的权利，对于生产或争取那一对象之结果的权利。”[2]兰德说得还不够，我们想进一步说：财产是“权利”，也是“权力”。或许此话稍许激进，但它确也是为现代财产论做了奠基的洛克劳动财产论的题中之义：

> 土地和一切低等动物尽管为一切人所共有，每人对他自己的**人身**（his own *person*）却享有一种**财产权**。除他以外任何人都没有这种权利。他的身体（his

---

1 See Terry L. Anderson and Laura E. Huggins, *Property Rights: A Practical Guide to Freedom and Prosperity,* Stanford, CA: Hoover Institution Press, 2003, p. xii & pp. 8-9.

2 Ayn Rand, *The Virtue of Selfishness: A New Concept of Egoism,* New York: Signet, 1964, p. 110.

> Body）所从事的**劳动**和他的双手所进行的**工作**，我们可以说，是正当地属于他的。所以只要他使任何东西脱离自然所提供的和那个东西所处的状态，他就已经掺进他的**劳动**，在这上面加入他自己所有的某些东西，因而使它成为他的**财产**。既然是由他来使这件东西脱离自然所安排给它的一般状态，那么在这上面就由这一**劳动**加上了一些东西，从而排斥了其他人的共有权利。[1]

洛克走向财产权的逻辑路线很明显：首先是生命权，然后是身体权利，接着是身体的劳动权利，是劳动将自然之物转变为私有财产。洛克的"劳动"是对"自然"的占有、控制，是主体的建构过程，是通过降服他者而建构主体自身的过程。洛克的"自然"好像只是未被施以劳动的纯粹自然，然而当他说到"野蛮的印第安人既不懂得圈占土地，且尚是共有土地的佃户（the wild Indian, who knows no Inclosure, and is still a Tenant in common）"[2]时，其含义显然已经扩大到他和他所隶属的"文明人"所认定的"野蛮人"和"野蛮人"的土地。在洛克的潜台词中，这些"野蛮人"的劳动是算不得"劳动"的，他们劳动于其上的土地也不能算是他们的排他性的财产。这些土地是"共有"

---

1 John Locke, *Two Treatises of Government,* a critical edition by Peter Laslett, London & New York: Cambridge at the University Press, 1960, pp. 305-306. 此处引文对通行中译文（洛克：《政府论·下篇》，叶启芳、瞿菊农译，商务印书馆，1986年，第19页）有所改动。

2 John Locke, *Two Treatises of Government,* p. 305.

的，不单独地属于任何人，因而也是任何人可以通过“劳动”而分有和占有的。无论洛克是否有意，其“劳动”概念在历史上呼应的是英国人以及其他西方人对美洲的残酷的殖民主义。洛克本人曾通过皇家非洲公司投资于奴隶贸易[1]，他一定以为，这也是取得财产权的“劳动”，而有了这样的财产权，他就不仅是意识中的主体，也是物质世界的主人。[2]我们知道，主体性在现代西方哲学史上属于纯粹认识论的范畴，例如在笛卡尔和康德那里，代表着思维对于存在所扮演的决定性角色。然而正如人们后来所醒悟的：“作为主体的欧洲人发现和殖民异域，基督徒归化他族，丈夫训导妻子，父母训导子女。作为主体的个人抑制自己的意愿和需要，同时普遍性原则则排除那些不能被整合于其内的因素。我相信，我们不再希望成为主体。”[3]不掺杂政治批判、道德控诉，或者，历史的审判，而是仍然循着自由主义的哲学思路，可以说：财产不只是意味着消极的自由，而且也是主体性的积极建构——无论在实践层面采取怎样的形式。

---

1 According to Maurice Cranston, *John Locke: A Biography,* New York: Macmillian, 1957, p. 115.

2 这里需要注意一下普鲁东从劳动的社会属性对劳动财产权的批判（See Pierre-Joseph Proudhon, *What Is Property?,* ed. & trans. Donald R. Kelly and Bonnie G. Smith, Cambridge: Cambridge University Press, 1994, pp. 67-116）。简单概括普鲁东的观点就是：“每个人的生产都含有全体人的生产”（同上，p. 115），“我们是先消费，而后才生产”（同上），因此任何人都无权私有他自己的产品，那是全体劳动者的成果，人人有份；而若是私有自己的产品，即主张财产权，则将造成对他人劳动成果的“盗窃（theft）”——“财产权即盗窃！”（See 同上，pp. 13ff）

3 Ute Guzzoni, ‘Do We Still Want to Be Subjects?’, in Simon Critchley and Peter Dews（eds）, *Deconstructive Subjectivities,* Albany: State University of New York Press, p. 215.

一句话，财产即人格（personhood），或者，整体的人。[1]

二、作为概念的美、善、仁义

很多人都认为《老子》首章中的“道可道，非常道。名可名，非常名”是统领全书的总纲，但很少人能够将此总纲贯穿于其主要观点，更不要说其每一观点了。我们认为，这是一个典型的后结构主义命题，讲的是言不称物，或者言不尽意，与《公孙龙子》的“物莫非指，而指非指”是一个意思。公孙龙的“指非指”在老子这里就是“道（言）非道（言）”、“名非名”。“物”的存在要靠“指谓”（道说与命名），而一经指谓，“物”便不复真实地存在了，它只在“指谓”中存在，这用德里达一个针对理性主义的说法就是，“文本之外无一物”。在阅读《老子》的过程中，我们发现，不贯彻“道非道”或“名非名”这一后结构主义的语言观，便无法疏通文意，甚至不知其所云。可以如此猜想，并非注经家不愿意以“道非道”或“名非名”对《老子》一以贯之，而是有时贯穿起来难度太大，故终致于放弃：于是《老子》

1 最近，一批左翼学者或具有左翼倾向的学者将财产与人格（personhood）结合起来进行批判性研究，他们看到：“至迟从启蒙运动以来，如果不说更早的话，对财产的界定就一直包含着对拥有财产以及／或者臣服于财产的人（person）的相应的构型”（Bill Maurer and Gabriele Schwab, ‘Introduction: The Political and Psychic Economies of Accelerating Possession’, in Bill Maurer and Gabriele Schwab [eds], *Accelerating Possession, Global Futures of Property and Personhood*, New York: Columbia University Press, 2006, p. 6）。不管其实际研究成果，但将财产视作人格则是对于现代性历史一个颇具启发意义的哲学表述。

读来就如残章断简。

有较易贯穿的，例如：

> 天下皆知美之为美，斯恶已。皆知善之为善，斯不善已。[1]

陈鼓应先生的译文是："天下都知道美之所以为美，丑的观念也就产生了；都知道善之所以为善，不善的观念也就产生了。"[2]正确的是陈译首先将美与丑、善与恶（"不善"）均作为概念来理解，然后指出这些概念之间的相互依赖和共存共亡的关系。它援证以更明确的注解："美恶之名，相因而有。"[3]但是陈先生坚决否定了将"斯恶已"和"斯不善已"分别解读为"就变成丑了"和"就变成不善了"的可能，[4]这于是也就是否定了老子对于"美""善"概念所产生的社会道德后果的揭露和批判。然而，否定了这一点，我们将无法贯通老子接下所标识的"圣人处无为之事，行不言之教"。[5]

圣人何以要"无为"、"不言"？原因有两重：其一，从认识论上说，一旦有所作为，一旦有所言说，则作为和言说的对象就

---

1 《老子》第2章。本文《老子》引文多据陈鼓应《老子注译及评介》（中华书局，2009年）；凡所不同者（主要在标点方面），则据其它注本，或参以拙见。
2 陈鼓应：《老子注译及评介》，第64页。
3 同上书，第60页。
4 同上书，第61页。
5 《老子》第2章。

被悬空起来，被抽象起来，而不再是其原初或原初状态了。因而与其作为、言说而远离真实，还不如不为、不言，让真实保持其真实的状态。其二，美产生于与不美的区别，善产生于与不善的区别，而区别则意味着等级、歧视因而矛盾、对立和对抗。因此，“斯恶已”和“斯不善已”就具有双关的意义，即区别性的“美”和“善”概念将会走向它们的反面，本意求美、求善，结果反倒搞得天下不美、不善。

陈译的错误源于它只是浅浅看见一个作为语言学家的老子，就此止步，而未能进一步看到对于老子来说，后结构主义语言学只不过是其据以进行社会问题诊断和揭露的一个方法论。老子本质上是入“世”的，这一点与儒家没有区别，其所不同的只是将世界区分为“人为的世界”与“合乎自然之道的世界”，通过清除前者而试图达成后者。所谓“人为的世界”在老子首先就是语言的世界，为语言所创造、按照语言法则所创造的世界。而语言的根本特征则是区分：“无名，天地之始；有名，万物之母。”[1]

有比较难以贯通和把握的，它需要复杂的阐释，例如：

> 大道[非概念]废，[因]有仁义[概念]。智慧[概念]出，有大伪。六亲不和，[因]有孝慈[概念]。国家昏乱，[因]有忠臣[概念]。[2]

1 《老子》第1章。
2 《老子》第18章。

我们还是先看陈译："大道废弛，仁义才显现；家庭不和，孝慈才彰显；国政昏乱，忠臣才见出。"[1] 高亨先生的译文[2]，任继愈先生的译文[3]，以及安乐哲和郝大维的英语译文[4]，等等，恕不多列，与陈译均如出一辙。这种解读貌似合情合理：若"大道"未废，则无标举"仁义"之必要；若六亲和睦，则孝慈之教成了无的之矢；若国政清明，则忠臣无以表现为忠臣。这就是说，事实在先，概念随后；事实变化，概念亦当因之而有所不同。然而，这只是日常经验层面的解说。

老子并不这样认为，他是一个后结构主义者。其"道可道，非常道"早已为我们划定了"大道废"的意义范围："大道"即"道"，此"道"乃世界本身，自然而然，而绝非"道说"，因而即"常道"，永恒之道，不生不灭，不增不减，与变化无涉。这样的"道"是不会自行废弛的，"大道"之"废"的唯一原因是人为，是被"说道"——"道"一经言说，便不复为"常道"。那么，在此例，是什么，或者，是谁，在言说并破坏着"大道"呢？

老子的回答很干脆——"有仁义"！以上引文出自《老子》第18章，在紧接着的第19章，老子以更加决绝的态度要求"绝圣弃智"、"绝仁弃义"。不必紧张，老子所弃绝的并非真圣真智、真仁真义，而是作为言说效果的圣智仁义，即虚假的至少是不辨

1 陈鼓应：《老子注译及评介》，第133页。

2 高亨：《老子注译》，清华大学出版社，2010年，第38页。

3 任继愈：《老子今译》，古籍出版社，1957年，第13页。

4 Roger T. Ames and David L. Hall, Daodejing: *"Making This Life Significant"; A Philosophical Translation,* New York: Ballantine Books, 2002, p. 103.

真假的圣智仁义了。

显然，在老子看来，儒家的“仁义”具有语言学的性质，再现的性质；“仁义”被用来言说和呈现“大道”，并在此言说和呈现中恢复和拯救“大道”。对于孔子而言，需要记住，符号与其指称是一致的，甚或一体的。符号不是对物的语言“呈现”（expression），而是物本身的自然“延伸”（extension），因而属于物的一个构成部分。这就是汉儒董仲舒“天人合一”学说的语言学意味：“人”是“天”的一个部分，而“人”，不止是其肉体的存在，且更是其语言学的存在——肉体的存在总是“延伸”为语言学的存在。或许是拐弯抹角地受此启发，最低限度说，与此相类似，海德格尔将语言归结为人的生命实践，在他语言并不与存在相分离，相反，它是存在的家园。语言与存在浑成一体，不分彼此，于是有他给予本体论阐释的诗句“语词破碎处，无物存在”——词与物具有本体论的同一性。也在这种趋向中，叔本华将音乐看作意志本体的直接呈现，在这种直接性中，音乐与意志同一，是意志本身的活动。当然，在叔本华看来，并非一切呈现（形式）与被呈现者都具有直接的同一性。[1]说到解构的德里达，他其实也看到了符号的“延伸”问题，消极地说，他并未彻底割裂能指与所指的链接，但他看见的只是符号的“踪迹”，特别是其无限的“延异”，即置“延伸”于“延异”之中，于是这符号便永

---

1 参见金惠敏：《意志与超越——叔本华美学思想研究》，中国社会科学出版社，2007年版。

远无法“延伸”到主体所意指的对象。然而，“延异”总在“延异”着，并不驻留于某个符号，它有真实对象的召唤，虽然在遥远处。[1]

对于符号的态度，如果说孔子（以及海德格尔）是乐观的，那么老子（以及德里达）则是悲观的，他可能会以为孔子“文质彬彬”即“延伸”而非“呈现”的语言观极其幼稚和肤浅。在老子，作为符号体系或概念的“仁义”根本就无法拯救那具有同样属性的“大道”，原因在于它们两者之间没有哪一个是老子“大道”的正确呈现。他坚持，呈现总是错误的呈现，包括孔子试图呈现“大道”的“仁义”。

由此说来，与陈译恰恰相反，老子文段的意思就是：大道之所以废弛，是因为有了“仁义”这样的概念；有了智慧即会思考、会表达，则就有了巨大的虚假；家庭之所以不和睦，是因为有了“孝慈”的概念；国家昏乱，是因为有了“忠臣”的概念。老子所使用的三个“有”字，不是指“向前”的发生，即不能解为“于是产生了”，而是“往后”的对原因的追溯，是“因为有了”的意思。“有”之意义方向不同，将导致两种截然相反的逻辑序列：事实先乎概念，抑或，后乎概念？前者是日常生活经验，后者是对日常生活经验的语言学反思。

此处对老子的绎解，虽然是法国后结构主义式的，其实在中国历史上也是有过的，只不过未能引起其他经学家的重视罢了。

---

1 参见金惠敏：“自然与文化的解构限度——思考在德里达‘之后’”，载其《后儒学转向》，河南大学出版社，2008 年。

宋人王介甫注谓：

> 道隐于无形，名生于不足。道隐于无形，则无小大之分；名生于不足，则有仁义智慧差等之别。仁者，有所爱也。义者，有所别也。以其有爱有别，此大道之所以废也。智者，知也。慧者，察也。以其有知有察，此大伪所以生也。孝者，各亲其亲。慈者，各子其子。此六亲所以不和也。忠者，忠于己之君谓之忠，忠于他人谓之叛。[1]

让我们感到十分宽慰的是，王注完全支持将"仁义"、"智慧"、"孝慈"、"忠臣"分别作为"大道废"、"大伪"、"六亲不和"、"国家昏乱"的肇事者——这在两千五百多年的老子接受史上若空谷足音。然而，或有疑虑，王注依据何在？而我们以王注为后结构主义之依据又何在？可能稍有遗憾，王注没有像我们这样大张旗鼓地渲染一个后结构主义语言学的视点，但其灵魂还是被它触摸到了，这就是"仁义"、"智慧"、"孝慈"、"忠臣"所具有的差异化性质，而"差异"，我们知道，只能来自于语言，来自于概念，来自于孔子的"正名"以及与"名"一样形式化的"礼"。在孔子是"必也正名乎"[2]，在老子则将是"名也废

---

1 见（明）焦竑：《老子翼》，黄曙辉点校，华东师范大学出版社，2011年，第44-45页。

2 《论语·子路》。

大道”；在孔子是“克己复礼为仁”[1]，在老子则已经是对“礼”的强烈谴责了：“夫礼者，忠信之薄，而乱之首”[2]。“礼”何以就成了“乱之首”？庄子之无意间将老子的“夫礼者，忠信之薄，而乱之首”与下一句的“前识者，道之华，而愚之始”捏合为一句“礼者，道之华而乱之首也”[3]，透露出老子和他本人对“华”之深湛的界定：“华”是道的表现，但它是错误的表现，“华”而不“实”，此“华”乃“虚华”，大丈夫“不居”也。就其共同作为道之“再现”而言，“前识”是“道之华”，那么“礼”又何尝不是呢？

“前识”，或抽象地视之为“先知”[4]，一种纯粹的认识，或坐实为“预设”之“种种礼仪规范”[5]，在实践层面，再或将两者结合起来：“前识，犹言先见也。华，荣也，道之散也。谓制礼之人自谓有先见，故因天理而为节文，以为人事之仪则也。然使人离质尚文，乃道之华也。渐至逐末忘本，奸诈日生。人之愚昧，自此始也。”[6]这种结合的理路固然不错，值得赞许，但容易诱导一种印象，似乎“先见”与“节文”在内容上并无实质性关联，“节文”不过是“制礼之人”自以为是（“天理”）、率意而为的结果罢了。“先见”是否发而为“节文”？倒过来说，“节文”是否曾

1 《论语·颜渊》。
2 《老子》第38章。
3 《庄子·知北游》。
4 参见蒋锡昌：《老子校诂》，成都古籍书店，1988年，第250-251页。
5 陈鼓应：《老子注译及评介》，第210页。
6 范应元：《宋本老子道德经古本集注下》，续古逸丛书第十七，涵芬楼影宋本，“上德不德章第三十八”。

经预演为“先见”？要之，二者是否具有根本的同一性？如果以阿尔都塞的“意识形态”论观之，这根本就不是问题！在阿尔都塞，“意识形态”既是一种“认识”，同时也体现为“意识形态国家机器”，即作为“认识”的“意识形态”的体制化和现实化。“先见”之于“节文”，一如“意识形态”之于“意识形态国家机器”，二者实为一物，只是形态不同而已，一为观念，一为物质。借此辨识，老子之何以斥“先见”为“道之华”将呈现出更加丰富的内涵和清晰的理路：“前识”，无论是作为一种纯粹的认识，所谓前“识”，或者作为此认识之物质化，所谓“节文”，再者，无论是在时间上，所谓“前”识，或者在空间上，即所谓“机器”，位处一定的物理空间，将都是对于“道”本身的一种外在性。是以庄子无咎。

对于“大道废”节，还有与我们的阐释几乎完全一致的，它较王注要更直接地切及语言的差异化性质，如吕吉甫注：

> 道不可名，名之为道，亦非道也，则又分而为仁义，岂道之全哉？则有仁义者固大道之废也。[1]

其出发点是后结构主义语言学的，且直接说出了“大道废”于“有仁义”的意思，但是，如果不算苛求的话，我们愿意指出，吕注未能精确地辨析到，语言的特点本身即是“分”，“仁义”不

1 见焦竑：《老子翼》，第45页。

是言说的“又分”，它本身即属于言说，因而其“分”亦只能是语言之“分”的一种体现。按照我们的意思，吕注应该改写为：“道不可名，名之为道，即非道也。仁义之为名，以其名道，以其分道，以其‘诠’道，岂道之全哉？则有仁义者固大道之废也。”任何“诠”释的结果都将是对象的分裂；语言试图构造观念的整体性，但也仅限于观念的整体性，而对象的整体性是不落言“诠”/“筌”的。

最后，我们再来分析一则近人冯友兰的解读——陈译有引，其目的是力避陷老子于“不仁不义”之境，而我们对老子的看法，一如前述，则完全相反：

> “大道废，有仁义”，这并不是说，人可以不仁不义，只是说，在“大道”之中，人自然仁义，那是真仁义。至于由学习、训练得来的仁义，那就有模拟的成分，同自然而有的真仁义比较起来它就差一点次一级了。老子说：“上德不德，是以有德”，就是这个意思。[1]

冯友兰划分出两种“仁义”：一种是“自然仁义”，一种是“文化仁义”（他的说法是“由学习、训练得来的仁义”）。他举荐前者，称其为“真仁义”，而贬抑后者，叫它“差”“次”的“仁义”，如果不是“假仁义”的话。这种划分和褒贬说明他已经

---

1 冯友兰：《中国哲学史新编》，人民出版社，2001年，上卷，第345页。

触摸到“文化”对“自然”的背离这一后结构主义的基本观点[1]，不过，这只是隐隐约约的感觉，他尚未达到理论上自觉的程度以及论述上足够的连贯和清晰。我们略做梳理和推进：不错，“大道”即是“真仁义”，然而“大道”之“真仁义”由于不经语言之表述和呈现，即作为“不言之教”，其实是无所谓什么“仁义”与不“仁义”的，它既非“仁义”，亦非不“仁义”。“大道”之下，根本就没有“仁义”这样的概念。“大道”与“仁义”势不两立，有“大道”则无“仁义”，而有“仁义”则无“大道”。“仁义”是一种言说的效果，而“大道”则不堪被言说，因为“言之即非”。

诚然，冯友兰也想表达我们的意思，但由于拖着儒家的一个尾巴“仁义”，即硬说有“自然仁义”，硬把“自然”与“仁义”相提并论，他未能认识到“大道”一经“仁义”化即被言说便不再是“大道”了；或者说，“真仁义”，假定其存在的话，一经言说便不再是“真仁义”了。“自然”绝非“仁义”，而“仁义”亦绝非“自然”。这是《老子》多处申明过的观点，例如，在其第五章有谓：“天地不仁，以万物为刍狗；圣人不仁，以百姓为刍狗。天地之间，其犹橐籥乎！虚而不屈，动而愈出。多言数穷，不如守中。”[2] 依据老子，“天地”者，自然也（自然还有终极的意义，如说“道法自然”）；“圣人”者，“大道”也；而“仁”者，实属“多言”，多言则数（速）穷，此乃天地不为、圣人不为也。在

1 参见金惠敏：“自然与文化的解构限度——思考在德里达‘之后’”。
2 《老子》第5章。

此，于我们的论述极为关键的是，老子显然是将"仁义"作为一种言说。他劝人不要言说仁义，要守住虚空之大道。老子何以反对"仁义"，原因于是就很清楚了：相对于"大道"，"仁义"就是"多言"。甚至，我还愿意这样理解：老子劝勿"多言"，并非说"少言"就可以，而是一言即多。言本身即是多，是冗余和赘疣，因为无论言之多寡，言即意识，即分离、区别，即多出和凸出于世界。老子"无言"之教不是不让人说话，而是要求不要把说话当成说话，让说话归属于自然——追到这一极限处，老子与孔子便会合了。不过，他们分别的走向是：既然言为物之"延伸"，那么孔子尽可以去推重"形式"而不会背离于物，而老子则是要弱化"形式"，以防其"延伸"过远而背离于物；于是，孔子乐此不疲地宣扬"礼"教，而老子对于语言则战战兢兢、如履薄冰，他要的是无言之言——言的本质是言，而非无言，以言作为无言，何其强之哉？

陈鼓应未解上引《老子》"大道废"章所蕴藏的语言玄机，因而主张将其中的"智慧出，有大伪"当作衍文删去，否则，他以为，这"易使人将'仁义'与'大伪'并举，从而导致对仁义行为的否定。审察简本原义，却非贬抑'仁义'、'孝慈'、'忠臣'。反之，认为在最美好的原始情境发生变化，在人际关系中出现问题，这时仁义孝慈的美德及忠臣的节操，显得难能可贵。"[1] 离开了老子的语言观，这真是越说越离谱了，离谱到荒唐

1　陈鼓应：《老子注译及评介》，第 132 页。

可笑的地步：此处老子哪里有什么视仁义、孝慈为难能可贵的意思？丁点儿都没有！在老子看来，“仁义”即是“大伪”，毫不含糊，但这种说法决不是要去否定仁义行为，贬抑仁义孝慈、忠臣，而是“仁义”作为一种概念就其本质而言就是对真实的伪饰。大道之中，无“仁义”；而言说之中的“仁义”，率皆假仁假义。让我们再次高诵公孙龙的千古名言——“物莫非指，而指非指”。

不过，需要略略辩护的是，老子绝不是概念先行或者概念决定论，像黑格尔那样，而是规劝人们放弃对事物的概念化行为，老老实实地回到事物本身，因为作为概念的“仁义”、“孝慈”既已作为概念、作为人类特有的智慧则必然流于假仁假义、假孝假慈，即“大伪”。这种观点可以理解为道家对儒家的语言论批判。顺便指出，从理论逻辑上说，儒家应该先于道家，因为若是没有儒家的概念化行为，何来道家之语言批判？以史实而论，如果说我们相信司马迁的一个说法，孔子曾问礼于老子，即如果说孔子学说的形成和流行晚于老子的话，那么在孔子之前儒家已焕然成章了，已蔚然成风了。孔子声称“述而不作”，诚不欺哉？

三、作为再现的财产：一个后结构主义的透视

老子对财产的拒斥和批判，可谓有目共睹，少有疑义。他说过，“不贵难得之货”[1]，“难得之货令人行妨”[2]，“富贵而骄，自遗

---

1 《老子》第3章。
2 《老子》第12章。

其咎”[1]，等等。然而很少人想要弄清楚老子究竟是从何种角度拒斥和批判财产的。

如同对待美善仁义一样，老子对待财产亦取后结构主义视角；不过，体味和证明这后一点，将比前述之以美善仁义等为概念要面临更多的困难。其中根本的困难在于，如果说美善仁义等本身即是评价，而一切评价均需诉诸标准、尺度，并由此而将其对立面不美不善不仁义区别出来，那么财产则首先是物质性的，或者说，最终均可还原为物质，即归根结底，财产是物质性的，而非观念性的。以“知识产权”为例，它不是说产权作为知识，作为观念，相反，是知识作为产权，是知识的产权化和物质利益化。显然，若对财产做概念化的理解，如我们拟依托老子所发展的那样，将面临着冒犯常识的危险，在经验层面上被指为无知的危险。

所幸，老子并不这么简单地理解财产。对他而言，实则存在两种物质性：一种是归属于“大道”的物质性，与整个物质世界贯通无碍，是其中的一个构成部分，是“有物混成”，是庄子所谓的“浑沌”；另一种是被从物质整体性中分割出来的物质性，它虽来自于物质整体性但又不属于这个物质整体性，具有在观念上的独立性。在老子看来，物质性并非财产的决定性特征，尽管财产通常采取物质的形式。财产之所以为财产不是因为它是物质的，而是因为它是被分割出来的物质，与物质整体性不

---

1 《老子》第9章。

再相关了的物质。这就是说，财产的本质是分割、私有、圈定、排斥和占有。在这样的意义上，财产仿佛被牢牢地掌控了，它不是一种飘忽、虚悬的观念，而是可触摸、可观看的物质实体，给人一种脚踏实地的感觉，从而一种稳定感、安全感、力量感和控制感。这就是布坎南何以对财产寄以“自由”厚望的根本原因。

试看老子对“身体”的论述：

> 宠辱若惊，贵大患若身。
>
> 何谓宠辱若惊？宠为下，得之若惊，失之若惊，是谓宠辱若惊。
>
> 何谓贵大患若身？吾所以有大患者，为吾有身。及吾无身，吾有何患？
>
> 故贵以身为天下，若可寄天下；爱以身为天下，若可托天下。[1]

对于“身体”，老子区别出截然相反的两种情况：一种是“无身”的情况，另一种则是“有身”的情况。所谓“无身”者，“以身为天下”也：此身虽小，虽为“一己”之身，然可寄、可托天下之大，是以我身即天下；而当“此”一己之身与“彼”天下合为一体，当其与天下之间不再有边界的存在，不再有彼此之

1 《老子》第13章。

分，那么这也就是“无身”的情况了。“无身”不是说身体不复存在——非也，身体依然存在，身体的物质性依然存在——而是说其作为“一己”之存在消失了，其与世界的界限消失了。与此相反，所谓“有身”者，则是身体区别于世界整体而出现为“一己”之私，成为“一隅”之偏。

也许对我们困难的不是“无身”与“有身”之辩，而是它们同语言究竟有无关联。如果参照前文已经充分论述的美善仁义的语言本质，那么这里也不乏清晰的线索可循。我们可以设问，辱亦惊，宠亦惊，宠辱皆惊，果若此吗？受辱者惊恐，没有问题；至于受宠者，我们常见的是其得意扬扬，其高人一等的优越感。假定说他们也有战战兢兢如履薄冰的谨慎和恐惧，那不是为其受宠，而是担心其受宠转化为受辱，即说到底，惊恐来自于“失”而非“得”。但依老子观点，这不过就是经验之谈和庸常之见。老子的意思是，“得”与“失”之间不是先后相继的时间关系，或者，逻辑性的因果关系，而是一种同时存在或者一体两面的关系：“得”即是“失”，而“失”亦即“得”；具体于上面的引文，“受宠”即“受辱”，而“受辱”亦即“受宠”。何谓也，竟如此地“玄之又玄”？

兹再举一例，而后一起回答。人们可能看不见，也可能看得见，“祸兮，福之所倚；福兮，祸之所伏”，以及“正复为奇，善复为妖”。但又“孰知其极”呢？对于祸福之相倚伏、正奇善妖之相流转，若是谁看不见，那他就是只及眼前的凡夫俗子了，“福”

或者“祸”是其全部的世界，有“福”则得意忘形，遭“祸”则悲观厌世；而若是谁看得见，他定然是深谋远虑的“智者”，得“福”而防“祸”，遇“祸”而仍能看到“福”光之熹微；至于“圣人”如老子者，他已更进一步看穿时间、因果之帏障，并非“祸”之后跟着“福”，“福”之后藏着“祸”，如不少注家所执迷不悟的，“祸福相互转化，永无终止”[1]；而是，犹如“得”“失”之关系，“祸”“福”亦为一体两面，是同时发生而非先后相继的：“祸”业已是“福”，而“福”亦业已是“祸”。圣人既看见“祸”就知道其中有“福”，既看见“福”就知道其中有“祸”，而无待“福”或“祸”之实际降临也。老子感叹：“人之迷，其日固久！”[2]

---

1 古棣、周英：《老子通》“上部·老子校诂”，吉林人民出版社，1991年，第187页。该书下部还援引了毛泽东《关于正确处理人民内部矛盾的问题》的观点：“在一定的条件下，坏的东西可以引出好的结果，好的东西也可以引出坏的结果。老子在两千多年前就说过：‘祸兮福所倚，福兮祸所依。’”又，“矛盾着的对立的双方互相斗争的结果，无不在一定条件下互相转化”（参见该书“下部·老子通论”，第433页）。对老子的祸福关系一说，冯友兰亦有“互相转化”的概括：“《老子》也认识到，对立面是经常互相转化的。”他另以俗语“物极必反”来阐释（冯友兰：《中国哲学史新编》上卷，第324页）。

此说最早见于《韩非子·解老》：

> 人有祸则心畏恐，心畏恐则行端直，行端直则思虑熟，思虑熟则得事理，行端直则无祸害，无祸害则尽天年，得事理则必成功，尽天年则全而寿，必成功则富与贵，全寿富贵之谓福。而福本于有祸。故曰：“祸兮福之所倚。”以成其功也。
>
> 人有福则富贵至，富贵至则衣食美，衣食美则骄心生，骄心生则行邪僻而动弃理。行邪僻则身死夭，动弃理则无成功。夫内有死夭之难，而外无成功之名者，大祸也。而祸本生于有福，故曰：“福兮祸之所伏。”（陈奇猷：《韩非子新校注》，上册，上海古籍出版社，2000年，第386-387页）

在客观辩证法中，祸福、好坏的“转化”是需要时间的，需要过程的——韩非子描述了一个复杂的“过程”；而在语言辩证法看来，它们之间容不下时“间”，即不存在时间的间隙，没有一个时间的过程，祸同时是福，福同时是祸，无需“转化”，好与坏亦然。

2 以上引文均见《老子》第58章。

其实，若是借取后结构主义语言学之初照，“人之迷”将烟消雾散。凡“得”总是“一己”之得，“一隅”之得；若所得仅止于“一己”、“一隅”，那么这“得”的同时便是失掉了大千世界和世界整体。这不同于俗谚之谓“捡了芝麻丢了西瓜”，因为老子不在意“得”之多少，得多得少与世界整体相比都是少，对他重要的是“得”本身即是“失”掉了世界。在表述逻辑上相反而意思则相接近的是佛家之教导我们的“舍得”，有舍弃才有所得。既然说清了“得”“失”，则“祸”“福”便无复多言，因为“福”乃“得”，“祸”乃“失”。

老子之“得”，或之“宠”，或之“福”，实则是后结构主义者所见之符号或能指：当其有所表达时，同时亦即有所遗漏。对此悖论，庄子与后结构主义有着几乎完全相同的解说：

> 是非之彰也，道之所以亏也。道之所以亏，爱之所以成。果且有成与亏乎哉？果且无成与亏乎哉？有成与亏，故昭氏之鼓琴也；无成与亏，故昭氏之不鼓琴也。[1]

看来庄子十分熟稔于老子的“大道废，有仁义”，而且是深得个中后结构主义三昧。其“是非之彰也，道之所以亏也”，容不得任何怀疑和辩论，确定地将“大道废”归咎于“有仁

---

1 《庄子·齐物论》。

义”——“是非”即“仁义”，“道亏”即“道废”。“道之所以亏，爱之所以成”看似颠覆了这种因果序列，即先有“道亏”，而后是“爱成”，“道亏”是原因，“爱成”是结果——这当然是陈鼓应所乐意看到的；然细细按之，此话其实是说：“道亏”与“爱成”两者发生在同一时间，同一地点，以同一种方式；所以也完全可以将它颠倒过来：“爱之所以成，道之所以亏。”从后结构主义的角度看，“大道废”与“有仁义”之间不存在先后时间关系，无论是哪项在先或在后，而只有逻辑上的因果关系，一种容不得刹那之间隙的因果关系。此其庄子所论之一。

之二，是对昭氏鼓琴与否之成与亏的辨认。对此，郭象的诠释非常经典和清晰：“夫声，不可胜举也。故吹管操弦，虽有繁手，遗声多矣。而执籥鸣弦者，欲以彰声也。彰声而声遗，不彰声而声全。故欲成而亏之者，昭文之鼓琴也；不成而无亏者，昭文之不鼓琴也。”[1]无关紧要但仍需给出的知识是，昭氏即昭文，姓昭，名文，古之善琴者。成玄英疏曰：“夫昭氏鼓琴，虽云巧妙，而鼓商则丧角，挥宫则失徵。未若置而不鼓，则五音自全。”[2]这种疏解显非庄子本意。夫昭氏鼓琴所“遗”之声或者不鼓琴而“全”之声，乃自然之声，乃寂静之声，乃“道声”，它绝非宫商角徵羽等人为的和人为分解的声音，所以即或五音全备，然相对于“道声”，亦难免“声遗”之责，故老子有言“五音令人耳

1 （晋）郭象注、（唐）成玄英疏：《南华真经注疏》，曹础基、黄兰发点校，中华书局，1998年，上册，第39页。“繁手”，一本作“繁音”，不改变文意。

2 同上，第39-40页。

聋”[1]，故有陶潜者挂无弦之琴——他们深谙：五音者，渠非道音也。“大音希声”[2]！何谓“希”？“听之不闻，名曰希”[3]。

之三，借昭氏之例以喻“道亏”与“爱成”之关系：“爱”是积极的行为，看起来似有所成就，而其实则是于“道”有所亏欠，成就多少，就是亏欠多少。与其有所爱，而爱有所私，有所偏，未若听任自然，以万物为刍狗，是以“道全”。对于“道亏”之另一种形式，此处庄子未予触及：昭氏不鼓琴，以“爱成”即人为的角度看，是于道无为，是于道无求，道是以被“冷落”一旁；然这种“道亏”恰是道本身所要求的，道在此“道亏”之中而达“成”。由是观之，“道亏”亦“道成”。前述老子之意，“得”即是“失”而“失”即是“得”，“福”即是“祸”而“祸”即是“福”，经昭氏鼓琴一例及庄子的阐说，已幽微毕现矣。

之四，更复奇妙的是，庄子所举昭氏之例竟与语言密切相关，它讲的是音乐“语言”。尽管音乐语言与文字语言有区别，特别是，如前所及，依据叔本华和海德格尔的观点，但就庄子之使用此例而言，乐声则与文字语言无异，它具有文字语言的性质和功用：庄子是从呈现（或遗漏，即未能呈现，因而仍是“呈现”）的视角来看待乐声之于道的关系的，他没有将乐声作为道声，作为“道”的“延伸”。于是乎，经由“成”“亏”，老子所论之“得”“失”与语言，似乎一实一虚，难以宏通，就被庄子自然

1 《老子》第12章。
2 《老子》第41章。
3 《老子》第14章。

而然地衔接了起来。

如果说以上确乎也是老子关于“得”“失”的思想，而不是庄子的恣意发挥，那么，显然，经庄子之巧手，一个财产观方面的后结构主义老子形象便呼之欲出了。老子并不止步于就概念论概念，如对美丑仁义的后结构主义论述，而是将后结构主义推演至具有物质存在特性的财产，其结果将是财产的虚化，即财产的物质性为其概念性所取代。财产之所以成为财产，不是因为其可触可摸的物质性，而是其不可触摸、只可想象的概念性，它是后结构主义的。波德里亚曾称消费社会的商品为“物符”（objet-signe），那么财产在根本上看当然也是这样一种“物符”，是物质的形态与符号的功用，然则，二者并不同等重要；不，更准确地说，重要的不是物质，重要的是符号！财产是符号的存在，概念的存在，想象性的存在；若是不在符号中，不在概念中，不在想象中，财产便不会存在。

老子是承认人的物质性需求的，而且将此物质性需求的满足作为其“小国寡民”之理想社会的一个标志：

> 小国寡民，使有什伯之器而不用，使民重死而不远徙。虽有舟舆，无所乘之；虽有甲兵，无所陈之；使人复结绳而用之。甘其食，美其服，安其居，乐其俗，邻国相望，鸡犬之声相闻，民至老死，不相往来。[1]

1 《老子》第80章。

有“食”，有“服”，有“居”，这是否就是有“财产”了呢？如果衣食不算“财产”，那么房屋也不算“财产”吗？在老子看来，“财产”无关物品的数量、体积，而首先关乎它们是否超出人的生活需要：民有衣有食有房屋，但那些都在其生活所需的范围之内，都在其“俗”之中。“乐其俗”，用现在的话说是，满足于一定的“生活方式”，生活于自己的“文化”之内，而绝不外求，因为对于这样的人民而言，外部世界是不存在的，是以虽“邻国相望”然视而不见，虽“鸡犬之声相闻”然听而不闻，虽有什伯之器、舟舆兵甲然无“所”用之。“什伯之器”一说是“什伯人之器”，即十倍百倍于人力的器物，如舟舆甲兵之类，它们何以无“所”用之？因为，如此的场“所”或空间是超出于“乐其俗”者的生活和生活方式的，那是其想象力之外的世界。

作为老子抨击对象的“财产”是超出于人的生活需求的。

> 服文采，带利剑，厌饮食，财货有余，是为盗夸。非道也哉！[1]

“服文采”以眩人，“带利剑”以威众，[2]“厌饮食”从字面上看是贪图口腹之乐，其实应该还兼有炫耀社会等级差异的目的——试想，古代贵族何以要“钟鸣鼎食”？饮食以维持生命，

1 《老子》第53章。
2 参见《老子翼》第134页。

这是饮食的本义；利剑以保护生命，这是利剑的本义；而“服文采，带利剑，厌饮食”则均超出了生命自身的需要。“财货有余”一语道破玄机：问题不在财货之有无，而在于财货是否“有余”。所谓“有余”是有余于生命本身的需要。“有余”乃“财货”之成为“财产”的转折点。因其“有余”，故所服之文采，所带之利剑，所餍足之饮食，则旋即转化为与“财产”同样性质的东西。就其“有余”而言，我们是也可以称其为“财产”的。

如果一件物品不能融入生命活动本身的轨道，它是“身外之物”，然而它又能够让人忧思难忘，透入身心，谁也无法否认其存在，那么它又在何处栖身呢？又以怎样的形式而存在呢？它只能在概念中栖身，以概念的形式存在！换言之，所谓“财产”只能是概念性的。或有疑：这是老子的观点吗？他在何处说过？查老子文本，确乎找不到这样直接的论述。然而，审读其理论纹路，财产的概念性存在不能不说就是老子学说的题中之义。

老子将“有余”视为“非道”，视为“盗夸”，而“道”则应归之于“无”。“乐其俗”而不越雷池者是一种“无”的状态，他们没“有”超出其本身的世界，他们无“余”，也就是，无“有”。这不只是一种社会，冯友兰发现，这还是“一种人的精神境界”[1]。而具有这样精神境界的人，当为老子心目中的“圣人”。我们知道，老子不止从一个方面界定“圣人”。具体在其与“财产”之关系上，老子的界定是，“圣人不积，既以为人己愈有，既以与

1 冯友兰：《中国哲学史新编》上卷，第347页。

人已愈多”[1]；再有，“圣人去甚，去奢，去泰”[2]；复次，“圣人欲不欲，不贵难得之货”[3]；再复次，“众人皆有馀，而我独若遗”[4]。翻译老子几处的意思，综合言之，其所谓“圣人”就是不追逐财富的人，“安贫乐道”的人；提升一步说，则是以“无”为“道”的人，是“道人”，是“无人”（man of nothing），一无所有的人。

好了，那么，在老子的哲学中，“无”是什么？“有”又是什么？老子财产论中的“有”与“无”，应该没有疑义，就是其哲学中的“有”与“无”的一个展开；因而，只要搞清楚其哲学之“有”与“无”之何谓，则其财产论之“有”与“无”之何谓将随之昭然若揭于我们。

循此而进，问题将出奇地简单而明了：“无”即“道”，“有”乃“名”。且让我们重温《老子》第一章的“道”“名”之辩：

> 道可道，非常道；名可名，非常名。无名，天地之始；有名，万物之母。故常无，欲以观其妙；常有，欲以观其徼；此两者，同出而异名，同谓之玄。玄之又玄，众妙之门。

---

1 《老子》第 81 章。

2 《老子》第 29 章。河上公注曰：“甚为贪淫声色，奢为服饰饮食，泰为宫室台榭。”（《老子道德经河上公章句》，王卡校注，中华书局，1997 年，第 119 页）

3 《老子》第 64 章。

4 《老子》第 20 章。按河上公的注释，“有余”既在财物亦在智慧方面：“众人余财以为奢，余智以为诈。”（《老子道德经河上公章句》，第 80 页）

从根本上说，“道”是“无名”的（“道常无名”[1]），而“道”一旦有了“名”，即被命名、称说，则就成了“非常道”或“非常名”。这一点鲜有争议，然“非常道”和“非常名”又将是什么呢？老子接着说，“无名，天地之始”——“无名”即“道”，即“常道”，即“道”的本然状态。与此相对，“有名，万物之母”——既然说“无名”为“常道”，那么“有名”当然就是“非常道”和“非常名”了。进一步，既然“有名”既可以说是“非常道”和“非常名”，又可以说是“万物之母”，那么“非常道”和“非常名”也就是“万物之母”了。再既然“道”为“无”，“非常道”和“非常名”当为“有”，且已知“非常道”和“非常名”为“万物之母”，那么“有”也就是“万物之母”了。复次，既然“有名”为“万物之母”，且又可以说“有”为“万物之母”，那么“有名”也就是“有”了。就此而言，“有名万物之母”是读作“有名，万物之母”为好，还是应该句读为“有，名万物之母”，便不再有争辩的意义。《老子》第四十章谓“天下万物生于有，有生于无”，这其中的“有”即是“有名”，与“有名，万物之母”是同一个意思，而“有生于无”则可理解为“有”是对于“无”的命名。

最后，既然“有名”即是“有”，且可以说“万物”因“名”而“有”，无“名”不“有”——是谓“有名，万物之母”——

1 《老子》第32章。蒋锡昌认为：“‘道常’即‘常道’。……‘道常’者，道之真；‘常道’者，真之道；其实皆即道也”（蒋锡昌：《老子校诂》，第215页）。唯道堪以“常”称，故“常”即“道”也。

那么，对于万物之成为“万物”而言，其“有”（出现）就是其“名”（被命名）。简言之，“有”即是“名”。“有”不能是客观之“有”，在老子，客观之“有”是世界本身，是“道”本身，而“道”本身则是“无”，故其所谓“有”只能是主观之“有”，概念之“有”，是作为创始万物的命“名”活动。

但老子并不想抽掉“有”的物质性根基，使其概念性地飘忽起来，他坚持，“有”和“无”指向的是同一物。“无”与“有”，是“同出”于“道”而“异”乎其“名”。言“道”之为“无”也，是谓“道”之幽深难测，不可言说；而言其“有”，则是指“道”之可言以致、言以见者。“无”为“玄”，“有”亦为“玄”，是谓“玄之又玄”。

或有问：“玄”是不可见，“有”是可见，倘若此，则“有”何以就成了“玄”呢？须知，此“有”非世界之本有，那是“无名”，而是世界之被呈现，是“有名”。世界本身不会自动呈现，凡呈现必是人为的呈现，在老子，是语言的呈现，是一个“有名”化的过程。“有名”看似很实在地“有”着，能够被想象，被谈论，而实际上“有名”乃是“非常名”、“非常道”：“道”本身已经是玄虚的，而“有名”还要再玄虚一次，用“名”将“道”遮蔽起来。“有名”无实，“有名”终归于“无名”——在这两重意义上，“有”可理解为“玄”。

再或有问：老子说“道”为“无”，何以还要说其为“有”呢？换言之，老子何以要“玄之又玄”呢？老子回答：玄之再玄的目的[1]，是让人看得见“众妙之门”。虽然道之则“非常道”，名之则“非常名”，但仍然要道之、名之，因为非如是，则不得“道”之边际，连个踪影都见不着——老子从正面上说，“常有，欲以观其徼”。

经此两问，“有”是什么与说“有”的意义就很清楚了：“有”是对于“无”的不确当“再现”，如果我们不说是错误的话。《老子》整书，一言以蔽之，是以“无”对“有”的批判。“有”为万恶之源。

了解了老子关于“道”之“有”与“无”的哲学观点，那么其财产论之“有”与“无”则是指：财产之“有”，象“万物”一样，是“有名”的结果。财产只能出现“有名”之中，出现为“有名”。而圣贤之视财产为“无”，那是说，他们能够将财产拒之于其概念、其意识之外。“无恒产而有恒心者，惟士为能”！

在老子小国寡民的理想社会中，不好遽然断说就不存在财产：据其物质性言之，“其食”、“其服”、“其居”如果不算财产的话，那么“舟舆”、“甲兵”（也可能属于公有财产）也不算财产吗？但是，这只是物质性财产，人们并不当其为财产，也就是说，这些财产并没有出现在他们的概念和意识之中。如果

1 有汉学家将“玄之又玄”英译为“玄中的最玄”，原文为“[t]h obscurest of the obscure”（Roger T. Ames and David L. Hall, Daodejing: “*Making This Life Significant*”*; A Philosophical Translation*, p. 77）。中国注经家亦多持此说，如“言玄则尽矣，然犹有玄之心在焉。玄之又玄，则尽矣，不可以有加矣，众妙之所从出也”（焦竑：《老子翼》，第3页）。但问题紧接着就是：在“有”与“无”两者之间，究竟哪个是一般的“玄”，哪一是更玄或最玄呢？

将“乐其俗”的“俗”解释为人类学意义上的“日常生活”，那么老子的“乐其俗”则是说，“其食”、“其服”、“其居”，甚至“舟舆”、“甲兵”，只是存在于其没有反思性和概念性的日常生活之中，虽“在”而实“无”。乐于这样的俗，就是“无知无欲”[1]；老子亦以此标异于世，所谓“俗人昭昭，我独昏昏；俗人察察，我独闷闷”[2]。如此“无”意识，“无”概念，所谓“昏昏”、“闷闷”，即拒绝意识和概念，财产便不复“有”了，不复为“有”了。

或有以“无欲”、“有欲”而句读者，即主张“故常无欲，以观其妙；常有欲，以观其徼”这样的读法[3]，似乎更得道家之真髓，但是如果知道了“无欲”与“有欲”分别表达了对“物”的拒绝和追逐，而对“物”的拒绝是对“物”的昏昏闷闷即无意识，对“物”的追逐是对“物”的昭昭察察即呈现于意识，一者视而不见，一者每思不忘——思即语言之思；那么按照以上解释，“无欲”也就是“无名”，“有欲”也就是“有名”了，或更简单地说，它们分别就是“无”和“有”。也许用不着重申，“无”即“无名”，“道隐无名”[4]，道（之为道也）“因”（其）无名；“有”即“有名”，因“名”而“有”——“物莫非指”。“名”之“有”“无”，

1 《老子》第3章。
2 《老子》第20章。
3 此读法以魏王弼为代表。近人蒋锡昌先生有很雄辩的论证，他坚持“无欲”、“有欲”为老子特有名词，多次使用，并认为《老子》所言者大半为“欲”之问题（参见其《老子校诂》，第7-10页）。
4 《老子》第41章。

这是一条界线，将世界一分为二：作为“道”本体的世界，与被道说出来的世界。

结 论

这就是“财产”的本质：它是“有欲”，也就是“有名”。当物我一体时，物即我，我即物，何来“我-欲”？何来“欲-物”？而“有-欲”则是“有-物”，“物”不复默存于“道”，而被显豁豁地剥离出来，“物”于是成了客体，于是有了主客体之分别、之对立。由于“有欲”即“有名”，即一种语言化行为，而如果说是“有欲”造成了一个主客体二元对立构架，那么这一构架的出现在老子看来将最终归因于“有名”。究其实质，主客体关系乃是人与世界的一种语言关系，通过语言而建构起来的一种关系。可惜西方哲学只是到了后结构主义这里对此才有清晰的认识。而老子则已早早地宣示过了。

顺理成章，前文关于财产的论断，“财产的本质是分割、私有、圈定、排斥和占有”，就可以转换为现在的说法了：财产即“有欲”、“有名”。但需要即刻声明，不能说是先有欲望，而后才有语言，在人欲望总是与语言同时出现。自然的欲求不是“欲望”，而只有“贪欲”才是“欲望”。老子不反对自然的欲求，如前引“甘其食，美其服，安其居，乐其俗”等，他反对的是“语言欲望”，即作为“有名”的“有欲”。“有名”化的“有欲”，或曰，财产，是多出、冗余、赘疣，一种无法安居于自然之内而只能在概念中栖身的存在。

老子对财产本质的语言论揭示和批判，对于当今社会的拜金主义、金融主义（financialism）和消费主义等等，应是一付不可多得的解毒剂。他教导我们，任何超出生命本身需要的追求都是一种对于虚“名”的追求，都将导致人的“实际”生活亦即真实生命的枯萎和消逝。

尽管我们很难把握，哪些“语言”是人的“在世之在”，而哪些又是对人之实际存在的抽象和架空，以及，财富拥有至何种程度是布坎南所谓的“自由的保障”，而出了哪个度则会变成“难得之货，令人行妨”，即让人失去行动的自由——对此，老子不能提供一个古今通用的、便于操作的标尺，任何理论家都没有这个能力，但是他提醒语言或财产有“再现”与“延伸”之别，总归是让我们在使用语言、在对财富的追求上保持一份警惕之心：“从心所欲，不踰矩。”[1]

1 孔子：《论语·为政》。

“媒介即信息”与庄子的技术观

——为纪念麦克卢汉百年诞辰而作[1]

麦克卢汉的命题“媒介即信息”意味着一种为电子媒介所标志的整体性思维方式。它教导我们，其一，媒介的本质就是其后果；其二，此后果的发生方式是通过人的感觉；其三，如果说文学以感觉为务，那么媒介研究就应该成为文学研究。麦克卢汉读到了庄子“抱瓮出灌”的故事，但这则故事主要是支持他媒介研究的“后果范式”，而对于媒介后果的发生特点即整体性和感性的支持，虽不能说绝无，然毕竟十分勉强，需要拐弯抹角的阐释。其实，庄子对于技术的整体性和感性有大量的直接的

1　此文原为在加拿大阿尔伯塔大学麦克卢汉百年诞辰埃德蒙顿纪念大会暨媒介生态学会第12届年会上的讲演（2011年6月23日）。

论述，惜麦克卢汉未能寓目。麦克卢汉后来遇到了老子，但仍然是飘忽的“神遇”，而未能彻底坐实于文本层面。麦克卢汉与道家或扩大而言中国文化的对话需要我们的重新建构，在此建构中庶祈开拓出中国媒介生态学的未来。

——阅读提示

初看这个题目，对麦克卢汉了解不多的人一定会感到穿越和搞笑：一个是电子媒介时代的西方理论家，一个是拒绝进入社会和交往的中国古代隐士，两人不仅时空上暌隔遥远，而且其理论似乎也南辕北辙。

但是，麦克卢汉对庄子确实情有独钟，在其两部最重要的著作《古登堡星汉》（1962）和《理解媒介》（1964）中他都引用和评论了庄子“抱瓮出灌”的寓言。细读之下，这绝非偶然为之，不足为训；情况恰恰相反，在麦克卢汉以其命题“媒介即信息”所总领的媒介理论与庄子的技术观——“抱瓮出灌”所透露的只是其中的一个方面——之间存在着过去学界少有触及的深层的关联。此中有真意，只是需要耐心的发掘和磨洗。可以毫不虚妄地说，庄子文本所体现的道家哲学与文学精神构成了麦克卢汉思想的内核。麦克卢汉即使不承认这一点，他也会欣欣然引庄子以为同道的。

本文意图揭开麦克卢汉与庄子的思想关联，期以丰富和更新对于麦克卢汉、庄子本身，更重要的是，对于当今媒介技术及其文化后果的研究。

一、何谓“媒介即信息”？

我们首先需要厘清麦克卢汉“媒介即信息”的真实意味，而后才能谈论它是否与庄子的技术观有关联。但是，对于“何谓媒介即信息”的问题以及我们以为比较简单的“何谓庄子的技术观”问题，既有的研究都未能提供清晰、可信的论述和界说，我们仍然需要自己的考察和探究。

作为麦克卢汉思想遗产的主要承继人，尼尔·波兹曼对于“媒介即信息”的解读或许可视为能够引导我们自由出入麦克卢汉迷宫的阿里阿德涅线团。波兹曼是这样说的：

> 每种工具都暗藏有意识形态偏向，就像是癖性，偏嗜于将世界建构成这样而非那样，将一物在价值上凌驾于另一物之上，放大某一感官、技能或态度而抑制其它。
>
> 这就是马歇尔·麦克卢汉那一著名格言“媒介即信息”的意思。……在手握榔头的人看来，任什么都像是钉子。……在端着相机的人看来，任什么都像是图像。在拥有计算机的人看来，任什么都像是数据。[1]

---

1 Neil Postman, *Technopoly: The Surrender of Culture to Technology,* New York: Vantages Books, 1993 [1992], pp. 13–14.

不错，麦克卢汉不是将技术仅仅作为技术，而是认定作为技术的媒介就是一种认识论，一种“视角”（透视角度），即每一种技术或媒介都规定了我们对于世界的认识和认识方式。媒介本身即代表了一种世界观。但是，波兹曼的阐释未能讲清楚：“媒介即信息”究竟代表了怎样的“认识论”？怎样的“世界观”？而且一旦将媒介作为一种认识方式，我们便进入一个更为复杂的麦克卢汉的理论世界，这最终将反过来修正甚至颠覆波兹曼的认识论阐释，即“媒介即信息”所属意和推荐的根本不是什么“视角主义”，恰恰相反，是“反视角主义”。

在最一般的意义上，可以认为，麦克卢汉的“媒介即信息”是对媒介技术的一种“整体性”思维，准确地说，一种“反视角主义”的整体思维。区分开来，它应包含如下内容：

第一，媒介即其后果。麦克卢汉的媒介研究可以用“后果范式”来概括。他并不忽视对各种媒介特征的研究，例如他有“冷”媒介和“热”媒介之分，但其目的则是试图说明这种或那种媒介因其不同的特点而对社会构成不同的影响。他对媒介类型的最基本区分是口传媒介、印刷媒介和电子媒介，而具体到技术说，则有机械化与自动化或电子化的区分。例如《古登堡星汉》研究了印刷媒介对于现代西方社会各个方面如民主进程、个性主义、民族主义、私人权利、行为方式、心理特征、时空意识、诗与音乐之分离的形成性作用，而电子媒介则是对印刷媒介及其后果的反拨，并在某种意义上恢复到口传媒介时代人的存在状态。

第二，置对媒介后果的观察于“统一场”论。麦克卢汉主要借自于德国物理学家海森伯的“统一场”概念进一步从性质和方式上规定了其后果研究范式。统一场论的核心意思是：其一，在一个统一场中，各种要素的作用不是呈线性的、先后序列的，而是“即时的”和“同时的”；其二，这种相互作用的方式是有机的、神经性的；因而，其三，这种有机性和神经性可以用“感性”来表示。麦克卢汉对媒介技术的整体性思维，由此便不再是理性主义如黑格尔的“概念”的对世界的抽象和概括，而是感性整体性。理性主义永远不会像太阳那样“遍照”无遗，它终归是一种限制“视角”，外于事物本身。

麦克卢汉经常以“听觉空间”来解释海森伯的“统一场”思想：“如果说视觉空间是一个有组织的连续体，属于统一和相互关联的那一类，那么耳朵的世界（正式的说法应为‘听觉空间 [acoustic space]’——引注）则是一个同时性关系的世界。”[1] 声音没有聚焦点，它可以从四面八方向我们似乎整个的身体涌来，耳朵的世界或曰“听觉空间”于是就出现为一个“球体的、断续的、非同质的、共鸣的和动态的”[2] 世界，即各种感觉在其中相互激荡的“统一场”。

第三，引入统一场论并突出媒介影响的感性特征，这实际上

1 Marshall McLuhan & Quentin Fiore, *The Medium Is the Massage: An Inventory of Effects,* Berkley, CA: Gingko, 1996 [1967], p. 111.

2 Marshall & Eric McLuhan, *Laws of Media: The New Science,* Toronto: University of Toronto Press, 1988, p. 33.

就是将“文学研究范式”引入媒介研究，或者也可以说，麦克卢汉的媒介研究就是一种文学研究。这不仅仅是说他乃文学中人，对世界文学库藏如数家珍，信手拈来，而是说文学研究之奉感性为圭臬也成了他媒介研究的刻意追求。有学者指出：“文学是麦克卢汉的家园，……他关于媒介的大部分观点都是从他所研究过的例如马拉美、兰波和其他法国象征主义者，以及詹姆斯·乔伊斯，当然还有艾略特、庞德等人的著作里自然而然地产生出来的。”[1] 而如果能够说，像麦克卢汉自己所断言的，这些作家，乔伊斯尤甚，“倾其毕生都在研究我们的感觉”[2]，那么在这一意义上，人们也完全可以认为，“他将美学带给了传播研究”[3]——“美学”（aesthetics），按其本意来说，就是“感性学”。麦克卢汉曾多次表示，其媒介研究基本上就是“实用乔伊斯”（applied Joyce）。[4]

麦克卢汉绝非如其宣称的：“我是一个调查者。我就是探测。我没有观点。我决不驻留在一个立场上。”[5] 我们不能简单地听信他那特别的强调：“我不解释——我就是探索。”[6] 应该看清楚，在他所谓“探索”的前前后后，在他冰冷的表象下面，涌动着他那

---

1 Marshall McLuhan, *Understanding Me: Lectures and Interviews,* ed. Stephanie McLuhan & David Staines, Cambridge, MA: The MIT Press, 2003, p. 310.

2 同上书 , p. 95.

3 Janine Marchessault, *Marshall McLuhan: Cosmic Media,* London: Sage, 2005, pp. xii-xiii.

4 See Donald Theall & Joan Theall, ‘Marshall McLuhan and James Joyce: Beyond Media’, in *Canadian Journal of Communication,* vol. 14, no. 4, 1989, p. 46 and p. 63, note 1.

5 Marshal McLuhan, ‘Casting My Perils before Swains’, in Gerald E. Stearn (ed.), *McLuhan: Hot and Cool,* New York: The Dial Press, 1967, p. xiii.

6 同上。

永远炽热的人文主义情怀，他无时不在以感性的丰富性和完整性考评技术发展之于人这方面的得得失失。例如，他极为欣赏布莱克对工业化即专门化、碎片化的拒斥，对理性权能的抗争，对艺术、天才与感性的推崇。[1]他赞美艺术家“是具有整体意识的人”。[2]不消说，文学家亦复如是；甚至，科技人员，麦克卢汉坚持，假使他们能够遵从艺术的整体性原则，也将侧身于艺术家之列。在哪一行当并不重要，重要的是如何去做。艺术也可能被做得枯燥乏味，科技也可能被做得妙趣横生，关键在于能否以真正的艺术的方式去做。就对技术的文学批判或感性要求而言，麦克卢汉实则一个法兰克福派，一个“审美现代性”论者，其媒介理论毫无疑义应该划在“批判理论”的名下。

麦克卢汉之标榜自己无“观点”、无“立场”，是否可以理解为，不是真的无“观点”、无“立场”，而是他高度警惕地避开“观点”、“立场”、视角、片面，以为电子时代之全面、无“我”、混沌、感性和审美预留空间呢？电子人当如是也！他宣布：“耳朵不偏爱特殊的‘观点’（‘point of vicw’）。我们被声音所包裹。”[3]再也不能更明确地暗示了：麦克卢汉之反对“观点”或频

1 See Marshall McLuhan & Harley Parker, *Through the Vanishing Point: Space in Poetry and Painting*, New York: Harper & Row, 1968, p. 141; and also Marshall McLuhan, *The Gutenberg Galaxy: The Making Typographic Man*, London : Routledge and Kegan Paul, 1962, pp. 265–266.

2 Marshall McLuhan, *Understanding Media: The Extensions of Man*, New York: McGraw-Hill, 1965 [1964], p. 65.

3 Marshall McLuhan & Quentin Fiore, *The Medium Is the Massage: An Inventory of Effects*, p. 111.

繁变换"观点"正是他所研究的电子媒介或"听觉空间"的内在要求。

二、麦克卢汉对庄子的援引和评论

麦克卢汉是从海森伯的"当代物理学家的自然观"[1]一文知道庄子的，而且其关于庄子的知识似乎也仅限于此：

> 子贡南游于楚，反于晋，过汉阴，见一丈人方将为圃畦，凿隧而入井，抱瓮而出灌，滑滑然用力甚多而见功寡。子贡曰："有械于此，一日浸百畦，用力甚寡而见功多，夫子不欲乎？"
>
> 为圃者仰而视之曰："奈何？"曰："凿木为机，后重前轻，挈水若抽，数如泆汤，其名为槔。"为圃者忿然作色而笑曰："吾闻之吾师，有机械者必有机事，有机事者必有机心。机心存于胸中，则纯白不备；纯白不备，则神生不定；神生不定者，道之所不载也。吾非不知，羞而不为也。"（《天地》）

麦克卢汉试图在海森伯和庄子之间寻找共同点，以为其媒

1 Werner Heisenberg, 'The Idea of Nature in Contemporary Physics', in his *The Physicist's Conception of Nature*, trans. Arnold J. Pomerans, New York: Harcourt, Brace and Company, 1958, pp. 7-31.

介理论的支撑。其实，海森伯对他的作用远不如庄子那么全面而巨大，只是囿于对庄子的知识，他未能充分利用而已。海森伯在其引用庄子故事的那篇文章中，尽管不能绝对地说对庄子视而不见或点头而过，然对庄子的肯定却非常有限，那里他甚至是以批判的语气和立场在引述庄子；而且，海森伯本人对统一场的研究也远未得到科学界的承认。因此，与其认为海森伯是麦克卢汉的一个理论土壤，它过于贫瘠了，毋宁说前者只是刺激后者发动其理论想象的一个契机——我们知道，契机是外在性的，契机与由此契机而产生的结果在内容上并无必然的一体性。

麦克卢汉之转引海森伯的庄子，意在证明如下两点：

第一，同麦克卢汉一样，庄子也不是仅仅将技术作为技术，而是视之为技术的后果，所谓"有机械者必有机事，有机事者必有机心"是也。第二，庄子和海森伯也同样持有整体性的思维方式：他们共同反对分裂式的和专门化的研究。麦克卢汉因而认为海森伯在如庄子所表达的"东方场论"中有宾至如归之感。[1]这种"东方场论"说的就是庄子看待技术所由以出发的感性整体性思维方式。

虽然麦克卢汉对海森伯所知无多，对庄子了解更少，但他的结论应该没有实质性错误。我们惊异于麦克卢汉对海森伯和庄子的猜悟能力。

1 See Marshall McLuhan, *The Gutenberg Galaxy: The Making Typographic Man*, pp. 28–31.

三、麦克卢汉所不知道的庄子

如果说麦克卢汉看到了庄子“抱瓮出灌”故事对其媒介研究“后果范式”的支持，那么庄子对他以感性或美学为核心的“文学研究”范式的支持，则是他无缘寓目的。限于篇幅，我们在此只给出庄子的两个故事：

> 南海之帝为儵，北海之帝为忽，中央之帝为浑沌。儵与忽时相与遇于浑沌之地，浑沌待之甚善。儵与忽谋报浑沌之德，曰：“人皆有七窍，以视听食息，此独无有，尝试凿之。”日凿一窍，七日而浑沌死。（《应帝王》）

这个故事演绎了老子“五色令人目盲，五音令人耳聋，五味令人口爽”（《老子》第12章）的论断。“五色”、“五音”、“五味”均非自然之色、音、味，它们是人工或技术的产物，其特点是对于色音味的提取和强化，是将其与自然相分离。浑沌死因无它，就是儵忽以分解性思维方式取代其整体性的存在，他们错误地以为所有人都是在“视听食息”中生活、享乐，都是以“视听食息”的方式与世界相沟通；他们全然不能想象竟还有浑沌那种整体性的与世界相沟通的方式。以不同的思维对待对方，只能是相互虐待和虐杀。在这个故事中，庄子没有注意持整体思维的浑沌，反过来，也不可能对分解式思维的儵忽“待之甚善”。其间存在着麦克卢汉一再强调的"机械化"与"自动化"的对立。《理解媒介》开卷即指出，人们之所以会对"媒介即信息"感到惊诧，原因在于人们长久生活在一种"分解和割裂的"文化传统之中。[1]

在另一则寓言中，庄子还揭示了分解式思维如语言与感性经验的对立：

> 桓公读书于堂上，轮扁斫轮于堂下，释椎凿而上，问桓公曰：敢问："公之所读者，何言邪？"公曰："圣人之言也。"曰："圣人在乎？"公曰："已死矣。"曰："然则君之所读者，古人之糟魄已夫！"桓公曰："寡人读书，轮人安得议乎！有说则可，无说则死！"
>
> 轮扁曰："臣也以臣之事观之。斫轮，徐则甘而不固，疾则苦而不入，不徐不疾，得之于手而应于心，口不能言，有数存焉于其间。臣不能以喻臣之子，臣之子亦不能受之于臣，是以行年七十而老斫轮。古之人与其不可传也死矣，然则君之所读者，古人之糟粕已夫！"（《天道》）

在"抱瓮出灌"故事中，庄子似乎是反对技术的，但是在庄子心目中其实还有另外一种技术，就是化入感性的技术，前

1 See Marshall McLuhan, *Understanding Media: The Extensions of Man,* p. 7.

者是可分析的，可重复的，而后者则是感性的，是一次性的，无法传达的。轮人的技术——准确说，是“技艺”、“手艺”——是不可言传的，它是内在的，只能“得之于手而应于心”，在“心”“手”之间流转不已而不外泄；而一旦外泄于语言，则如庄子所论，由于“道不当名”，故“言而非也”（《知北游》）。庄子对语言的不信任，就是对具有语言特征的技术的不信任。庄子的语言理想是无语言，庄子的技术理想是无技术；换言之，在语言中看不见语言，在技术中看不见技术，甚至连“看”本身都是多余的、累赘的，它妨碍对真理的接近。也许祛除了“看”，语言将成为“道言”，而非“方言”，技术将成为“道术”，而非“方术”。

庄子对中国文人影响甚巨，一个重大原因是他深刻揭示了认识世界的感性方式的重大意义。这种感性方式不仅如我们常所理解的与抽象思维相对立，而且也与“工具理性”和“世俗智慧”相对立：屈原之放逐，李白之不见容于世，陶渊明之弃官归田，盖源自其发达的感性排挤了其“世俗智慧”，只见“真理”，不见“方法”。

庄子证明了麦克卢汉，但对于中国读者来说，麦克卢汉的理论亦可以作为理解庄子的一个重要参照。这就是“互文性”比较的意义，然双方的特点更鲜明，而不是像在克里斯特娃那里意义因此而更加地不确定。

四、补论：麦克卢汉对老子的一个引用

麦克卢汉在其《媒介即按摩》一书与老子相遇，可以作为对他之引证庄子的一个补充——他将老子读作了庄子，他当然不能区别老子和庄子了：

> 三十辐共一毂，当其无，有车之用也。埏埴以为器，当其无，有器之用也。凿户牖以为室，当其无，有室之用也。故有之以为利，无之以为用。

原文出自《老子》第12章。在此老子以车毂、陶器、户牖为例，证明世人常所忽视的“虚无”的作用，且是根本的作用，而“实有”不过是让“虚无”之作用发挥出来的辅助性条件，是所谓“利”，“利，尤济也”[1]，而非真正之“用”。然则，这只是老子的第一层意思，背后支撑这一层意思的是：“无”乃世界之根本，而“有”即人为或人为的产物如车辐、埏埴、凿户牖等只是对“无”的使用。对老子而言，一切“使用”都是具体的、有限的和表象化的，如同“道”经过“言说”便成了“非常

1　释德清：《老子道德经解》，金陵刻经处，清光绪十二年春二月，第十五页。“利”总是假定了一种彼此之间的关系，即此物有利于彼物，如“水善利万物而不争”（《老子》第8章），再如“天之道利而不害”（《老子》第81章）。即便说“自私自利”，也是区分了自我与自我的行为的。

道”。车毂、陶器、居室中的“无”与大自然之“无”原非两物，前者是后者在“使用”中——就如在“言说”中——被分割出来的一个部分。若捣毁车辐、陶器和房屋，拆除这些将“无”分割出来的框架，我们会看到这些被幽禁的“无”将即刻回到其外的大自然的“无”。毂无自“无”，器无自“无”，室无自“无”，所有“无”均归于自然之“无”。老子是以“无”为本的哲学家。

不过，麦克卢汉的阅读并未深进这一点，或者说，就几无认识。他读到的文本将“故有之以为利，无之以为用”翻译为：

> Thus we are helped by what is not,
> To use what is.

麦克卢汉对老子引文的解释是：“电流正在使西方东方化。充实、区别、分割——我们西方的遗产——正在被流动、整体和浑融所取代。”[1] 显然，老子吸引麦克卢汉的是其似乎——即在英译者的理解中——主张不要区分“不是”（即“有”）与“是”（即“无”）。仅仅这一点！“区分”是印刷时代的特征；麦克卢汉宣称，“电子世纪是一个生态的世纪”[2]，一切都如感性，都在感

1 Marshall McLuhan & Quentin Fiore, *The Medium Is the Massage: An Inventory of Effects,* p. 145.

2 Marshall McLuhan & Harley Parker, *Counterblast,* New York: Harcourt, Brace & World, 1969, p. 36.

性中共在，感性将抹去一切人为的鸿沟。

案验英译文之将"有"作为"what is not"，即经过意识或语言所分别的事物，"无"作为"what is"，即事物之原初，实无大谬也。这是老子从"无"到"有"的宇宙发生论。[1]然而，这会太过容易地诱导麦克卢汉——虽然麦克卢汉本人亦难辞其咎——按照他自己的理论定式只是从（英译）字面上理解老子，结果就是麦克卢汉对老子原意的偏离，或者宽厚地说，二者各有其侧重：老子重"道"之"体"（即"本体"），即事物本身，虽不完全忽略"道"之"用"（即"使用"），然鲜能从"主体"方面去谈论"用"，即谈论"主体"之"用"；麦克卢汉不关心"道体"，他强调的是"道用"，并将此"道用"落实为主体之感性，而此感性之"用"，在庄子那儿，如前文所证明的，则是通向

---

1 麦克卢汉未给出其老子引文出处，经查为：*The Way of Life: According to Laotzu,* an American version by Witter Bynner, New York: The John Day Company, 1944, p. 30. 这位译者当深谙并执守老子由语言论所建构的宇宙发生论——因为"言"对"道"的否定，即"what is not"，所以有了具体的万事万物，而未经"言"说的"道"，则是事物本身，即"what is"。但是，也有人反其道而行之，将"故有之以为利，无之以为用"翻译为：

> Thus the value of what is
> Depends for use on what is not.

（Laozi, Dao De Jing：*The Book of the Way*, trans. Moss Roberts, Berkeley: University of California Press, 2001, p. 51）该译者解释"无"为"negation, what is not, void"，"有"为"what is, becoming formed"（同上）。

或许两种译法均不为错，因为老子既从宇宙发生论的角度论述世界之从"无"到"有"的形成过程，也从后果的角度论述人之向自然的复归：当世界充满无谓的"有"，例如儒家的仁义道德，就需要回归于"无"。对人为世界的否定，是修道之根本，而能够去否定人为的世界，乃是基于对世界之为无的认识。故"what is not"既可作为"有"，即对"无"的否定，亦可当成"无"，即对"有"的否定，唯否定之发生"方向"不同而已。同样道理，"what is"既可表示"无"，亦可说是"有"。

“道体”的唯一正确的方法。

对庄子而言，道之为本体与其作为方法是统一的，是被同时把握到的。麦克卢汉大概没有老子、庄子那么超越和形而上学，他关心的是人在此世的整体性存在，这是他的现实主义和语用学；但话又说回来，老子、庄子岂不是以形而上学之“道”企图恢复人与世界的统一因而人的整体性存在呢？道不远人！

附录

公共艺术与意识形态实践

——金惠敏教授访谈录（王洪义）

公共艺术不能只是图解意识形态，它还应当成为一种意识形态实践，在实践意识形态中丰富和发展意识形态。而“实践”就有这样的妙处：它接通我们的感觉，接通我们的身体，接通我们的日常生活，我们原始的生命存在，等等。齐泽克、杰姆逊他们在意识形态控制中只看见“交互话语”，看不见生命、本能、无意识，所以他们是悲观主义者。其实，我们可能被象征化，但我们也不可能完全被象征化，我们身上总有拉康“实在界”那样的东西在躁动着。

——阅读提示

王洪义[1]（以下简称“王”）：谢谢金教授，很高兴您接受《公共艺术》编辑部的采访。将“公共艺术”作为一个艺术部类提出来进行研究、评论在中国还是比较新近的事情。在这样一个初起阶段，本不宜于先立下一个概念和框架，如什么是“公共艺术”？什么不是“公共艺术”？这无异于画地为牢、作茧自缚！但是如果把“概念化”理解为一种有意识、有目的和聚焦化的行为，有助于提高公共艺术从业者的自觉意识，那么界定一下“公共艺术”则又不无裨益。首先，我想知道，在您看来，“公共艺术”是怎样或者说应该是怎样的一个概念？

金惠敏（以下简称“金”）：很高兴有此机会来谈谈对“公共艺术”的一些看法。我不是“公共艺术”专家，就权当是隔靴搔痒吧！我之所以勉强要谈的原因是，“公共”是我们每个人都有分享的东西，而艺术也是每个人的天性。公共艺术是我们每个人的事情，是我们作为人的社会存在，也是最本己的生命活动。

先回到您的问题吧。“公共艺术”，分开来看，它第一是一个空间概念，出现在“公共空间”；第二，它是一种艺术，有自身的美学追求。合起来说，它是出现在公共空间里的艺术。这样说

1　王洪义，上海大学美术学院教授、博导，《公共艺术》杂志副主编。出版有《视觉形式分析》（2007）、《公共艺术概论》（2007）和《西方当代美术》（2008）等著作。油画和版画作品被中国美术馆（2008）和英国牛津 Ashmolean 博物馆（2007）收藏。此访谈做于 2011 年 9 月。

是不是太简单了？好像什么也没有说呀？但这是一个现象，一个起点，一个逻辑前提。据此我们才有可能进一步提出，也即更重要的是，“公共空间”因为“艺术”的出现而要发生点什么，同样“艺术”因为出现在“公共空间”也要发生点什么。换言之，当“公共空间”与“艺术”相遇，会发生怎样的故事。于是问题就变得非同一般地复杂起来。

王：是啊，通常的说法正是把“公共艺术”界定为出现在公共场所的艺术品，以区别于在私家客厅、画廊、博物馆的艺术品。美国纽波特纽斯 (Newport News) 公共艺术基金会就是这样界定公共艺术的，它说：“公共艺术是指艺术家创造的任何一种作品或设计，被特意置放在一个公共空间里。”[1] 这样的说法的确有些肤浅，如您所说的，我们希望看到更深刻的东西。

金：这完全不是一种理智的苛求！肤浅或者深刻，简单或者复杂，都是人的精神和情感所需要的。例如人们在饭桌上不是经常说一些肤浅而简单的东西，却很能增进相互间的团结和友谊吗？事实是，艺术与公共空间的相遇真的不那么简单，不那么肤浅，不那么一般，它会改变我们对于艺术与公共空间及其关系的认识，最终改变我们对于“公共艺术”的流俗之见。

我们先来看公共空间的性质，看有什么东西可以进入公共

1 http://nnpaf.org/what_is_art.html.

空间，而什么东西又不可以。根据哈贝马斯的界定，公共空间第一具有物理的性质，例如沙龙、咖啡馆、社交聚会、报纸、广播、电视，以及现在的网络空间，它们是公众交往的平台或者媒介；第二，它是抽象的——这分作两层意思：一是公众各种意见的交汇和碰撞，二是这些意见针对的都是全民利益攸关的事情，与个人有关但又超出个人的一己之利；第三，它是与公共权力如国家机器包括意识形态国家机器相协商、有时也表现为相对抗的空间。严格地说，这样的公共空间在过去的中国历史上从来没有存在过，因为唯“肉食者”才有权利建构“代表性”的公共空间，公众仅在“代表性”中存在，它是沉默的多数。谁也不知道“民意”是什么，你要有权力的话，你说它是什么，它就是什么！

王：这样看来目前我国公共艺术实践和理论多局限于“物理公共空间”，所以与设计界关系比较密切，很多作品都是由设计师们完成的。而思想层面上的公共空间，大概只有民国时期在上海活动的鲁迅等左翼人士才能获得吧？

金：“物理公共空间”其实同时就是“思想公共空间”。一个不被政府所批准的思想是不可能被实体化在一个物理空间的。您知道，关于公共空间，哈贝马斯还强调它必须为体制所保障，这就是说公共权力允许它的存在，它是宪法所赋予的自由，不是可以随便取缔的。说到鲁迅嘛，他们是文字游击队，小打小闹，而且还要躲在“法外”的租界里，国民政府的土地上不容许他们立锥。那时没有一个保障言论自由的健全体制，要有也是假的，写在报纸上给人看的，博取好名声的。能否被体制所许可甚至鼓励，这一点对公共空间是定义性的。

王：您为什么这样看重公共空间与社会体制的关系？

金：因为这叫“意识形态”。一般认为，所谓“意识形态”就是一套观念体系。这把“意识形态”用烂了，用到毫无意义的地步。你有一套观念体系，我也有自己的一套，但那不是“意识形态”。柏拉图、孔子的思想在当时不是“意识形态”，甚至列宁主义或者毛泽东思想，在其被国家机器物质化之前，尽管作为一种思想体系已经相当完备、成熟，但也不能算是“意识形态”。意识形态必须在一个社会中占据统治地位，必须与国家机器相结合，成为国家机器的一个组成部分。因此，所有意识形态都是国家意识形态，都是作为国家机器的意识形态。齐泽克概括得很全面，他说：“在他（指马克思——引注）看来，意识形态永远是国家性的，而且，诚如恩格斯所言，国家本身（即国家机器——引注）是首要的意识形态力量。”[1] 如此而言，阿尔都塞通过其“意识形态国家机器”一语已经点出了意识形态的实质，他没有必要继续保留作为“观念”、作为纯粹“上层建筑”的意

1 斯拉沃热·齐泽克等：《图绘意识形态》，方杰译，南京大学出版社，2006 年，第 25 页。

识形态。

王：我当编辑很多年了，很能体会到与国家机器相一致的意识形态的存在，也知道这个意识形态有些厉害。所以我也常常会想，有没有与国家意识形态相左的民间意识形态？模仿阿尔都塞的说法，您认为“民间意识形态机器”有无可能？

金：看起来好像有，而其实是没有的。比如，在我们这个马克思主义占主导地位的国家里，官方提倡无神论，但神鬼之事也是很盛行的。“文革”时破过“四旧”，“文革”一过，什么都恢复了，一切照旧。但是，我们不能从中得出结论说：民间有独立于官方而自运行的思想体系。不是的，民间尽管有不同于官方的思想体系，但绝不独立于官方的思想体系，它为官方思想体系所整合。国家意识形态具有对各种差异、异议思想的整合力量。您看，我们现在不是把它作为中华传统“文化”而纳入了国家意识形态吗？民间思想从来是差异性的，但它“安于”其差异、其边缘位置，这就是说，它从来不“颠覆”。

关于国家意识形态，我想强调的是它的“机器性”；而关于“民间意识形态”，我想说的是它的“文化性”，它表现为一种“日常生活实践”，布尔迪厄用“惯习”（habitus）来表达这个意思。凡堪以“意识形态”相称的必须落实到“实践”层面。据齐泽克研究，福柯从来没有将他的“微观权力”与“意识形态”概念相关联。福柯所谓的“微观权力”是指“权力绕过意识形态将自己直接写入身体”，与此相反，阿尔都塞“从一开始……就将这些微观过程看作是意识形态国家机器的组成部分”。[1] 与此相应，福柯不谈“政府”(government)、“统治”(governance)，而只谈“政府性”（governmentality）——我的解释是，福柯注重的是“政府”之无所不在地行使其“统治”；在微观层面，在日常生活层面，我们看不见“政府”，但到处都有“政府”的作用，“政府”成了一种普遍“性”。

“民间意识形态”，就其体现为“民间日常生活实践”而言，如果你愿意，也是可以称为“民间意识形态机器”的；但必须声明，它绝不独立于作为一种宏大存在的国家意识形态机器。

王：您这个“文化性”的解释太好了，这说明我们的日常生活和信念已经被“意识形态化”了。意识形态是一种能够全面控制人的思想观念的现实力量，看似无形，实则无处不在。按照这个思路，公共空间岂不是也是意识形态的一种物化形式？

金：的确如此。您看，早些日子有机构在天安门这个公共空间安放一尊孔子塑像，立马引起轩然大波，不多久就被政协委员建议拆除了。公共空间绝对是意识形态的敏感部位。但必须指出，哈贝马斯的“公共空间”概念存在一种理想化的倾向，好像公众舆论可以构成与公共权力或国家机器的相协商或对抗的民主空

1 斯拉沃热·齐泽克等：《图绘意识形态》，第 17 页。

间，好像它甚至能够颠覆资产阶级统治似的。其实这个民主也是资产阶级的民主，总体上隶属于资本主义国家意识形态的大机器。英国文化研究领袖斯图尔特·霍尔指出，在英国工党和保守党可以就某一经济政策在电视上展开势不两立的辩论，这似乎说存在一个自由的公共空间，但是两党的分歧无论有多大，“它们双方都赞同两党制”，这两党制“同意［他们］进行一场争论”。[1]

因此，哪里有什么绝对的“公共空间”？那里有什么真正意义上的“公众”？所谓“公共空间”都是为意识形态所操纵和殖民的空间。你要反抗它嘛，这正是它的题中之义。它早把你反抗的空间都预留出来了。

现在很多国际左派知识分子都很悲观。齐泽克对杰姆逊的观点颇有同感：马克思主义之后，“再也没有人严肃认真地考虑可能用什么来取代资本主义了，就好像即使在全球性生态灾难的境况下，自由资本主义也仍然是一个注定存在下去的‘实在’。”[2] 齐泽克断定：“不存在任何可以简单地绕过意识形态的道路：私下里满足玩世不恭、沉湎于私人的快乐等，所有这些正好是极权主义的意识形态在‘非意识形态的’日常生活中发生作用的方式，是这种生活被意识形态决定的方式，是意识形态‘以缺席的模式在场’的方式——如果我们可以诉诸来自结构主义

1 See Stuart Hall, ‘The Structured Communication of Events’, in David Potter *et al.* (eds), *Society and Social Sciences: An Introduction*, p. 284.

2 斯拉沃热·齐泽克等：《图绘意识形态》，第 1 页。

英雄时代的语录。”[1] 对于齐泽克来说，文化研究所推崇和实施的抵抗，其实是没有意义的；一切抵抗，包括消极的抵抗，都将终之于以差异和疏离的方式走向对统治和权威的确认和强化！

王：那么，在被政治或经济权力控制的“公共空间”中，艺术看来就不能实现真正意义上的“公共化”了，对吗？

金：回答这个问题，除了需要知道公共空间的性质外，还要搞清楚什么是“艺术”，以及艺术与意识形态的关系。谈论什么是艺术，会把问题扯得太远，几千年的哲学史拿来都不够用。我们就大题小做吧。所谓“艺术”就其本质而言，属于“美学”，属于感性意义上的“美学”；艺术不是用来说“理”的，而是给人提供一种经验，一种感觉，一种情绪。在这方面，我们必须破除两种极为流行的说法：艺术（包括文学）是“形象思维”。谁都知道，思维必须抽象，而“形象思维”，即拿形象来思维，是什么意思呢？形象思维的可能性在于，它将思维的介质从语言符号变成形象符号，这时就形象作为符号来说，形象已经消失了，它成为“象形文字”。否则，时刻不脱离形象，胶着于形象，是思维不“起来”的，是“灵”动不起来的。我说的是“一个”形象，一个形象无法让人思维，必须有两个以上的形象才能用来思

---

1 斯拉沃热·齐泽克：《快感大转移》，胡大平等译，江苏人民出版社，2004年，第78页。

维，而一旦出现另一个形象，所有的形象瞬间就成了符号。形象思维是一个黑格尔主义的概念，是一个向理性主义摇尾乞怜的概念。

另一个说法是“审美意识形态”。审美如果是感性的，是压抑不住的“声音”，是鲁迅说的“吭育吭育派”，那它一定就不能同时还是“意识形态”。艺术家不能僭越“美学”而奢望创造意识形态，艺术家只能为建造新意识形态准备素材。我们可以想想，马克思、列宁是如何阅读文艺作品的，特别是列宁是如何批评托尔斯泰的。在革命家眼里，那托尔斯泰的救世方案可是太幼稚了。

“形象思维”和“审美意识形态”，其实质都是为宣传性文艺张目的，只有主题先行的宣传性文艺才能做到“形象思维”，才能成为“审美意识形态”。在中国，这两种理论的提倡者并不十分清楚这一点，他们企图在意识形态许可的范围内为文艺争取一定的生存空间，用心可谓良苦，但效果可能适得其反。

现在，我可以回答您的问题了。在大部分情况下，“公共空间”里是没有“艺术”的，所谓“公共艺术”通常就是宣传性、教诲性的伪艺术、伪美学，是“形象思维”和“审美意识形态”，是为了阐释、图解主流意识形态服务的。天安门广场的人民英雄纪念碑，深圳街头的拓荒牛雕塑，“文革”时期的毛主席塑像，洛阳龙门石窟的大佛像，纽约的自由女神像，上海陆家嘴金融城的雕塑《磁》（其寓意大概就是“吸金”吧），以及朝鲜街头的政治广告牌（我见到的一块上写着“金正日是21世纪不落的红太阳”)，等等，都是对主流意识形态的形象化，是意识形态的物质化。当然我不是说意识形态就不好，我唯一的批评是艺术不能仅仅是意识形态的图解、形象展示。

那种以为公共艺术可以促进公民社会（或称“市民社会”）的形成，以为公共艺术的任务就是创造一个异质和异议的公共空间，不客气地说，是对“公共艺术”的望文生义，至少说是对政治与公共艺术关系的简单化理解。

王：您认为，在大部分情况下，“公共空间”里没有“艺术”，这怕是要得罪很多公共艺术家吧？不过我对您的这个说法是投赞成票的，因为有无数事实证明确实如此。但您不看好公共艺术对促进市民社会形成的作用，是否意味着公共艺术对于社会进步和政治变革就无所作为了呢？

金：我还没有那么悲观，我也不想让您那么悲观。

由于身处“公共空间”，第一，公共艺术注定是国家意识形态机器的一个组成部分，前边已经提到了各种宣传艺术的例子。公共艺术不是行为艺术，并不需要表达多么独异的理念，并不需要表达公众尚未达到的认识，这也就是说，在公共艺术这儿没有“灵魂的探险”，它代表的是整个社会与政府之间业已形成的共识，即使是探索性的，先锋的，前卫的，那也是在公众可以接纳的限度之内。就此而言，公共艺术不“超前”，不“炒钱”，但是很有“钱途”的，政府愿意在宣传民众、动员民众上投入资金。

顺便提一下行为艺术问题。对行为艺术的争议，一般不关乎其理念，争议常常处在其表达形式或方式上。批评者多是把它的形式当成了内容。行为艺术的介质主要是身体活动，但普通人并不只是将身体活动当成介质，而是当成内容本身，从而忽略了它所表达的东西。比如最近在北京宋庄有行为艺术家嘲讽当今艺术家毫无操守，如同卖淫，这个批评是对的，但问题是它采取的介质是男女当众交媾，这就与流行伦理规范有矛盾了，最终引得警方都介入了。公共艺术绝不会有这种情况发生的，公共艺术创作要经过政府部门审批的，复杂的话，还要听取所在地区公众的意见。公共艺术没有违“章”建筑。

第二，因为本质上仍然归属于艺术，那么公共艺术必然在一定程度上坚持自己的审美性、“审美现代性”、感性丰富性，对社会流行价值声言自己的批判立场。比如说，整个社会崇尚实用理性，工具理性，崇尚效益、速度，而公共艺术则可以是表达一种超功利的理念，让观众能够慢慢走，或停下来，进入美的境界。您瞧，公共艺术许多都是实用艺术，把具体功用和艺术结合起来，这实际上就是引导我们以艺术的眼光去看待实用，从而构成对实用观念的一个修正。

有一点可能被人忽略了：一种意识形态，一种流行的社会价值，都有相反的东西相伴随、伴生，相反而相成：有工具理性，就必然有审美现代性；有工作时间，就必然有闲暇时间；有劳动模范，就有不那么爱劳动的人在价值上支持劳动模范；有富人，就必须有穷人，有伦理学家认为，富人需要穷人的喝彩；有社会主义，就要留出一点资本主义的空间，像现在的中国，就是公有制主导下的多种经济成分并存。因而，公共艺术即使坚持自己的审美现代性求索，仍会得到主导意识形态的宽容、默认，甚至鼓励。

我们不能一说到艺术，就把它与政治、与意识形态对立起来，这是一种典型的文人气，用流行的术语，叫“愤青”。我不相信公共艺术可以实现政治批判，进行政治异议；但它可以与后者进行温和的协商，相辅相成，共同促进和维护一个健康和谐的社会。

王：我看中国历史上的艺术家几乎全部是追随政治和服从国家意识形态的，真正特立独行的人物绝少，像屈原、李白都不能算是高蹈派，但不知道为什么他们又总是同时标榜自己的“文人气”？现实任何一处公共艺术设置都会牵扯很多利益关系，显然也不是靠“愤青”意识所能完成的。公共艺术比起个人独立创作更要受到现实中政治、经济和文化条件的制约，它不是那种适用于个人表达独立思考的工具。您说公共艺术要为意识形态所整编、统合，然而意识形态又是在变动中的，如此看来所谓“公共艺术”岂不只是朝生暮死、没有永恒价值的东西？

金：一部分公共艺术作品可能是这样，但这也无可厚非。而另一部分却是可以旨趣高远一些的。我已经说过意识形态具有巨大的整合力，它是一种复合结构，它可以容纳非常远古的传统，也可以包容最前卫的东西。所以，在与意识形态的温和协商中，公共艺术其实有着巨大的发挥空间，就看艺术家能否找到两者之间的结合点。意识形态的无所不包甚至能够达到这样的程度，你可以不理他，拒绝它，随便你搞什么，但最终你会发现你仍在它许可的范围之内。如齐泽克所发现的，“走出（我们作为）意识形态（所经历的一切）正好就是我们受控制于它的形式”。[1] 这样说来，公共艺术若想追求永恒价值，除了材料的限制外，在意识形态上应该几乎没有限制。意识形态与艺术创作可以有无数的结合形式。

我想提到一种特殊的情况，就是当一件公共艺术作品在创作时，可能是直接受命于意识形态，但当意识形态发生转变之后，这个作品没有被拆除，而是保留了下来。政治色彩淡化了，它成了一种文化记忆。现在北京的一些大学校园里还保存着“文革”时建造的毛泽东塑像，今天观看它和当时感觉绝对不一样：其政治价值退却后，美学价值和文化价值则浮现出来。开个玩笑说，这时你不想永恒都不让你；没准将来哪天，我们这篇对谈也会被发掘出来，当做历史文献来研究。

王：您的“温和协商”是个很有想象力的说法，是对当代社会条件下的艺术功能做出的一种清澈而透明的解释。这个说法有利于艺术家们摆脱个人艺术志趣与国家意识形态之间的“冷

1　斯拉沃热·齐泽克等：《图绘意识形态》，第 8 页。

战”思维，使艺术创作回到最原初的意义——审美创造上来。据我所知，当代艺术家大都不愿意被归入意识形态；缺乏独创性、没有想象力、人云亦云、与国家意识形态亲和，这些被很多当代艺术家视为耻辱。

金：关于意识形态，我想补充一点，用葛兰西的“霸权”理论说，它不是靠着暴力而是让人心悦诚服地去认同。无论意识形态具有怎样的历史特殊性，怎样的阶级性（封建地主阶级、资产阶级或无产阶级，等等），但它总归是全民性的，就是说我们每个人都身处其中。它是一个复合结构，也是一个动态结构。既然身处其中，它或多或少地属于我们，那么我们也就有责任来丰富它、创新它，这不是颠覆它，而是发展它。公共艺术家在这方面应该比普通人承担更多的意识形态责任以及社会教化责任，因为公共艺术家在创造我们的视觉环境，这是一件很严肃的事情。媒介理论家麦克卢汉喜欢引用英国诗人布莱克的这样一行诗：“他们成了他们所看到的”（they became what they beheld）。麦克卢汉从中推出，“感觉比率变化，人亦将随之变化。”[1] 公共艺术通过为公众提供看的东西，提供新的感受性，从而更改了公众自身的内在构成。你说这是“抵抗意识形态”，或者你说这是“创新意识形态”，其实都一样，所不同的只是对既定意识形态的

---

1 Marshal McLuhan, *The Gutenberg Galaxy: The Making of Typographic Man*, London: Routledge & Kegan Paul, 1962, p. 265.

态度。

公共艺术不能满足于只是图解意识形态，我希望它还是一种意识形态实践，在实践意识形态中丰富和发展意识形态。而“实践”就有这样的妙处：它接通我们的感觉，接通我们的身体，接通我们的日常生活，我们原始的生命存在，等等。齐泽克、杰姆逊他们在意识形态控制中只看见“交互话语”，看不见生命、本能、无意识，所以他们是悲观主义者。而我认为，我们可能被象征化，但我们也不可能完全被象征化，我们身上总有拉康“实在界”那样的东西在躁动着。[1]因而通过“艺术”，通过将观众引向“感性”，我们对“公共空间”还是多少有些作为的。对于“艺术”，你还要期待什么呢？还要强求什么呢？这就是“艺术”！

1 参见金惠敏：《积极受众论——从霍尔到莫利的伯明翰范式》，北京：中国社会出版社，2010年。

雅努斯神话：媒介、美学与文化研究

——中国社会科学院金惠敏教授访谈（邹赞）

本文主要是受访人对其系列媒介研究成果《媒介的后果》和《积极受众论》两书核心观点的通俗阐发和背景介绍。或许并不是为着消除少数读者的误解，"文学终结"、"球域化"、"拟像"、"大众"、"表接"、"编码/解码"、"日常生活"等概念及其所包含的问题域得到了进一步的澄清。文章最后将"媒介批判理论"作为媒介研究一个值得追求的方向。

——阅读提示

邹赞[1]（以下简称"邹"）：金老师，您好，首先感谢您接受本

1 邹赞，1979年生，湖南衡阳人，北京大学博士，新疆大学人文学院讲师，主要从事比较文学与文化研究。

次学术访谈。2006年初，我有幸读到您的专著《媒介的后果——文学终结点上的批判理论》（北京：人民出版社，2005），后来又陆续读到您对斯图亚特·霍尔、戴维·莫利、马克·波斯特和托尼·本内特等人的访谈，最近您又出版了《积极受众论——从霍尔到莫利的伯明翰范式》（北京：中国社会出版社，2010）。可以说，不论是对文学在电子媒介时代生存现状的描摹，还是对自法兰克福学派的文化工业论到英国文化研究的电视编码/解码范式，乃至对波德里亚的消费文化理论和居伊·德博尔的景观社会理论等，您都积极介入过。

这次应《社会科学家》杂志社的邀请，特向您请教有关媒介研究的若干问题。我非常喜欢有学者借用“雅努斯神话”来形容媒介文化与大众文化，就像古罗马神话里的双面门神雅努斯，以电子媒介为表现形态的新媒体给文学的生存与发展带来了巨大威胁，美国批评家希利斯·米勒据此发表了著名的论文“全球化时代的文学研究还将继续存在吗？”一时间，该文被纷纷解读为“黑格尔的幽灵”，您曾经撰文予以回应，认为米勒的真实意图被误读了。那么，您如何看待电子媒介时代的文学生态？

金惠敏（以下简称“金”）：人们说，这些年的文学研究发生了一个“文化研究转向”，确乎如此，文化研究对传统文学研究提出来了许多新的挑战，但是若是更仔细地观察，你会发现，这个“文化研究转向”更具体地说则是“媒介转向”，因为即使从历史上看，文化研究例如在英国的兴起也是因为新型传媒即大众传媒的勃兴而引发的。中国也一样。米勒对文学研究的悲观主义预言来自于西方的媒介现实，它之在中国引起热议，而非仅仅视之为杞人忧天，一笑了之，则是因为中国也产生了与西方差不多的媒介现实。某些中国学者批评米勒在那篇文章中宣扬“文学终结论”，真的是冤枉了米勒；且不说米勒还有许多其他文章作证，即使单以此文而论，米勒也有坚守文学性和审美性这一面。米勒绝不缺少中国学者所守持的东西；但米勒作为理论家的伟大之处在于，他能敏感地意识到电子文化对建立在印刷文化基础上的文学和文学研究的威胁，从而“有针对性”地重申文学的时代意义和价值。他有危机意识，而当时我们这边没有。“误读”现在好像是一个好词了，它强调阅读的个人性、历史性、文化性、在地性从而生产性、创造性等等，但对米勒的“误读”可能会让这个已经美好起来的术语成为个人理论阅读能力不足的一块遮羞布。

米勒之论“文学终结”是围绕着德里达的《明信片》来进行的。《明信片》中有谈情书的若干文字，其大意是，电子时代了，情书已不再。岂止是情书？这是一个远距离通讯（telecommunication）的时代，是一个时空压缩的时代，过去是“咫尺天涯”，现在成了“天涯咫尺”，我们不需要写信，交寄邮局，也不再期待邮差的自行车铃声；电话，网络电话，可以让我们零距离交流。现在书信是一件很珍贵、很奢侈的事情，如果你能收到谁给你用笔手写的一封信，那肯定会大大感动一番。德里达的预言已经实现了，但首先是在现象层面上的实现，我个人就不再写信，现在写信是写伊妹儿，书信的残迹，而这是表层的，除了表层的情书消失之外，深层的则是距离感的消失所引起的美学的消失，因为美学是必须以距离为前提的，尽管距离在不同的时代、不同的文体和不同的审美形式中有不同的要求。距离产生美，举例说，现在有手机，手机本来是“移动电话”，本来是用于直接的语音通讯，但是，为什么要拐个弯儿去发短信呢？这不仅是因为电话总是粗野地闯入别人的日常生活，为君子绅士所慎用，而最重要的是，手机短信在形式层面上能够创造一种不同于直接对话的审美效果：发短信可以发几句诗，但打电话不可能去背诗吧；发短信可以煽煽情，你当面给人煽情试试，不被骂是神经病才怪呢。所以即使是在当今这个距离消失的时代，我们仍然在创造距离，在创造美学。就这一点来说，直接的媒介并不会导致美学的全然消失，只是说媒介的变化会带来和创造出一些新的审美形式，手机短信就可以理解为一种新的文学形式。还有，网上每一篇新闻报道或文章一般都会有一些跟帖，这些跟帖都具有审美性，都能找到阅读的快感，这至少可以说明传统的美感并未中断。

再回到米勒，作为一位文学批评家，作为一位职业的审美鉴赏家，一位对复杂文本情有独钟的学者型评论家，他并不希望文学的消失。在他的《理论今昔》文集中，可以看到他数十年始终不渝的对文学的痴迷和挚爱。在我对他的一个访谈中，他讲得更清楚：“我希望文学研究本身能够以某种方式继续下去，这一方面是因为我是如此地热爱文学，我于它倾注了毕生的心血；另一方面是因为我想即使书籍的时代过去了，被全球电信的世纪取代了（我认为这一过程正在发生），我们仍然有必要研究文学。教授‘修辞性阅读’，这不只是为了理解过去，那时文学是何等地重要，而且也是为了以一个经济的方式理解语言的复杂性，我想只要我们使用语词彼此间进行交流，不管采用何种手段，语言的复杂性就依然是重要的。”[1]

美学家汝信先生常常提到诗人、德语文学专家冯至的一个观点，说是要想学好外语，就必须多读文学作品。冯至说得对，与米勒的想法是一样的。文学是审美的艺术，是语言的艺术。文学语言是语言的极致。阅读文学作品可以提高审美修养，人文修养，这都不用提了；若功利地说，文学也是接近语言复杂性、获得语言技能的一条捷径。

你瞧，米勒即使在实用的层次上也在为文学的存在做辩护！我们能说他宣扬“文学终结”论吗？

邹：我注意到，尽管您在《媒介的后果》中对米勒的真实意图作了颇有说服力的论述，对电子传媒与文学之间的张力关系也有很清晰的阐发，但还是有学者抱怨您在《媒介的后果》中宣扬“文学终结论”，我想这本身可能是一种误读，但您好像也

1　米勒：“永远的修辞性阅读——J. 希利斯·米勒如是说”，载金惠敏：《后现代性与辩证解释学》，北京：中国社会科学出版社，2002 年，第 242-243 页。

没有专门就此作出回应。

金：这完全是消极意义上的"误读"。我对此没有回应，原因是我不愿意重复书中已经讲得很清楚的观点，我相信读过此书的人都懂的。现在我只想简单指出两点：第一，只要人类一天使用语言，作为其提高的语言的艺术即文学就将存在一天；第二，即使传统意义上的"文学"消失了，也不意味着人类审美活动的消失，"文学"是一定历史阶段的审美形式，电子媒介时代当会创造出其代表性的审美形式和文化。

邹：您采用"趋零距离"、"图像增殖"、"球域化"等来界定媒介的后果，形成了一个理解电子媒介时代文学命运的参考框架或理论体系。其中我察觉到您有意味地把罗伯森的"球域"（glocal）改为"跨域"（trans-local），[1] 那么，"跨域"这一概念对于全球化时代的媒介传播有何意义？

金：先说法语的"全球化"。法语中没有"全球化"一词，说到全球化，法语的用词是"mondialisation"，其本义是"世界化"。德里达在中国讲演时说他喜欢用这个词而非它的英文对应词"globalization"，因为"mondialisation"的词根是"monde"，

---

1 See Huimin Jin, 'Redefining Global Knowledge', in *Theory, Culture & Society*, London: Sage, 2007, vol. 24, 7/8, pp. 276-280.

意思是“人”、“俗世”，全球化重要的是人的全球化，文化的全球化，而非只是经济的全球化。还有，对德里达更关键的也许是，法文中与英文“global”接近的词“globalité”与“全球化”无关，它是整体性、普遍性的意思，这是德里达一直将其作为形而上学而欲解构的东西。[1]我赞同德里达对形而上学的解构。

罗伯森当初提出“球域”（glocal）或“球域化”（glocalization）的本意是想丰富“全球化”一词所蕴含的大一统思想，通过彰显其固有的“地域化”这一维度，让“大一统”呈现为一个动态的过程。他有一个屡被称引的说法是，全球化即“普遍的特殊化与特殊的普遍化”。但这种思想经不起推敲：罗伯森的错误不只是在于其“球域化”所内涵的二元对立思维，还在于他经不起追问，究竟谁是普遍，谁是特殊？谁是全球，谁是地方？西方，东方，说到底，都是一“方”，一“域”，一“隅”，都不具有整合对方因而形成整体性和普遍性的能力。目前所有关于全球化的论述都犯有一个先天性的错误，或者说，只要一言及“全球化”就已经掉进普遍主义的陷阱。

“全球化”是一种错觉，似乎在其中一切都同质化、均质化了。全球化其实是一种交往、交流、对话，而一切交往都是胡塞尔所谓的“主体间性”的关系。我这些年在讲“全球对话主义”理论，它涉及两个方面：一方面，既然要交往，就必然要寻找沟

1 参见杜小真、张宁（主编）：《德里达中国讲演录》，北京：中央编译出版社，2003年，第92–93页。

"通"性，有共同性在里面；但另一方面，交往是在话语层面展开的，所能交往者，话语也，"物之粗也"。我自己的感受，与你对同一事物的感受，是无法交换的，能交换的是对感受的描述。对话是两个个体之间的对话，而两个个体之间的对话不是以纯粹话语形式存在的，个体既是一个话语主体，同时又是物质性的个体，是两个层面上的存在。物质性的存在是话语所不能达到的。我所谓的"对话主义"既讲共同性，又讲不可通约的个体，而由于后者的存在，共同性就不再是确定的，一劳永逸的，而是永远处在对话的过程中。"全球化"的普遍性向度其实已经包含在"对话主义"之中了，在"对话主义"前面加上"全球"不过是为了强化一下这个方面。

我的"跨域"（trans-local）一语就是"全球对话主义"的意思。我不是一味地反对普遍主义，只是强调"普遍性"总是处在一个被协商的过程中。

邹：媒介研究是文化研究的核心议题，以英国文化研究为例，其媒介分析首先是深受阿诺德、利维斯等开启的"文化－文明"传统的影响，比如霍加特、威廉斯和早期的霍尔。格雷姆·特纳就认为霍尔和帕迪·华纳尔合著的《通俗艺术》在研究方法上乏善可陈，这是否可以说明：英国脉络的媒介研究既受益于文学批评，但在方法论上又受制于文学研究的"文本细读"法？您如何看待英国文化研究在从文学到文化的转向过程中，文学批评与媒介研究之间的张力关系？

金：您触及了英国文化研究的一个主导性问题，就是文学研究与文化研究的关系问题。英国文化研究那些公认的开拓性人物多有文学背景。霍加特是一位文学批评家，尤擅诗论，他写有关于诗人奥登的专著，是第一本奥登研究专著，1960 年代他为劳伦斯《查特莱太太的情人》的辩护扭转了此案的审判，当被问及该书是否“vicious”（邪恶），他答以“virtuous”（道德），他还曾是伯明翰大学英语文学教授，总而言之，文学是他的一个主要领域。威廉斯是著名的马克思主义文艺理论家，戏剧教授，因而一个有意思的现象是，国内以前很少有人将他作为现在意义上的文化研究学者，这是近些年才有的事情。霍尔也是文学出身，曾欲以文学为业的，后来因其牙买加身份而被朋友劝阻了，这个身份让他在保守的英国社会很难成为英国文学研究权威，他不属于英国文化传统。晚年的霍尔在伦敦办了一个艺术博物馆。

阿诺德的一个身份是诗人，曾被誉为维多利亚时代的三大诗人之一（另两位是丁尼生和勃朗宁），尽管现在人们不太重视他的诗歌成就。国内外学界一般不把阿诺德作为文化研究的先驱，其实就文化之被激化为一个问题而言，他应该是英国文化研究的起点，他也早早地涉及了大众媒介、大众文化与文学的关系。阿诺德对于文化的思考和论述常常被简化为“所思所言之精华”，好像他就是贵族意识、精英主义，其实有一点被我们严重地忽略了，即，阿诺德何以那么热衷于谈“文化”？何以把文化作为“甜美与光明”的东西来守护？阿诺德有一本小册子叫

《美洲三讲》(*Discourses in America*),是在北美的三次演讲稿的合集,我当时读的是毛边书,这三篇文章现在由留英博士贺淯滨教授翻译过来了,即将在我主编的《差异》的第6期上刊出。阿诺德当时是在工业文明的背景下,提倡文学教育和人文主义,以抵制弥漫整个社会的技术主义和功利主义取向,但是这些往往被忽略了,好像阿诺德是站在贵族的立场上反对大众文化。这完全是场误会!阿诺德的真正意图是为了守持一种人文价值、道德理想,它们体现在文学特别是诗中。阿诺德视"诗"为"文化"之精粹。现在中国学界开始有人从工业化进程所带来的人文危机、道德危机这个角度梳理英国文化研究的历史脉络,如首都师大易晓明教授在其主编的会议论文集《英语文学与文化研究》(北京大学出版社,2010)序言中所做的。

阿诺德这个案例说明,在个人传记层面上看文学研究与文化研究远远不够,我们还需要更深层地挖掘二者被忽略了的连结点。我们需要将工业化纳入我们的文化研究视野。在其本质上,文学与工业化是格格不入的,而进入工业化的文学必然就是"大众文化"(mass culture),是"文化工业"。霍加特曾批评利维斯等人以"文学"反对"文化"是一种错置了的对于"有机的"前工业文化的怀旧,因而未能正确地理解文学与社会之间变化着的关系。文化研究的兴起是为了更好地理解工业时代的"文学",如果谁愿意,也可以叫它"文化"。

文学研究与文化研究之争涉及的是"文学"与"社会"的关系问题,霍加特已经有所揭示;扩大言之,则是"审美"与

“现代性”的问题。由于媒介在“现代社会”中所发挥的巨大作用，这个问题当然又可以转化为媒介研究与文学研究的关系。印刷媒介已经造就了机械复制时代的大众文化，电子媒介更是将大众文化推向图像时代。我相信麦克卢汉“媒介即信息”的断言，新媒介也会带来新的美学信息。我前面已经说了，文化研究现在应该关注美学与媒介的共进关系，这是一个大问题。我们不能死守着一种审美范式：我们早已接受了“一代人有一代人之文学”，汉赋、唐诗、宋词、元曲、明清小说，等等，那么我们有什么理由拒绝电子媒介时代不同的“文学”和“美学”呢？

邹：英国文化研究曾发生过研究范式的转移，在媒介研究领域，1970 年代中期出现过伯明翰学派和银幕理论之间的论争，前者更加重视具有英国经验主义特色的历史研究和民族志，后者吸收了欧陆的结构主义、精神分析和符号学理论资源。从后来格拉斯哥大学、利兹大学和开放大学等媒介文化研究的成果来看，欧陆的理论话语渗入了英国媒介研究并取得了强势地位，那么原本占据主导的历史研究和民族志方法被置于怎样的位阶？

金：英国文化研究对于欧陆理论的吸取是自觉的、主动的，他们积极寻找对自己有用的理论话语资源，其中霍尔就把自己比作一个到处抓取理论素材的“喜鹊”。比较早借用的有沃洛希诺夫（巴赫金）、阿尔都塞、葛兰西等，然后是后马克思主义者拉克劳，他们把这些理论综合起来，并翻新出一些东西。比如葛兰西的“霸权”（hegemony）、拉克劳的“表接”(articulation)。“articulation”过去译为“接合”，是这个意思，但未能表达出该词的语言学来源，“接合”发生在话语之中，是话语的接合，而非现实的接合。这个词阿尔都塞用过，他认为有一个主导的东西，把其他附属的部分整合起来。霍尔引用过阿尔都塞的一个术语“主控中的复合结构”（complex structure in dominance），这个术语就是“表接”的意思。英国文化研究对理论的态度是实用主义的，他们喜欢讲“落地的理论”（grounded theory），而对自己的结论也就是理论能否转用于其他语境总是持怀疑态度。最近在北京的一次会议上，我说莫利是“反理论”，他辩护说他不反对理论，他是反对一把钥匙开所有门的理论。但他没想过，一种理论若是不能被挪用，不能被抽离、抽象出来，那还是理论吗？理论总得有一定范围的普适性吧！我认为，理论的价值在于它总是能超越自身所产生的语境。

民族志研究（ethnographical studies）主张到生活一线去调查，所以又可称之为“实地作业”（field work），过去习惯叫“田野调查”。莫利的民族志研究主要体现在他的《“全国”受众》和《家庭电视》两书，主要方式就是访谈。但雷纳·温特（Rainer Winter）教授曾提醒我说，这还不是严格意义上的民族志研究，典型的应该在芝加哥学派。不过莫利的民族志意识很强，这对他很关键，因为正是有了民族志方法，在他才可能出现“日常生活”这个概念。过去我们习惯把“认识活动”与“日常生活”

作为两个互不相干的东西，例如看电视就是单纯的“看”，不考虑“看”电视这个认识性、精神性的活动之中有物质性的东西掺和进来，但莫利不是这样，他将“不看”电视的日常生活也纳入“看”电视的过程，并因而重构了“看”电视的认识结构。莫利的受众研究开始于1974年他的一篇论文草稿“对媒介受众的再概念”，那时法国德赛都的“日常生活”理论也才启动，德国的接受美学刚刚提出来，这就是说，英德法差不多同时注意到积极的接受或解码问题。莫利说起来很自豪，他们三家是在互不知情的情况下同时起步的。

英国文化研究，即便所谓的伯明翰学派，不是铁板一块，各个学者情况不一样，我们很难说欧陆理论占上风，而民族志研究被排挤了出去；如果硬要分个胜负来，我倒宁愿说，理论在英国文化研究中从未取得过统治地位。文化研究的精髓是区域研究、实地研究、具体问题的研究。文化研究不是文化“理论”！霍尔和莫利都向我提醒过我们中国学者要做中国问题的文化研究，要研究“复数的现代性”，要研究“中国的现代性”。不过应该同时说，也有“单一的现代性”。凡现代化，无论发生在哪里，都有其共同性，否则我们可以给它别的称呼。

欧陆理论与民族志研究在莫利的工作中是交织在一起的。以其“日常生活”概念而论，莫利一会儿强调其中的话语交织，一会儿又讲其中的物质性，当然这也不错，的确在“日常生活”中既有话语、意识形态，也有物质性的吃喝拉撒睡；对人类而言，绝无纯粹生物性的“日常生活”，而只有成为“方式”的“日常生活”，所谓“日常生活方式”。莫利一般喜欢笼统地讲“社会”，但“社会”的构成也要分上层建筑和经济基础两面的。约翰·菲斯克在评论莫利的受众研究时对“话语”有一界定：话语是谈论或思考某一话题的、被社会地生产出来的方式。要弄清楚话语为何物，就需要了解其社会经验领域，其社会位置，其语言或意指系统。[1]我不认为这个定义有什么错误，我只是说菲斯克他们对“社会”或者“话语”的构成没有一个清晰的划分，总是游移不定似的。作为对您问题的回答，我来做个决断吧：在认为“社会”为“话语”所编织时，英国文化研究是欧陆取向的；而在发掘“话语”的“社会”形成时，他们又是英国本土的经验主义者。在英国文化研究中欧陆理论与他们的经验主义、实证主义，或者说，实用主义，是混合在一起的。

我是做理论的，所以在我阅读霍尔、莫利的著作时，我时常感到他们无法满足我的理论渴求。加拿大华裔理论家谢少波教授在评论我的《积极受众论》时看似溢美的一句话实则一点不虚，他说：“作者对于莫利可谓知己，而且对于受众结构的认识，丝毫不亚于莫利本人。”对此我没什么自豪的，因为我是专做理论的，应该这样才是。我有个偏见，英国，也包括美国，是没有理论传统的，在那里学不到什么理论，或者越学越不理论，越学越不论“理”儿。汝信先生讲过一个故事，他 1980 年代初期到

1　参见罗伯特·艾伦（编）：《重组话语频道——电视与当代批评理论》（英文影印本），北京：北京大学出版社，2007 年，第 301 页。

哈佛计划做“美国哲学”课题，哈佛教授哈哈一笑，说我们美国根本就没有哲学。英国社会理论家司各特·拉什喜欢从德法借用一些哲学资源，莫利就嘲笑他总是在文章中抖落黑格尔、康德、尼采、海德格尔、涂尔干、福柯、德勒兹、波德里亚等外国名字。当然我们中国人喜欢理论的也不多，所以在中国学界才有政治煽情（所谓“有立场”）、舞文弄墨（所谓“有情采”）、抄死书、死抄书（所谓“有资料”）大行其道，都学界大佬了还写不出篇把正经论文的“二十年目睹之怪现状”。不学诗无以言，须知，（论文）不学“理”无以立呀！

邹：霍尔是英国文化研究中受众研究的开拓者，曾率领“媒介小组”对以电视为代表的大众传媒进行了文化政治学范式的研究，由此促成了伯明翰当代文化研究中心的黄金时期。霍尔的著名文章“编码/解码”在媒介研究领域意义重大，但是“编码/解码”模式远非完善，霍尔本人后来也曾反思，我们在使用“编码/解码”模式时，往往不顾该理论的前史，拿来就用，那么，您如何理解“编码/解码”模式对于媒介受众研究的意义？它的主要缺陷在哪里？

金：英国文化研究史专家约翰·斯道雷将霍尔“电视话语中的编码与解码”一文作为英国文化研究一个新的开端，他说：“如果我们是在寻找文化研究最初从左翼利维斯主义、对马克思主义的种种‘悲观’阐释、美国大众传播模式、文化主义和结构主义浮现出来的一个创生时刻，那么它可能就是斯图尔特·霍尔“电视话语中的编码与解码”（Hall 1980；最初发表于1973年）的问世。”[1] 他这里其实是指出了英国文化研究一个新时代的开始。

那么这是一个什么时代的开始呢？这个时代就是积极受众论的时代。在霍尔之前或差不多同时期，关于媒介受众的理论流行的是法兰克福学派的“文化工业”论，英国本土的银幕理论，美国大众传播模式的皮下注射论，等等，在这些理论中，受众要么是被媒介文本所决定，要么是被其意识形态、心理结构所先天地决定，受众没有自己的特殊性、个别性，当然也就没有什么可研究的。霍尔的编码/解码模式揭示了编码的多义性，更重要的是，解码的复杂性，简单说，至少有三种解码方式，主控的，协商的，反对的，因而解码并非完全按照编码来接受电视信息。霍尔看到编码/解码“是一个系统地被扭曲的传播过程”。[2] 文中霍尔没有使用“积极受众”（active audience）这个术语，但他确实是为“积极受众”打下了一个基础。他的缺点是没有用民族志这种方法，而仅仅给出一个框架，这个框架需要有人来完成和充实，莫利把这个工作完成了。通过一些实地访谈，莫利把哪部分受众是协商性的，哪部分是对抗性的，哪部分是接受性的，哪

1 John Storey, *Cultural Studies and the Study of Popular Culture*, 2nd edition, Edinburgh: Edinburgh University Press, 2003, p. 9. 引文提到的霍尔“电视话语中的编码与解码”（1973年）后来又名“编码/解码”（1980年），并有修改。

2 Stuart Hall, 'Encoding and Decoding in the Television Discourse', Stenciled Occasional Paper, CCCS, the University of Birmingham, p. 1.

部分又是游移不定的，等等，区分得很细致。

霍尔最大的问题还不是没有充实、实证自己的理论构想，而是他只是在“话语”层面寻找受众积极解码的原因，他在后来的一篇文章中说，受众的不同解码是因为他们有自己的不同的阐释符码和框架。霍尔一直就漂浮在“话语”层面，未能深入到受众的“日常生活”，这个概念是莫利所着力发展的，莫利破解了认识论的困局，提出了一个社会本体论的受众概念，他认为受众是因其作为社会本体的存在而具备为“抵抗”所突显的积极反应的能力的。或者，更可以不无马克思或弗洛伊德意味地说，受众的“物质性存在”才是其积极或抵抗的最终解释。也许有人会批评我极端化了“积极受众论”，但马克思教导说，“极端就是抓住事物的根本”（To be radical is to grasp the matter by the root）[1]，而事物的根本，照我的理解，就是人的生命存在。

大概是因为深受霍尔的影响，深受阿尔都塞的影响，深受阿尔都塞一个门徒佩舍的“交互话语”（interdiscourse）理论的影响，莫利未能坚定不移地、目标明确地将受众的积极性一直追溯到其生命本身。与莫利不同，他止步于“日常生活”，而我则从“日常生活”出发，将“日常生活”中的话语、意识形态、“方式”、“程式”剥离出去，让“日常生活”的物质性存在，让未经“文化”雕饰的“生命”本身，作为抵抗的最后一道防线。

---

1 Karl Marx, 'Towards a Critique of Hegel's *Philosophy of Right:* Introduction', in David McLellan (ed.), *Karl Marx: Selected Writings*, Oxford: Oxford University Press, 1977, p. 69.

当然莫利也不同意我对受众概念的极端化，他说我用生物学替代了社会学，我辩解是用哲学，先驱有叔本华、弗洛伊德、拉康，同时马克思以及伊格尔顿对马克思的解释也很有启发。因为是哲学，我们就不能要求它的社会学的可操作性。莫利很绅士，尽管他不同意我对受众论的发展，但还是引用美国人类学家格尔兹（Clifford Geertz）的话来宽慰我：我们作为知识分子的责任就是在对真理的追求中“愈加准确地相互烦扰”。要说服对方实在太难了！

邹：英国文化研究的另一个重要维度是亚文化研究，迪克·赫伯迪格、斯坦利·科恩、保罗·威利斯等人在考察工人阶级青年亚文化时，常常会关注大众媒介对亚文化的表征与影响，安吉拉·迈克罗比的研究尤其突出，她曾经以*Jackie Magazine*为对象，分析女性青年亚文化的形构过程。我个人认为，英国文化研究中的媒介研究与亚文化研究之间也存在着紧密的互动关联。我的另一个问题是，纯粹的生命，纯粹的物质性，纯粹物质性的“大众”（masses），能够组织起对于资本主义“文化工业”的有效抵抗吗？谢少波教授在为您《积极受众论》所写的书评中对此表示了怀疑，他说：“‘本能’或‘本我’非但不是抵抗文化工业或体制的最后屏障，恰恰相反，正是其施虐和逞能的场所。”[1]

1　谢少波：“日常生活与受众话语实践——评金惠敏《积极受众论——从霍尔到莫利的伯明翰范式》”，《中国社会科学报》2010年7月1日第49版。

金：其实，物质般的"大众"本身即蕴含了"抵抗"的能量。物理学告诉我们，任何物质都是有能量的。因此，即便像法兰克福学派那样将受众作为"大众"，我们也不能必然得出结论说，"大众"是消极的。恰恰相反，"大众"具有无穷的能量，"积极性"就是其本然的存在。很遗憾，法兰克福学派并不清楚这一点，他们虽饱读马克思恩格斯，却未曾想到要把其唯物主义思想应用到对受众的哲学思辨上来。"大众"不是惰性的，按照马克思主义的观点，其间蕴藏着巨大的改变世界的能量。指"大众"为消极，那只是"大众文化"概念的一种错误表征。威廉斯说得好："事实上就没有什么大众；有的只是视人民为大众的观点。"（There are in fact no masses; there are only ways of seeing people as masses.）[1]

不过话又说回来，要组织有效的"抵抗"，还是需要诉诸"话语"的，这是马克思"理论掌握群众"的意思。但我还是坚持，如果这个"话语"要有效地发挥作用，那就必须真正地归属于具有抵抗趋向的该物质、该本能、该生命。所以，"大众"，大众的物质、本能、生命，才是抵抗的最终说明。

邹：素有"后现代大祭司"之称的波德里亚用"内爆"、"超真实"和"拟像"来形容消费时代的媒介文化，您觉得这三个关

---

1 Raymond Williams, *Culture and Society, 1780-1950*, New York: Columbia University Press, 1983 [1958], p. 298.

键词之间的内在关联是什么？尤其是“拟像”，它与“形象”的区别在哪里？据说您还听过波德里亚的演讲。

金：我是先认识波德里亚本人，然后才开始关注其学说的。1999年，波德里亚到美国加州大学尔湾批判理论研究所讲演，是“韦勒克讲座”系列的，其中一个主题是“克隆”，后来这本书在哥伦比亚大学出版社出版了。会议主办方提供的波德里亚学术履历的资料，让我特别震惊：A4纸打印，整整192页！当时我参加马克·波斯特的课坊，波德里亚的《完美之罪》是必读书。一般认为，波德里亚是通过波斯特编译的《波德里亚文选》而进入北美学术界的。不过最近又听说，第一个将波德里亚引进美国的是弗里德里克·杰姆逊，他介绍他到加州大学圣地亚哥分校开讲座，后来因为波德里亚与院长夫人的桃色新闻，俩人就掰了。我们知道，波德里亚对“引诱”是有研究的，呵呵！这个背景对于理解他的《酷记忆》有用，书中充斥着对思想文化的性的凝视，或者也可以反过来说，对性的思想文化的凝视，如他说：“男人假装有思想，女人假装性高潮。”他论述电视图像时常用的“反场景”（obscene）一词，也是这样的一个例子。

关于“形象”与“拟像”在波德里亚那里的区别，我有好几篇专门的论文，这里就不想多讲了。波德里亚对它们两者有严格的区分，简单说，“形象”是有现实内容的，而“拟像”则是空洞无物的，是纯形象。不过，波德里亚也并不严格遵从他自己严格的划分，他所说的“形象”常常就是“拟像”。

邹：最后，希望您谈谈在中国如何开展媒介研究。

金：这可是个大问题！在传媒学科中，人们偏重于经验的、实证的、可操作性的研究，而对另一路即形而上学的“批判理论”不很重视。两种研究路数的对立早在1930-1940年代拉扎斯菲尔德与流亡的霍克海默、阿多诺之间就开始了。[1] 阿多诺后来重返德国，语言问题——他不喜欢用英语讲哲学——恐怕只是一个表层的原因，根本上是美国人的实用主义让他忍受不了。

现在，我想，在实用倾向所主导的媒介研究中应该加强“媒介批判理论”这一维，一方面积极开展“批判理论”的文化评论，另一方面在“媒介批判理论”上进行学科建设，打造“媒介批判理论”学科。目前传媒界提出“媒介素养”的任务，批判理论在其中应该是大有作为的。借用“雅努斯神话”的说法，媒介研究不仅是要研究“编码”问题，研究“文化产业”，也要对它们的另一副面孔进行“解码”。媒介可以揭示“真理”，也可以遮蔽“真理”；可以促进民主，也可以强化专制。传媒系当然可以只管“编码”而不论“解码”了，而我们广大的媒介消费者则必须对“媒介的后果”有清醒的认识。

1　参见阿芒·马特拉、米歇尔·马特拉：《传播学简史》，孙五三译，北京：中国人民大学出版社，2008年，第46页。

后 记

1980年初夏，我撰写了我的第一篇西方文论论文，题目是“黑格尔的艺术功用说——兼与朱光潜先生商榷”。屈指算来，我干这个行当已有30个年头了，且中间不曾稍辍。文论界的多数朋友喜欢称我为“西方文论专家”，我知道这是对我之数十年即便没有什么功劳也是有很多苦劳的莫大尊重，我首先要表示由衷的感谢和欣慰。不过，对于这样一个称号，也是说心里话，我还是想着要辞谢的。

一是“敬谢”缘自“不敏”。与西方同行相比，我感觉我还达不到“专家”的层次，西学知识修养、文献掌握程度都不如他们。二是，“西方文论”这个概念越来越成问题：纯粹的“文论”当然是有的，如新批评派的，但整个20世纪迄今，在多数情况下，“文论”不过是哲学、心理学、政治思想、社会理论……的实验室或跑马场。就我个人说，我一直视文学为神圣之物，崇敬但无法接近它，我有关文学的论述不过是在文学圣殿之外的眺望和想象。“文”都进不去，谈何“专家”？此其一也。

其二，“西方”这一称谓是二元对立思维的结果，如果说它对柏拉图、亚里士多德还勉强适用的话，那么在全球化的今天，我们谈论的许多问题就不只是限于西方了，比如审美现代性、社会美学、图像增殖、日常生活审美化、文化工业、消费社会、意识形态、表接（articulation）等等，都是到处存在的全球性问题，尽管它们最初可能是由西方学者提出来的。我们将面临越来越多的共同性问题，而由于对这些共同问题的关注，一个国际学术共同体将是不可避免的。因而，可以想见，今后要撰写一部 21 世纪的西方什么什么史会变得十分困难。

“中国”早已模糊不堪，这是由于长期“西方化”的原因，而那“西方化”我们的“西方”其实也正在模模糊糊起来——亨廷顿对西方文化前景的忧虑，良有其以也。在文化的意义上，“中国”和“西方”终将成为历史的概念。“世界文学”，也就是“世界文化”，今天叫“全球文化”，是马克思早在 1848 年就预言过了的，而当其时也，我们知道，欧洲民族独立运动却正风起云涌。

基于以上思考，我们想说，收集在本书中的论文虽然每篇都关涉西方，但西方在其中不过是一个资源，我常常也注意把中国传统的资源考虑进去；利用这些资源，我在处理的是当前的、一般性的文化理论问题。在做“西方”“专家”的层次上，我们可能不好与西方同行竞争，但在解决全球性的理论问题上，我们还是可以尝试一下的。全球性不只属于他们，它也属于我们！

而据我个人与国际同行的交流看，他们中有许多人是非常愿意倾听我们的声音、了解我们的观点的。在中国参加国际学术会议，你可以发现，认真做记录的多是外国学者。本书的写作在很大程度上即是与国际同行交流的结果。Stuart Hall, Mike Featherstone, Axel Honneth, Joost van Loon, John Tomlinson, John Thompson, Tony Bennett, David Morley, Claire Colebrook, Rainer Winter, Ryan Bishop, John Phillips, Michael Bailey, Rob Shields, Lance Strate, Paul Levinson 诸位教授都给本书以不同形式的帮助，与他们的一些合作项目也正在陆续展开。我没有将他们看成外国人，我把他们作为"学者"，作为可以切磋、论辩的学术朋友。学者有祖国，但学术无国界。

本书多数篇章都在国内外的学术期刊上刊出过。感谢党圣元、盛宁、余悦、陈剑澜、李铁、石新中、马光、时世平、张和龙、计永超、Mike Featherstone、Rainer Winter、Rob Shields、Ryan Bishop 诸位先生的谬爱，惠予珍贵的篇幅将它们先行发表。特别是 Rainer Winter 还请人将《走向全球对话主义》一章从英文翻译成德文，殊为费事。我对 Rainer 说过，看到自己的论文能以自己十分尊敬和喜爱的语言发表，有一种怪怪的幸福感——请读者原谅我这点小小的乐趣吧！ Shields 教授在发表该文英文版时，对稿件做了一定的删减，并特别建议比较一下巴赫金的"对话主义"。经过阅读，我发现巴赫金原来也是一个后结构主义者，其对话，如同霍尔的"编码 / 解码"，只发生在话语层面，"外位"尽是话语的外在性。另外是对流动范式的评论。这些内容写进了英文版，而本书则将其移入脚注，供有兴趣的读者参考。

最后，想在这一公开的场合表达对先父陈海彦医生的感恩之心（所以我本姓陈的）。如果说今天我还有一点点学术成就的话，那么这一切跟父亲的言传身教是分不开的。父亲参加过抗美援朝，1960年代初毕业于新乡医学院，在豫西山区行医近50年，是当地名医，乐善好施，广结人缘。他曾说自己有四项绝技，学会其中一项便可保终身无冻馁之虞。他还说，他到50岁了还在读书，——这在农村环境可是相当不易了。改革开放不久，他即获批主治医师职称（相当于大学讲师）。2008年中秋之后，父亲归了道山，我总看见他是背着一个药箱，里面装着听诊器，疾步到那个世界出诊去了。那边也需要他呀。先父在天有灵，希望他能听见我一句话，不是如上的感恩，而是我从来没有对他说过的：爸爸，我为您而自豪！我经常教导孩子，要向爷爷学习。

学无止境！此话虽俗套了，但每说一遍都会感到一阵鞭策。

后记不只是对已发生了的事件的记叙，而是面向今"后"、面向未来的抒怀——它真像德语的Ausgang啊，既是一个终点，也是一个出路。

是为非典型性后记。

金惠敏

2012年01月28日

定稿于纽约福德姆大学